Sebastian Brant, Karl Goedeke

Das Narrenschiff

Sebastian Brant, Karl Goedeke

Das Narrenschiff

ISBN/EAN: 9783743325357

Hergestellt in Europa, USA, Kanada, Australien, Japan

Cover: Foto ©ninafisch / pixelio.de

Manufactured and distributed by brebook publishing software (www.brebook.com)

Sebastian Brant, Karl Goedeke

Das Narrenschiff

Das Narrenschiff

von

Sebastian Brant.

Herausgegeben

von

Karl Goedeke.

Leipzig:
F. A. Brockhaus.
1872.

Einleitung.

Sebastian Brant, der Verfasser des Narrenschiffes, steht an der Scheide zweier Zeitalter, mehr dem absterbenden und untergehenden, als dem emporstrebenden angehörig. In ihm und seinen Werken findet das Mittelalter mit seinen kirchlichen und politischen Ideen gewissermaßen einen Abschluß. Was von Keimen einer neuen, sich neben ihm ankündigenden Zeit in seiner Weltanschauung und Wirksamkeit zu liegen scheint, zeigt sich bei ihm nur zufällig und jedenfalls ohne daß er die Entwickelungsfolgen beabsichtigte oder deutlich übersah.

Das Bild, das aus seinem Leben und Wirken hervortritt, könnte, genau und mit allen Einzelzügen ausgestattet, von großer Anziehungskraft sein, wenn die überwundene mittelalterliche Anschauungsweise gegenwärtig überhaupt bei dem größern Publikum noch ein Interesse zu erwecken vermöchte. Das scheint jedoch nicht der Fall zu sein und kann hier um so weniger erprobt werden, da Brant nicht lediglich durch sein berühmtestes Werk, „Das Narrenschiff", sondern fast ebenso sehr durch seine lateinischen Gedichte und gelehrten Arbeiten für seine Zeit von Bedeutung war. Es liegt aber nicht im Plane dieser Sammlung von Dichtern des 16. Jahrhunderts, denen Brant streng genommen nicht einmal angehört, die gelehrten Bereiche eingehender zu betreten, sondern von der volksmäßigen Dichtung einen

Ueberblick zu geben und das gelehrte Element nur so weit, als es ganz unumgänglich erforderlich ist, zu berücksichtigen. So mag denn Brant, als Hintergrund der humanistischen und reformatorischen Bestrebungen und Kämpfe des 16. Jahrhunderts, seinen Platz in der Sammlung finden, sein Leben, Streben und Schaffen aber nur in allgemeinen Umrissen geschildert werden. Eine eingehende und aus dem gesammten Quellenmaterial belegte Darstellung, die für eine andere Gelegenheit vorbehalten bleibt, liegt dieser Skizze zum Grunde.

Brant wurde, den übereinstimmenden Angaben der Biographen zufolge, 1458 in Strasburg geboren, während sein Grabstein auf ein Jahr früher zurückweist, da er Brant, der im Mai 1521 starb, als Vierundsechziger bezeichnet. Diebolt Brant, des Dichters Vater, scheint in der Nähe der Nikolauskirche gewohnt zu haben; er wurde wenigstens, als er 1468 mit Hinterlassung von Witwe und Kindern starb, zu St.-Nikolaus begraben. Brant's Mutter war für die gute Erziehung ihrer Kinder eifrig bemüht und gab diese, da das Schulwesen in Strasburg noch sehr mangelhaft war, lieber auf eine auswärtige Anstalt. Es ist nicht unwahrscheinlich, daß Sebastian seine Ausbildung unter Dringenberg in Schlettstadt begann, wo er unter anderm mit seinem Heimatgenossen, dem früh gestorbenen Peter Schott, Freund wurde, der dann, als er die damals berühmte Schule Dringenberg's verließ, andern Bahnen folgte als Brant und seine Bildung auf andern auswärtigen Hochschulen beendete. Brant ging 1475 im Herbste nach Basel, um Philosophie zu studieren.

Die Stifter der Universität Basel, die funfzehn Jahre früher eröffnet war, hatten eine Art von Vermittelung der verschiedenen Nationen und der wissenschaftlichen Richtungen im Auge gehabt und deshalb neben den Lehrern des in Deutschland fast allein gebräuchlichen und vorgetragenen kanonischen Rechts auch Lehrer des Civilrechts angestellt, vorzugsweise Italiener, die sich jedoch nicht recht heimisch fanden und Basel bald wieder verließen, womit das Studium des bürgerlichen Rechts wiederum in Abnahme kam. Von längerer Nachwirkung waren die Realisten, die sich bald nach der Gründung der Universität, schon 1464, in Basel unter dem gelehrten, aber unruhigen Joannes a Lapide, dem rastlosen Verbreiter und rücksichtslosen Verfechter dieser Lehre, von Paris aus eingefunden und dort den Kampf gegen die Nominalisten aufgenommen und, wenn auch diese nicht verdrängt, doch neben denselben ihren Platz siegreich errungen und behauptet hatten. Nicht gerade zum Vortheil der Universität, deren Aufgabe freilich in der Vermittelung der Gegensätze, also auch in der Zulassung der Vertreter entgegengesetzter Richtungen bestand, die aber ihrem geschichtlichen Gange nach mehr auf die Nominalisten als auf deren Gegner hingewiesen war. Ohne auf die unfruchtbaren Streitigkeiten dieser beiden scholastischen, theologisch-philosophischen Parteien eingehen zu können, darf hier kurz bemerkt werden, daß die Nominalisten den Fortschritt in der Philosophie und die Bekämpfung der kirchlichen Misbräuche repräsentirten. Ihre praktische Wirksamkeit hatten sie besonders im Baseler Concil, zum Schrecken des Römischen Stuhls, entfaltet, und es war fast naturnothwendig, daß die Gründer der Universität Basel die Philosophie im Sinne dieser Richtung gehandhabt wünschen mußten. So war denn auch der Vorschlag, für jede Richtung vier Lehrstühle zu schaffen, nicht weiter beachtet, und nur vier Professuren für Nominalisten traten ins Leben, bis Joannes a Lapide es nicht ohne Widerstand durchsetzte, daß die Statuten geändert wurden, alle Wissenschaften gelehrt werden sollten und die Stadt keinen Gelehrten abweisen dürfe. Damit waren die rückwärts strebenden Richtungen des Realismus in Basel eingedrungen, der vielfache Streitigkeiten innerhalb der Artistenfacultät, wie die Philosophie und schönen Künste genannt wurden, hervorgerufen und zur Blüte der Universität nichts beigetragen, eher das Gegentheil zur Folge gehabt hat. Die Nominalisten haben dort immer die überwiegende Zahl gebildet, da die von dieser Partei Promovirten und Aufgenommenen bis 1491 im ganzen 922 betrugen, während die Realisten es nur bis zu 354 brachten. Die Männer, welche sich der realistischen Lehre anschlossen, sind zwar auf den erstn Blick ein ehrendes Zeugniß für dieselbe, aber es bleibt fraglich, was sie geleistet, welche Erfolge sie errungen haben würden, wenn sie ihre geistigen Kräfte nicht unter die Lehre von der Suprematie und Omnipotenz des Römischen Stuhls gefangen genommen hätten.

Es ist nicht ausdrücklich bezeugt, daß Brant sich den Realisten angeschlossen, aber es ist nicht unwahrscheinlich, da seine genaue Freundschaft mit Joannes a Lapide, freilich erst in spätern Jahren lebhaft hervortretend, darauf hindeutet. Andererseits stand er mit Reuchlin, der in demselben Jahr, 1475, als Brant in Basel ankam, den ersten Grad in der Artistenfacultät, das Baccalaureat, erlangte, in freundschaftlichem und wissenschaftlichem Wechselverkehr, und Reuchlin gehörte zu den Nominalisten. Auch hat Brant in spätern Jahren, als sich die scholastischen Gegensätze längst schon bis zur Unkenntlichkeit abgeschliffen hatten und vielleicht Joannes a Lapide selbst zu unbefangenern Anschauungen gekommen war, mit einer gewissen innern Antheilnahme die Acten des Baseler Concils als ein Ehrendenkmal der Stadt Basel herausgegeben, die den Realisten eben nicht willkommen sein konnten, es sei denn, daß in der 36. Sitzung das Dogma von der unbefleckten Empfängniß der Jungfrau Maria angenommen, freilich damals noch nicht zur Geltung gelangt war. Auf diese Lehre legten die Realisten ein großes Gewicht und verwickelten sich darüber mit den Dominicanern in die heftigsten Streitigkeiten, an denen auch Brant Antheil zu nehmen beschieden war. Er widmete, wie die übrigen Genossen des Freundeskreises in Basel, die wir bald genauer kennen lernen werden, der Jungfrau eine unbedingte Verehrung, und von seinem und seiner Freunde Standpunkte aus mußte es als ein großer Zuwachs ihrer Ehren erscheinen, wenn kirchlich und gültig festgestellt und zur anerkannten Glaubenssache des Volkes wurde, daß die Mutter des Erlösers ohne Erbsünde empfangen worden. Für diesen Zweck entwickelte er sein ganzes Leben hindurch eine unermüdete Thätigkeit, in Gedichten, die (lateinisch und zum Theil auch in deutschen Uebersetzungen von ihm selbst) einzeln gedruckt und an heiligen Stätten verbreitet wurden, dann auch in der Folge gewissermaßen amtlich bei einer der Streitigkeiten, welche die Predigermönche angezettelt hatten.

Ueber Brant's akademisches Leben und seine Lehrthätigkeit ist wenig bekannt und dies Wenige von keinem besondern Interesse, wenn man dabei nicht in das akademische Leben der Zeit überhaupt eingehen kann, wozu hier kein Raum gegönnt ist. Er war in eine der sogenannten Bursen eingetreten, studentische Vereinigungen mit gemeinsamer Wohnung, gemeinsamem Tisch und unter der Aufsicht und Leitung eines Magisters oder Professors, der Rector oder Regens hieß und theils eine Disciplinargewalt über die Mitglieder der Burse übte, theils von ihnen eine geringe Geldentschädigung empfing. Der Regens der Burse, in welche Brant eingetreten, hieß Hieronymus Berlin. Nur für die Artisten war die Theilnahme an einer Burse vorgeschrieben. Das Studium derselben bestand wesentlich in dem der Aristotelischen Philosophie, wie sie die Scholastiker sich zurechtgelegt hatten, und umfaßte vorzugsweise nur die Logik, die ersten Theile der Physik und die Rhetorik. Die vorgeschriebenen Vorlesungen und Exercitien mußten wenigstens anderthalb Jahre durchgemacht sein, ehe ein Mitglied der Burse sich zum ersten, untersten Grade, dem Baccalaureat, melden konnte. Brant erlangte den Grad 1477, in demselben Jahre als sein Freund Reuchlin Magister wurde. Von diesem mag er ein bischen Griechisch, etwa einige Vocabeln und die Buchstaben, gelernt und damit vielleicht etwas groß gethan haben, da ihm ein unbekannter Gegner bald darauf vorwarf, er menge sein Latein mit Griechischem und schreibe deshalb weder griechisch noch lateinisch. Brant leugnete das, da er vom Griechischen nichts als die ersten Anfangsgründe kenne; sein Gegner schreibe allerdings nicht halb griechisch, halb lateinisch, sondern völlig barbarisch. Dieser hatte ihm ferner Selbstgefälligkeit vorgeworfen, mit der er sich über Würdigere erhebe und, obgleich von rohen Klippschulen nach Basel gekommen, ohne etwas gelernt zu haben, über Männer herfahre, denen er die Schuhriemen aufzulösen nicht würdig sei; die stümperhaften und ungewaschenen Gedichte, die er geschmiedet und mit denen er die ganze Welt überschwemme, ließen in ihm weder den Dichter noch den Redner erkennen. Brant lehnte den Anspruch auf diesen wie jenen ab, selbst den Namen eines Schülers der Poesie; seine Gedichte habe er selbst immer für unreif gehalten, doch überlasse er gern das Urtheil darüber, ob sie roh und metrisch mangelhaft seien, andern. Nachdem er den Gegner gelegentlich eine fanatische Bestie genannt und die Strafe Gottes auf den Schmachredner herabgerufen, redet er demselben ins Gewissen, nicht immer ein Lügner, Verkleinerer und Lästerer zu sein, und bietet ihm, falls er sich zu erkennen gebe, seine Freundschaft an — nachdem er dem erzürnten Herzen Luft gemacht, eine solche unmotivirte Anerbietung! Man könnte versucht sein, das Ganze für eine rhetorische Uebung zu halten, doch treten zu viel individuelle Porträtzüge in dem Schreiben des anonymen Gegners hervor, um Angriff und Abwehr als bloße Erdichtung erscheinen zu lassen.

Brant hatte den Poeten und Orator abgelehnt; er war aus der Artistenfacultät in die juridische übergegangen und nahm hierin 1484, nach Ablauf der vorgeschriebenen Studienzeit, die Würde eines Licentiaten des kanonischen Rechts an. Dadurch erhielt er die Befugniß zu lehren und zu advociren. Er scheint darin eine so sichere Bürgschaft für seine Existenz gefunden zu haben, daß er sich schon im folgenden Jahre mit Elisabeth Burg verheirathete. Die Ehe war mit sieben Kindern gesegnet, unter denen nur ein Sohn, Onophrius, und zwei Töchter, Euphrosine und Anna, genannt werden. Während von Onophrius nichts Sonderliches bekannt geworden, als daß er hin und wieder deutsche Verse machte und in Strasburg eine untergeordnete Anstellung fand, wurden die Töchter mit hochangesehenen Männern in Strasburg verheirathet, Euphrosine mit Matthis Pfarrer und Anna mit Beatus von Dunzenheim.

Bei der Erlangung der Licenz mußte eidlich gelobt werden, den Doctorgrad auf keiner andern Universität anzunehmen als in Basel. Brant promovirte 1489, und zwar in beiden Rechten, dem kanonischen und dem bürgerlichen. Ohne das erstere zu vernachlässigen, wandte er seinen Fleiß besonders dem letztern zu und gab gleich im folgenden Jahre ein aus seinen Vorlesungen erwachsenes Lehrbuch heraus, brachte auch das schon gesunkene Studium des weltlichen Rechts im Verein mit seinem Collegen Ulrich Kraft von Ulm wieder in Schwung. Wiederholt bekleidete er die Würde eines Dekans der juridischen Facultät. Eine Reihe von Ausgaben älterer kanonischer Rechtsbücher legt Zeugniß von seiner Thätigkeit auf diesem Gebiete ab. Jedenfalls thut man unrecht, wenn man den Schwerpunkt seiner akademischen Wirksamkeit nach der humanistischen Seite schiebt, da er außer den Werken seines eigentlichen Fachs auch eine stattliche Reihe von kirchlichen Schriftstellern älterer und neuerer Zeit herausgab oder an deren Herausgabe Antheil nahm. Selbst die in Basel erschienene Bibel in sechs Foliobänden mit der Glosse des Nikolaus a Lyra hat er, wenn nicht allein, doch hauptsächlich besorgt. Für uns scheint allerdings Brant's eigentliche Wirksamkeit die humanistische zu sein; doch darf man darunter nicht ein Studium des römischen oder gar des griechischen Alterthums als Selbstzweck denken, ein Studium aus reinem Wohlgefallen an der schönen Form; man muß sich vielmehr beständig vor Augen halten, daß alle Studien des classischen Alterthums in Verbindung mit den kirchlichen Dingen gehalten wurden, gewissermaßen als eine Erweiterung

und Unterſtützung der Moral, die wiederum von der Scho=
laſtik, der Verſöhnung des Wiſſens mit dem Dogma der
römiſch=katholiſchen Kirche, gefärbt und bedingt wurde. So
kommt es, daß in Brant's geſchichtlichen Studien und
Leiſtungen das kirchengeſchichtliche Element bedeutend vor=
wiegt, und daß auch da, wo er unmittelbar in ſeine Zeit
einzugreifen unternimmt, das Alte Teſtament und die daraus
gezogenen Beiſpiele das weltliche Element bis zur Erdrückung
überwiegen. Die theologiſche Bildung der Zeit war auf allen
Gebieten, das der Medicin nicht ausgeſchloſſen, ſo maßgebend,
daß Brant gegen den Schluß des 15. Jahrhunderts in
gutem Glauben ſagen konnte, gegen ein von den Franzoſen
verbreitetes und nach ihnen genanntes Uebel helfe eigent=
lich kein Mittel als das Erbarmen Gottes. Und daneben
waren die Anlehnungen an das römiſche Alterthum und die
Anwendungen ſeiner Anſchauungen ſo ſehr mit den chriſt=
lichen auf dieſelbe Linie getreten, daß derſelbe Brant Gott
als den Herrſcher des Olymps, und ein anderer Dichter
ebenſo unbefangen die Jungfrau Maria die hehre Gebärerin
Jupiter's nennen konnte. An eine Erwärmung für das
Alterthum ſeiner ſelbſt willen war nicht zu denken bei ſolcher
Anſchauung, von der auch Brant's ältere lateiniſche Gedichte
erfüllt ſind.

An dieſe Gattung der Poeſie iſt in Bezug auf Brant
wenig erinnert worden, und doch liegt ein großer Theil ſeiner
Bedeutung für die Zeitgenoſſen in ſeinen lateiniſchen Ge=
dichten. Bei vielen läßt ſich nachweiſen, daß er denſelben Stoff,
den er lateiniſch behandelte, auch in deutſcher Bearbeitung
in den Kreiſen der Ungelehrten zu verbreiten und die vor=
getragenen Ideen allgemein zu machen ſuchte. Die Mehr=
zahl der deutſchen Faſſungen ſcheint verloren zu ſein, iſt bis
jetzt wenigſtens noch nicht wieder aufgefunden. Der geiſt=
lichen iſt bereits gedacht worden. Für die weltlichen war
anfänglich kein tauglicher Stoff vorhanden. Brant ſcheint
von der mittelalterlichen Volks= und Ritterdichtung ebenſo

wenig gekannt zu haben wie von der in Oberdeutschland, besonders in den fränkisch-schwäbischen Reichsstädten herrschenden Dichtung des Bürgerstandes. Zeitgleiche Begebenheiten, die so viele Dichter in der letzten Hälfte des 15. Jahrhunderts beschäftigten, haben auf ihn damals keine anregende Wirkung geübt. Allenfalls machte er einige Verse auf eine Ueberschwemmung, auf eine Sonnenfinsterniß, aber dürftig, wie sie bei dem dürftigen Gegenstande kaum anders zu erwarten waren. Erst mit der Wahl Maximilian's zum römischen Könige versuchte er einen neuen Ton auf seiner Leier. Er sah mit dem jungen Helden die Wiederkehr des goldenen Zeitalters beginnen und mag, bei aller Pietät vor dem alten Kaiser, dem man alles verschuldete und unverschuldete Uebel beizumessen gewohnt war, mit heimlicher Genugthuung das untergehende Gestirn des Alten mit dem astrologisch unheilbringenden Saturn und den aufgehenden Stern des Jugendlichen mit dem heilbringenden Jupiter verglichen haben. Bei der Königswahl Maximilian's lebte in weiten Kreisen die Hoffnung auf, alles Heil, mögliches und unmögliches, müsse und werde durch ihn und von ihm kommen.

Ein solcher Kreis hatte sich in Basel um Joannes a Lapide gebildet. Brant war der unermüdliche und beredte Sprecher, und ein hoher Geistlicher, der Archidiakonus Johann Bergman, aus Olpe in Westfalen, damals zu Granfeld im baslerischen Münsterthal seiner Pfründe genießend, aber meistens in Basel lebend, errichtete eine Druckerei, deren Erzeugnisse fast ausschließlich Schriften von Brant sind, Prosa und Vers, beide vorwiegend dem Einen Ziele gewidmet, durch den römischen König die Weltherrschaft des Christenthums unter Kaiser und Reich wiederhergestellt zu sehen. Dieser Kreis, dessen Wahlspruch: „Nichts ohne Ursach" war, hatte eine besondere Stütze an dem bischöflichen Vicar Christoph von Utenheim, einem für Reform der Kirche sehr eifrig bemühten, höchst bedeutenden Manne, und ebenso an einigen in Basel beliebten Predigern und theologischen Pro-

fefforen. Doch waren auch einige Humanisten, sowol in
Basel wie auswärts, und darunter Brant's Schüler Jakob
Locher, der die humanistischen Studien in freierm, vielleicht
zu freiem Sinne auffaßte, der kolmarer Lehrer Murrho,
Jakob Wimpheling und zahlreiche andere mit dem Ziele
dieses Kreises in Uebereinstimmung und arbeiteten für die
Erreichung desselben. Die geistlichen Theilnehmer hielten
begreiflicherweise die Suprematie des Papstes hoch und
wollten die Reform der Kirche an Haupt und Gliedern durch
und mit dem Heiligen Vater bewirkt sehen. Da ihnen aber
die Kirche selbst höher stand, als die zufällige Persönlichkeit,
die an die Spitze gestellt war, scheinen sie in ihren Ansichten
durch die Zeitgeschichte allmählich weiter gedrängt zu sein
und bei der weltkundigen Zügellosigkeit des römischen Hofs
unter Alexander VI. sich mit dem Gedanken vertraut gemacht
zu haben, daß allenfalls beide Schwerter, das geistliche und
weltliche, die Macht des Papstes und des Kaisers, in eine
einzige Hand, und zwar in die des Kaisers gelegt werden
müßten, sodaß Brant nach einer Reihe von Gedichten, in
denen er die Wiederherstellung des christlichen Kaiserreichs
auch im Orient eindringlich gefordert hatte, geradezu aus=
rief:

> Vater, nimm den Glauben in deine Hut und
> Lenke Petri Schifflein mit dauerhaftem
> Steuer durch die Fluten, denn, ach! der Wächter
> Schläft auf den Wogen.

Das Interesse, das die Wahl Maximilian's zum rö=
mischen Könige bei dem Freundeskreise erweckt hatte, steigerte
sich, als Max in Brügge gefangen wurde. Freilich war er,
nachdem er ein abgedrungenes Versprechen geleistet, wieder
freigelassen, und er seinerseits hielt den geschlossenen Vertrag
getreulich; aber Kaiser und Reich glaubten die niederlän=
dischen Städte für ihren Frevel züchtigen zu müssen. Ehe
die Sache geschlichtet war, trat Brant mit einem fanatischen
Gedichte gegen „die Räuber", „die flämischen Scheusale"

auf, die in die Grachten getrieben werden, von deren Blut die Seen und Teiche sich färben müßten. Selbst gegen die Weiber ruft er den Fanatismus auf; man möge sie an die Hufe der Rosse binden und mit ihrem fliegenden Haar den Staub fegen. Ueber die verwüsteten Städte müsse der Pflug gehen. Weder Treu noch Glauben dürfe ihnen gehalten werden. Vernichtung sei der einzig zulässige Vertrag.

Den Brautraub hat Brant auffallenderweise gar nicht berührt, es müßte denn unter den verloren gegangenen Gedichten auf diese Schmach, die Karl VIII. dem deutschen Fürsten angethan, eines von Brant gewesen sein, was nicht ganz unwahrscheinlich ist, da auch dieser Anlaß die Gemüther des Freundeskreises nachweislich sehr aufgeregt hatte. Vergebens war von Max auf dem Reichstage zu Mainz 1491 der Versuch gemacht worden, die deutschen Fürsten zur Sühnung dieses Schimpfes zu vermögen. Sie hörten es ruhig an, als er klagte, nach Christus sei nie ein Sterblicher ärger beschimpft als er; keine Hand rührte sich. Er ging in seine vorderösterreichischen Erblande und fand dort bei den Seinen wenigstens Theilnahme und guten Willen. Als um diese Zeit (7. November 1492) bei Ensisheim im Sundgau ein großer Meteorstein niederfiel, mit donnergleichem Getöse, das man von Burgund bis Uri gehört haben soll, besang Brant das Phänomen in lateinischen und deutschen Versen und sah darin die Ankündigung eines über den bösen Feind hereinbrechenden Ungewitters.

Max hatte ein kleines Heer gesammelt und fiel, um die Brautlande seiner von Karl verstoßenen Tochter wiederzuerlangen, gegen Ende des Jahres in die Freigrafschaft ein. Er hielt am 21. December seinen Einzug in Besançon. Die Franzosen erlitten eine empfindliche Niederlage, und die Sieger rückten am 18. Januar 1493 in Salins ein.

  Die Franzosen betrog ihr Wahn:
  Sie dachten nicht, daß Gott der Herr
  Gerechte Sach nicht läßt ohn Wehr,

Und daß er nicht vertragen mag
Den Hochmuth, den sie thun all Tag.

Brant sah in diesem allerdings nicht ganz unwichtigen Erfolge die Verheißung größerer und erinnerte Max daran, daß der Stein bei Ensisheim „nicht ohn Ursach" gefallen sei. Des Königs Glück, ruft er, werde mit diesem Jahre anheben und ohne Ende dauern. Er sei die Furcht aller Völker; Türken und Heiden und alles Erdreich werde unter seine Gewalt und Krone kommen. Voll zuversichtlicher Hoffnung sieht er auf die nahe Wiedergewinnung des Heiligen Landes.

Allein diese hochfliegenden Erwartungen blieben unerfüllt; nicht einmal der nächste Zweck des Kriegs war erreicht, da in dem Frieden von Senlis die verstoßene Margarethe nur die Freigrafschaft, Charlois und Artois zurückerhielt; Burgund aber blieb in den Händen des Erbfeindes. Das stimmte den Muth zwar etwas herab, ließ aber an der Sache nicht ganz verzweifeln. Brant mahnt den geliebten Fürsten, burgundisch Blut nicht weichen zu lassen, mit Heerschall das französische Gebirge zu bedrohen, den Hochmuth zu zähmen und seine Ehre, seinen guten Namen zu retten und zu schirmen. Als die Reichsfürsten, ohne deren Beistand Max zu schwach war, sich nicht regten und rührten, um mit gegen den Erbfeind zu stehen und zu streiten, wandte der Dichter den Blick auf die innern Schäden. Die vielen Reichstage, ein Gespött des Auslandes, erzielten kein Resultat; geschehe etwas, so geschehe es mit Ueberstürzung, in der Regel werde alles auf die lange Bank geschoben. Während Deutschland berathe, verlasse der Türke seine griechischen Küsten und nehme Illyrien und Pannonien; nach der Donau werde der Rhein kommen und das Verderben über Deutschland ergehen. Ueberall daheim sei weder Eintracht, noch Frieden, noch Freundschaftsbund zu finden; alle wüthen wie die Löwen gegeneinander. „Getheilte Reiche gehen zu Grunde; dem Feinde öffnet sich der leichte Zugang; das uneine

Gespann stürzt den Pflug um." Als daheim nichts geschah, was zur Erstarkung des Reichs und zur Näherung an das eine große Ziel hätte führen können, nahm Brant die Gelegenheit wahr, Ferdinand von Aragon wegen seines Siegs über die Mauren in Granada zu beglückwünschen. Lag das Interesse an diesen Siegen auch räumlich fern, waren die Mauren für Deutschland auch ungefährlich, so waren sie doch Anhänger Mohammed's und also — der Schluß war für die Freunde in Basel zwingend — Feinde des Christenthums und Gegner des stets vor Augen schwebenden Ziels. Darum macht er von den Siegen am Guadalquivir die Nutzanwendung auf Deutschland:

Vaterland, o Deutschland, du glückliches, gäbe das Schicksal
  Oder der Ewige selbst ähnliche Könige dir:
Wahrlich, es fügte die Welt, die gesammte, sich unsern Geboten
  Willig und längst so weit leuchtet das himmlische Licht!
Doch was klag' ich? Ist nicht Max jetzo des römischen Reiches
  Haupt und edelste Zier? Bringt er nicht alles zurück?
Größeres hätt' er gethan, längst schon, wenn Glauben und Treue,
  Wenn die Pflichtigen stets willig erfüllten die Pflicht.
Doch er wird mehr thun, glaubt mir, wenn die Zeit es gezeitigt.
  Möge der waltende Gott wenden ihm alles zum Heil!

Als dann unlange darauf, am 19. August 1493, der alte Kaiser starb, sah Brant in diesem Todesfalle und seinen Folgen die Erfüllung des ensisheimer Vorzeichens und widmete dem Verstorbenen schicklichkeitshalber einige Lobsprüche wegen seiner Gerechtigkeit und Friedensliebe nebst einigen oratorischen Thränen, wandte sich dann aber ausschließlich an Max selbst, dem jener bei Ensisheim gefallene Meteorstein zurufe und verkünde, daß sein Ruhm durch lange Jahrhunderte dauern werde zum Schrecken der Türken:

Siehe, die Zügel der Welt ruhn dir in den Händen, o König,
  Schuldet Gehorsam doch dir was die Erde bewohnt!
Wachsen nun unter dir, Herr, wird die Gemeinde der Christen,
  Jetzt, o Mehrer des Reichs, kannst du es mehren das Reich.
Ja, du thust's! Denn umsonst nicht hat der olympische Lenker
  Dich zum Lenker gesetzt seinem erlesenen Volk.
Angeborner und tapferer Muth wehrt, daß dir erschlaffe,
  Daß dir erstarre der Geist oder zum Wollen die Kraft.

> Was dein Antlitz belebt, der Entschlossenheit kräftige Züge
> Zeugen von hohem Gemüth, edlem und christlichem Sinn.
> Ja, ich weiß! nicht täuschet die Hoffnung, welche wir ehmals
> Schöpften, daß ich des Reichs Gründer besänge in dir.
> Sieh! vom Himmel herab, vom hohen, winket der Sieg dir,
> Der einst Karl beistand, würdige Frucht ihm verlieh.
> Herr, die Zeit ist erfüllt; es kehren saturnische Reiche,
> Laß das geheiligte Land kehren in deine Gewalt!
> Waffen des Kaisers erfassest du jetzt, faß Kaisergemüth auch!
> Waffen des Kaisers erschaun mögen die Völker umher.
> Möge der Feind nun sehn, wie unserm Gebieter von oben
> Selbst in die Hände gedrückt schreckliche Waffen der Herr!

Unermüdlich war Brant in Behandlung dieses Gegenstandes; jeden äußern Anlaß ergriff er, um den König zu mahnen, das große Werk der Herstellung des christlich=germanischen Weltreiches im Abend= und Morgenlande zu beginnen. Die mannichfachen seltenen Naturerscheinungen, Misgeburten u. dgl., eine Schar gemeinsam ziehender Falken, zwei Kindesleiber mit zusammengewachsener Stirn, eine misgestaltete Gans, eine Sau, ein ungewöhnlich großer Hirschhuf veranlaßten ihn, die Anzeichen zu finden, daß die rechte Zeit zum Beginn gekommen, der Erfolg unzweifelhaft, der Ruhm ohne Ende sei. Freilich macht es ihn nicht selten bedenklich, wenn er sieht, wie die Eintracht, auf der die Kraft beruht, ebenso rasch schwindet wie sie gekommen, ja daß einzelne Theile des Reichs, anstatt ihren Schwerpunkt im Innern Deutschlands, beim Reiche selbst, zu suchen, sich durch auswärts geschlossene Verbindungen den Pflichten gegen das Reich entziehen oder, wie Schaffhausen, geradezu vom Reich abfallen und in den Schweizerbund treten.

> Jeglicher Staat wächst fest und kräftig in Einheit zusammen;
> Doch zusammen in sich stürzt das zerklüftete Reich ...
> Schirmt das heilige Land und des Vaterlands heiligen Boden
> Vor dem entweihenden Schritt borstigen falschen Geschlechts!

Das „borstige Geschlecht" bezog sich auf den Türken, auf den er irgend eine Misgeburt einer Sau gedeutet hatte. Aus Anlaß des ungeheuern Hufs einer Hirschkuh, den Max an den Herzog von Oranien gesandt, mahnt er den König, die guten

Eigenschaften des Hirsches, die Wachsamkeit und Schnelligkeit, zu den seinigen zu machen und wie jener die Reptilien aus den Höhlen zu ziehen, um sie zu vernichten. Als Max endlich nach Italien gezogen war, befiel den Dichter neben den alten eine neue Sorge. Es war gerade in den Gegenden, in welchen die deutschen Truppen standen, die scheußliche Krankheit epidemisch, die von den Franzosen Ursprung und Namen führte. Braut fleht zur heiligen Jungfrau, daß sie den geliebten Herrn schirmend unter ihre Flügel nehme, daß er die Kaiserwaffen frei von dieser Seuche zurückbringe und mit ihnen das heilige Diadem. In dem ganzen Gedichte, in dem er die Krankheit kaum nennen mag, aber doch genau beschreibt, ist ihm diese nur Anlaß, um nochmals mit Energie zur Pflicht des Gehorsams gegen das Reichsoberhaupt aufzurufen, was damals nicht sowol in Bezug auf Oberitalien als rücksichtlich der Schweiz und der deutschen Grenzstädte dringend nahegelegt war. Er ruft:

Deutsche Tugend und o ihr wackeren Herzen, begeht nicht
    Thorheit, andern zu weihn Zügel der Macht und die Kraft!
Wahrlich, es dünket mich groß, zum Herrscher zu haben der
                              Welt Haupt,
Das die Nationen in Furcht hält und die Reiche der Welt,
Wie der Sieger es ist, der großhochherzige König,
Er, in dem Streite der Blitz; er, dem der Friede so lieb!
Lieber läg' ich fürwahr ihm unter die Füße geworfen,
    Als zu ertragen den Stab fremder Gebieter und Herrn.
Hört mich, Bürger! o seid des Hauptes ergebene Glieder,
    Dann bleibt unser der Glanz, den uns die Ahnen erkämpft.
Folget dem rühmlichen Geiste der Alten, o folget der Väter
    Schatten, denn schmachvoll ist's, schlägt aus der Art ein Ge-
                              schlecht!
Folget den Spuren der Ahnen, die einst so tapfer geschaffen
    Kaiserlich Reich und der Hand gaben den herrschenden Stab;
Dann wird Gott die Gewalt Deutschland und die Ehre der
                              Deutschen
Gnädig behüten, uns wird schirmen die Mutter und Maid.

Die Stimme des Mahners und Warners verscholl in dem wilden Getümmel der Parteien, dessen Wogen sich immer mehr der zweiten Heimat des Dichters bemächtigten. Er hielt zwar fortdauernd den Blick auf den Kaiser gerichtet, auf den festen Anker in diesen Stürmen, wo der Schweizer= bund sich auf Kosten des Reichs erweitern und stärken wollte, er blieb auch mit dem geliebten Herrn in freundlichem Ver= kehr und sammelte im Jahre 1498 seine lateinischen geist= lichen und weltlichen Gedichte, um durch die Zusammenstellung der politischen, die unter den weltlichen den bedeutendsten und umfangreichsten Theil bilden, die Wirkung des einzelnen zu erhöhen; als aber sein Mahnen und Drängen zum Pre= digen in der Wüste geworden, als Max nach langem, allzu langem Zögern gegen die Schweizer endlich Ernst machen wollte und dann, in der Schlacht bei Dorneck (22. Juli 1499) unterliegend, in Basel Frieden schließen mußte, und zwar einen Frieden, der den Abfall der Stadt und der Landschaft vom Reiche zur Vollendung brachte: da war dem Dichter der Boden unter den Füßen wankend geworden, sodaß er sich, getreu seinem Worte, lieber unter den Füßen des Kai= sers zu liegen, als fremde Herrschaft zu tragen, nach einer andern Stätte unter den Flügeln des Reichsadlers umsah. Nicht mit leichtem Herzen verließ er im Frühjahre 1500 Basel, wo er ein eigenes Haus erworben hatte; da er aber, auf Empfehlung Geiler's von Kaisersberg, in seiner Vater= stadt, wo ihm die Mutter und auch Brüder noch lebten, eine seinen Neigungen passende Thätigkeit fand, so kam er leichter über den bittern Unmuth hinweg, die politisch=kirch= lichen Hoffnungen, die er in Uebereinstimmung mit seinen baseler Freunden gehegt und so anhaltend und beredt ver= kündet hatte, in nichts zerfließen zu sehen.

Für uns und für die heutige Auffassungsweise Brant's sind seine lateinischen Gedichte freilich veraltet; sie gehören aber doch wesentlich dazu, wenn man ein richtiges Bild von seiner dichterischen und menschlichen Persönlichkeit gewinnen will. Erwägt man außerdem, daß einige dieser lateinischen Dichtungen auch in deutschen Versen erhalten sind, und daß wahrscheinlich alle auch deutsch vorhanden waren, so ist die politische Dichtung Brant's, auch wo uns die deutsche Form nicht vorliegt, von seiner übrigen Poesie nicht mehr zu trennen. Auch finden Einzelheiten seines berühmtesten Werks, des „Narrenschiffes", nur im Lichte seiner Gesammtwirksamkeit ihr rechtes Verständniß. Wenn er gegen die Tadler eifert, welche ein von der Welt zurückgezogenes Leben für Heuchelei erklären (105), so spricht er nur aus, was er auch in einem seiner lateinischen Gedichte zum Gegenstande genommen hat. Und dort wie hier spricht er aus dem Kreise der baseler Freunde und in ihrem Sinne, von denen Joannes a Lapide sich ins Kartäuserkloster zurückzog und Christoph von Utenheim, der Vicar des Bisthums, mit Wimpheling und Lamparter sehr ernstlich darauf bedacht gewesen war, der Welt zu entsagen und ein schauendes Leben zu führen, wie Utenheim's Freund, der auch von Brant verehrte und gepriesene Jean Raulin, aus dem Glanze des pariser Lebens und vom Hofe hinweg sich in das Kloster zu Clugny zurückgezogen hatte. Die Uebereinstimmung des 99. Abschnittes mit Brant's lateinischen Gedichten ist so groß und deutlich, daß darin beinahe ein Auszug seines umfangreichen Werks über Jerusalem zu erkennen ist. Gerade in diesem Abschnitte tritt die Idee, welcher der Freundeskreis in Basel seine Kräfte gewidmet hatte, entschieden hervor und reiht das „Narrenschiff" unter die politische Gesammtpoesie.

Damit soll nicht gesagt sein, daß sich das ganze „Narrenschiff" politisch müsse auffassen lassen, wenigstens nicht in dem üblichen Sinne; wenn aber der sittliche Zustand eines Volks den Grad seiner politischen Stellung bedingt, so kann man auch einem Gedichte, das in seiner Gesammtheit, wie in seinen einzelnen Theilen, sein Absehen auf die moralische Hebung des Volks richtet, einen gewissen politischen Charakter zugestehen. Das „Narrenschiff", zu dem Brant sich durch mehrere moralische Bücher, meist Uebersetzungen, vorbereitet hatte, oder dem er andere folgen ließ, hat aber keinen andern Zweck als den, die Zeitgenossen in kirchlicher und bürgerlicher Beziehung von Verirrungen zurückzuführen, welche dem Leben in Kirche, Staat und Familie Nachtheil gebracht hatten oder zu bringen drohten. Die einzelnen Abschnitte durchzugehen, ist an der Schwelle des Buchs selbst nicht erforderlich, zumal das Ganze nicht nach einem fest bestimmten Plane geordnet ist, sondern in einer vom Zufall abhängig gemachten Reihenfolge zusammengestellt und nicht einmal das im Titel angedeutete Bild einer Schifffahrt der Narren oder ins Narrenland durchzuführen oder festzuhalten versucht worden ist. Alles zerfällt in Einzelheiten. Das weist auf eine zufällige Entstehung zurück. Es scheint, als habe Brant ursprünglich eine Bearbeitung der alttestamentarischen Spruchbücher in Versen beabsichtigt, aus denen ganze Reihen entlehnt und dann nach dem Inhalte, doch auch dies nicht mit Strenge, unter gewisse Schlagwörter vertheilt sind, ganz nach Art der mittelalterlichen Beispielsammlungen, die Brant kannte und von denen er selbst eine herausgab. Auch in der Auffassung der sittlich-politisch-kirchlichen Verirrungen, Mängel und Gebrechen unter dem Gesichtspunkte der Narrheit waren ihm mittelalterliche Schriftsteller, wie Felix Hämmerlin und andere, voraufgegangen; der Name war durch die häufige Wiederkehr in den Spruchbüchern des Alten Testaments ohnehin nahe gelegt. Dem biblischen Kerne wurden dann andere gleichartige Sprüche, Sprichwörter und Sätze einiger Schriftsteller des Alterthums, besonders Juvenal's und Seneca's, hinzugefügt und mit Anführung biblischer und profaner Beispiele kurz erläutert oder belegt. Gerade dieser Charakter des Zufälligen, der nicht viel Aufmerksamkeit für das Ganze und im allgemeinen wenig Nachdenken in Anspruch nahm, scheint bei den Zeitgenossen, deren Formsinn und Gefühl für abgerundete Gestaltung und künstlerische Durchführung eines Gedankens völlig unentwickelt war, dem Gedichte, oder wenn man will dem gereimten Buche, den entschiedensten Beifall begründet zu haben. Man konnte aufschlagen und lesen, wie es der Zu-

fall wollte, und fand doch überall (etwa wie in dem Lehr=
gedichte Rückert's) eine Anregung für den Augenblick. Nicht
geringen Einfluß auf die Gunst der Leser mögen auch die
zahlreichen Holzschnitte gehabt haben, zu denen Brant, wie
zu seinen Ausgaben des Methodius und des Esop, die
Zeichnungen selbst verfertigt hatte.

Es ist nicht die Absicht, den bibliographischen Wegen des
Buchs, das zuerst 1494 in Basel erschien, zu folgen und
im einzelnen nachzuweisen, wie es ins Niederdeutsche, Latei-
nische, Französische, Englische und Niederländische übersetzt
oder für jene Sprachgebiete bearbeitet wurde; ebenso wenig
kommt es hier auf den Nachweis der Einwirkungen auf die
nachfolgende Literatur Deutschlands an. Das „Narrenschiff"
war das am meisten verbreitete und das berühmteste Buch
seiner Zeit und wurde von Brant's Freunde Geiler von
Kaisersberg, Prediger am Münster zu Strasburg, als Grund=
lage einer Reihe von Predigten benutzt, die zwar zur Ver-
allgemeinerung des in dem Buche lebenden Geistes beigetragen
haben mögen, dem „Narrenschiff" selbst aber den Eingang
beim Volke nicht erleichtern konnten, da Geiler erst 1498,
als der Ruf des Gedichts längst begründet war, seine la=
teinischen Predigten im Münster begann, und diese, da sie
erst im 16. Jahrhundert gedruckt und dann auch übersetzt
wurden, anfänglich auf einen verhältnißmäßig kleinen Kreis
beschränkt blieben.

Dagegen mögen Geiler's Predigten über das „Narren=
schiff" für Brant selbst von persönlich ersprießlichen Folgen
gewesen sein. Es ist schon erwähnt, daß der große Stras-
burger Kanzelredner es gewesen, der Brant für den Dienst
seiner Vaterstadt empfohlen, und zwar an Bechtold Offenburg
mit so sprechenden Gründen, daß der beabsichtigte Erfolg
nicht ausblieb.*) Am 13. Januar 1501 trat er, da der

---

*) Er schrieb: „Wiser, lieber herr! Ich wurd bericht, das man
in willen sig, von der statt einen andern doctor ufzunemen; hab
ich gedacht an doctor Brant, der ein kind von der statt ist und

bisherige Stadtadvocat Jakob Welzer seine Entlassung ge=
nommen, für diesen als Syndikus und Advocat der Stadt
ein und erhielt dann 1503, als der alte Stadtschreiber,
Johann Münch aus Schlettstadt, seines hohen Alters wegen
seinem Dienste nicht mehr vorstehen konnte, als Nachfolger
desselben das Amt des Stadtschreibers, dessen Aufgabe es
war, die Protokolle der Sitzungen zu führen, das Archiv
zu leiten und die Ausfertigungen und den Schriftwechsel des
Raths mit auswärtigen Behörden zu besorgen, ein Amt,
das viel Zeit in Anspruch nahm, bei Brant's Thätigkeit
aber doch Muße übrig ließ, um daneben Schriftstellerei zu
treiben und einen gelehrten Briefwechsel zu unterhalten. Be=
sonders gerühmt werden von Wencker, einem seiner spätern
Nachfolger, seine Verdienste um Ordnung des Archivs in
Strasburg. Er legte auch städtische Annalen an und scheint
die Ausarbeitung einer ausführlichen Chronik der Stadt
beabsichtigt zu haben, da er einzelne Theile, wie die Be=
schreibung des Einreitens und Amtsantrittes des Bischofs
Wilhelm von Honstein, die zufällig gedruckt erhalten ist,
umständlicher ausarbeitete. Die auf der Stadtbibliothek auf=
bewahrt gewesenen Annalen, kürzere chronologische Aufzeich=
nungen, aus denen die straßburger Gelehrten nur einzelne
Sätze veröffentlicht hatten, sind beim Brande der Bibliothek
während der Belagerung 1870 untergegangen, zum unersetz=
lichen Verluste für die Geschichte der Stadt.

Brant's Leben in Strasburg verlief sehr ruhig. Es ist
wenig darüber zu berichten. Schon vor seiner Ernennung

---

fast wit berümbt in allen landen für andern; von der kunst zeugen
sin geschriften, was er kan in tütsch und latin, er möchte auch alle
tag und stund lesen den burgers sünen und sie hie leren, das sie
in frömden landen mit großen kosten erholen müsten, und gieng
alles in einem sold zu, dunkt mich ouch der statt erlich, das sie
einen solichen uß iren burgern hetten und uß irer statt bürtig,
und nit einen frömden, ouch im mer zu vertrawen wer. Mögend
das ouch andern, wo sich das gut dunkt, zu versten geben, als
von üch selbs." Jak. Wencker, „Apparatus et instructus archi-
vorum" (Argent. 1713, 4., p. 22).

zum Stadtschreiber war er von Maximilian zum kaiserlichen
Rath ernannt und als solcher wiederholt an das kaiser=
liche Hoflager beschieden worden, um an den Berathungen
über das Concordat, das Max mit dem römischen Stuhle
zu schließen beabsichtigte, theilzunehmen. Auch als Rath
des Kurfürsten von Mainz wird er genannt, wie er denn,
von der an sich nach außen hin nicht gerade bedeutenden
Stellung als Stadtschreiber, sich durch kluges Verhalten all=
mählich zu einer persönlich sehr angesehenen Geltung empor=
zuarbeiten verstand, sodaß ihn der Rath wiederholt zu
Sendungen in wichtigen städtischen Interessen verwandte.
Bei einer solchen Sendung im Sommer 1512, an den
Kaiser nach Köln, leistete Brant der Stadt einen erheblichen
Dienst, indem er eine auf dem nürnberger Reichstag 1501
gegebene kaiserliche Bestätigung der Gerechtsame der Stadt
Strasburg, Auswärtige zu Bürgern anzunehmen, eine Be=
stätigung, die auf dem trierer Reichstage 1512 durch In=
triguen des Grafen von Hanau zurückgenommen war und
um deren Wiederherstellung einige strasburger Rathsmit=
glieder auf dem nach Köln verlegten Reichstage persönlich,
doch ohne Erfolg sollicitirt hatten, insoweit wieder zur
Geltung brachte, daß die Sache bis zum nächsten Reichstage
in der für Strasburg gewünschten Weise ihr Bewenden
haben solle. Schon am Tage nach der Ankunft in Köln
erlangte Brant mit den Rathsgliedern Gehör beim Kaiser.
Ott Sturm überreichte im Auftrage der Stadt mit passenden
Worten einen edlen Gerfalken mit französischen Schellen, den
der Kaiser wohlgefällig auf die Hand nahm, worauf Sturm
die Botschaft ankündigte und um Erlaubniß bat, dieselbe
verlesen zu lassen. Der Kaiser bewilligte das und hörte, in
Anwesenheit der Räthe, stehend, unverwandten Hauptes und
Blicks die von Brant verfaßte und vorgelesene Supplication
aufmerksam an, sprach dann freundlich mit den Gesandten
und ließ durch den Kanzler Cyprian Serentein von Northeim
den genannten Bescheid geben, infolge dessen dann durch

einen besondern ständischen Ausschuß der nachtheilige trierer Artikel aufgehoben und die Freizügigkeit, wie Strasburg sie gewünscht und seit langen Zeiten besessen hatte, wiederhergestellt wurde. Der Kaiser mit dem Falken auf der Hand mochte des Gedichts denken, in welchem ihm Brant vor Jahren aus Anlaß eines Zuges Falken, die vom Elsaß über die Alpen südlich geflogen waren, die einmüthige Unterstützung der Reichsfürsten zu einem Zuge nach Italien verkündet hatte.

In anderer Weise, aber nicht minder ehrenvoll, entwickelte sich im nächsten Jahre eine Angelegenheit, die Brant schon seit längerer Zeit beunruhigt hatte. Bekanntlich führten die Dominicaner einen schon Jahrhunderte dauernden Streit mit den Franciscanern über die unbefleckte Empfängniß der Jungfrau Maria, indem sie es für eine Irrlehre erklärten, daß Maria ohne Erbsünde geboren sei, wie die Franciscaner und mit ihnen die Realisten behaupteten. Diesen alten Streit rührte ein Predigermönch Wigand Wirt in muthwilliger Weise gegen einen Prediger zu Frankfurt, Johann Spengler, zu Anfang des 16. Jahrhunderts auf und beschimpfte dabei den Gegner in auffälligster Weise. Aber damit nicht zufrieden, verklagte er ihn auch bei dem Obersten des Ordens, der den Doctor Thomas Wolf in Strasburg beauftragte, die Sache zu untersuchen. Spengler bediente sich dabei Brant's als seines Rechtsbeistandes. Die Entscheidung fiel nicht zu Wirt's Gunsten aus, was ihn, der, wie eine der Flugschriften der Zeit sagt, den Pfarrer am liebsten geschunden gesehen hätte, auf das allerheftigste erboste. Er stiftete mit den berner Predigermönchen das bekannte, in der Geschichte der Zeit ungeheueres Aufsehen erregende Possenspiel an, das mit dem Feuertode einiger Mönche endete, und ließ seiner Wuth gegen Wolf, Brant und die gleichgesinnten Freunde in einem elegischen Schmähgedichte den freiesten Lauf. Dasselbe wurde zwar auf Befehl des Erzbischofs von Mainz bei Strafe des Bannes verboten und, soviel davon

aufzufinden war, verbrannt; damit waren die Geschmähten
indeß nicht befriedigt. In welcher Weise der Mönch seine
Gegner behandelte, zeigt der erste Vers:

Brant mit der ehernen Stirn reizt über die Maßen die Unschuld.

Der am heftigsten Geschmähte war Brant, weil er der Be-
rühmteste war; für den am tiefsten Gekränkten hielt sich aber
der Pfarrer Spengler, der nach Rom reiste, um sich über
Bruder Wigand zu beschweren. Bei der Zweifelhaftigkeit
des Ausganges erregten die Dominicaner den erwähnten
Skandal in Bern, wodurch sie ihre Sache nur verschlim=
merten. Das Urtheil in Rom ging dahin, daß Wigand
Wirt widerrufen und den Geschmähten Ehrenerklärung geben
mußte. Das that er am 24. Februar 1513 in der Kirche
St.=Spiritus zu Heidelberg vor Notar, Zeugen und der
versammelten Gemeinde; er versprach zugleich, sich zu
bessern und dergleichen niemals wieder zu thun. Seitdem
ist er verschollen. Auch aus Brant's Leben ist seitdem kaum
eine besonders hervortretende Begebenheit zu berichten.

Er hatte neben seinen Berufsarbeiten seine literarischen
Beschäftigungen ruhig fortgesetzt und manches Buch heraus=
gegeben oder von Freunden herausgegebene durch seine Theil=
nahme gefördert, doch hat darunter für diese Skizze kaum
ein anderes Interesse als der Abdruck einer aus Basel mit-
getheilten, von Jakob Wolf zweimal abgeschriebenen Hand=
schrift des „Freidank", jener Sammlung mittelalterlicher
Sprüche und Sprichwörter, in der Brant ein Seitenstück zu
seinem „Narrenschiff", jedenfalls eine passende Ergänzung
finden mußte, sodaß er das Gedicht „neben seinem Schiff
schwimmen ließ". Es war der erste Druck und bis auf
W. Grimm's Ausgabe der einzige zugängliche Text.

Ueber seine Bemühungen um die Pflege der Wissen=
schaften in Strasburg gibt eine zufällige Mittheilung seines
Freundes Wimpheling einigen Aufschluß. Wir erfahren
daraus, daß Brant eine Darstellung der Parabel von

Hercules am Scheidewege in Strasburg zu Stande brachte und leitete, die allgemeines Wohlgefallen erweckte und damit die theatralischen Aufzüge in Strasburg einführte. Nähere Angaben über die Art und Weise der Darstellung, über die mitwirkenden Personen und den zum Grunde gelegten Text fehlen leider. Wahrscheinlich aber war dies ein Act der Gelehrsamkeit, in lateinischer Sprache, für das zuschauende Volk nur durch die mitwirkenden Spieler und ihre Trachten und Geberden anziehend und nur dem allgemeinen Sinne nach verständlich. Andere Versuche einer beginnenden Bühne dürfen daraus gefolgert werden, über die nichts, wie über diesen nur gleichsam als rednerische Wendung etwas, überliefert worden.

Jener Aufzug fiel in die Fastnachtzeit des Jahres 1514 und fand ohne Zweifel unter Betheiligung der Literarischen Gesellschaft statt, die Wimpheling in Strasburg gestiftet hatte. Dieselbe trat äußerlich wenig bedeutend hervor und ist eigentlich auch nur durch zufällige Erwähnungen und Lebenszeichen vor der Vergessenheit bewahrt geblieben. Daß Brant eines der hervorragendsten Mitglieder dieses Kreises gewesen, zeigt sich bei einer Gelegenheit, die für die Gesellschaft selbst eine ebenso ehrenvolle als erfreuliche war. Als Erasmus im Sommer 1514 auf seiner Reise von England nach Basel Strasburg berührte, wurden ihm dort wie in andern bedeutenden Städten seines Wegs Ehrenbezeigungen erwiesen, welche man sonst nur durchreisenden Fürsten erzeigte. Die Magistrate überreichten ihm Geschenke und veranstalteten Festmahle. In Strasburg wurde der erste Bürgermeister Heinrich Jagold mit dem Empfang und der Bewirthung des gelehrten Gastes beauftragt. Er zog als Freund der Literarischen Gesellschaft diese ins Interesse. Sie veranstaltete ihm ein Gastmahl und machte auf Erasmus einen so freundlichen Eindruck, daß er, als ihm Wimpheling im Auftrage derselben nach seiner Ankunft in Basel eine Art von Ergebenheitsadresse zugesandt, darauf in einem ausführ-

lichen Dankschreiben antwortete. Erasmus, der über sein Vater=
land sich sonst sehr schwankend äußerte, bekannte sich darin
mit Freuden als einen Deutschen. Jedem einzelnen Mitgliede,
je nach seiner Eigenthümlichkeit etwas Angenehmes oder
Schmeichelhaftes sagend, konnte er zum Lobe des „unver=
gleichlichen Brant" nicht Worte und Wendungen genug finden.
Er rechnete es zu einem der größten Theile der ihm wider=
fahrenen Glückseligkeit, diesen Mann persönlich kennen ge=
lernt, ihn gesprochen, ihn umarmt zu haben. So sehr war
es ihm mit diesen Huldigungen Ernst, daß er denselben selbst
in einem Gedichte Ausdruck gab, in dem es heißt:

> Andre nahmen den Schmuck von ihren Musen,
> Du leihst selber den deinen Schmuck und Ehre;
> Viele machte das Vaterland berühmter,
> Du erhöhst der berühmten Vaterstadt Ruhm.

Zwischen Brant und Erasmus scheint manche Ueberein=
stimmung des Charakters stattgefunden zu haben, besonders
eine große Scheu vor Theilnahme an Streitigkeiten, bei
denen die Persönlichkeiten in den Vordergrund treten
mußten. So hatte er mit den übrigen Freunden in Stras=
burg sich sorgsam jeder Aeußerung in dem Streite Reuchlin's
gegen die kölner Obscuranten enthalten, obwol Reuchlin sein
ältester Freund war und Brant sicher auf dessen Seite ge=
treten sein würde, wenn er sich offen hätte entscheiden müssen.
Ganz in gleicher Weise enthielt er sich jedes Zeichens von
Beifall oder Mißfallen, als Luther den Kampf gegen die
römische Hierarchie unternahm, obwol die dadurch erzeugte
Bewegung auch frühzeitig in Strasburg Fuß faßte. Auch
die übrigen Freunde in Strasburg hatten keinen Sinn für
die Reformation, ohne daß man sie deshalb tadeln dürfte.
Sie waren in hochvorgerückten Jahren und hatten ihr ganzes
Leben hindurch von einer ganz andern Art der kirchlichen
Reform geträumt, als die war, deren Anfänge sie noch er=
lebten. Während Christoph von Utenheim, der Bischof von
Basel, innerlich mit der lutherischen Lehre von Gesetz, Werk

und Gnade übereinstimmte, mochte er daraus doch die
Folgerungen für das Leben nicht ziehen und verbarg sich, wie
sein Freund Wimpheling, lieber im Dunkel einer abgelegenen
Zelle. Brant sah wenigstens nicht voll Vertrauen in die
Zukunft. Noch im Jahre 1520 prophezeihte er, binnen vier
Jahren werde überall ein solcher Wirrwarr auf Erden sein,
als ob alle Welt untergehen solle; besonders gefahrdrohend
schien ihm die Zukunft für die Geistlichkeit sich anzulassen,
worin er nicht unrecht hatte, wozu jedoch damals gerade kein
besonderer prophetischer Geist erforderlich war.

Brant selbst war in den letzten Jahren seines Lebens
kränklich und vielleicht schon deshalb wenig geneigt, sich
neuen Richtungen hinzugeben; hatte er doch die Ziele, denen
er einst in Uebereinstimmung mit seinem geliebten König
Max so lebhaft nachgerungen, in weite unerreichbare Ferne
schwinden gesehen. Er mochte nicht viel Vertrauen zu Be=
strebungen fassen können, die ohne mächtigen Rückhalt auf=
zutreten und deshalb mindern Erfolg zu verheißen schienen.
Sein letztes Hervortreten aus seinem stillen amtlichen Wir=
kungskreise finden wir bei Gelegenheit einer Gesandtschaft,
welche die Stadt Strasburg im Sommer 1520 an Karl V.
nach Gent schickte, um sich dem neuen Kaiser zu empfehlen
und die übliche Bestätigung ihrer Privilegien zu erbitten.
An dieser Gesandtschaft nahm Brant als Sprecher derselben
theil. Im August war er von der Reise wieder nach
Strasburg zurückgekehrt, das er seitdem nicht mehr verließ.
Er starb daselbst am 10. Mai 1521 im vierundsechzigsten
Jahre.

Es bleibt noch übrig, mit einigen Worten auf die neuern
Bearbeitungen des „Narrenschiffes" einzugehen. Den Text
der alten Originalausgabe ließ Adam Walter Strobel, Pro=
fessor am Gymnasium zu Strasburg, abdrucken (Quedlinburg
und Leipzig 1839) und gab, außer einigen unbedeutenden
Anmerkungen, die zum Theil auf Misverständniß beruhten,
eine fleißige Zusammenstellung des biographischen und biblio=

graphischen Materials. Dieselben Quellen, die ihm vorlagen, waren auch mir zugänglich, mit alleiniger Ausnahme der inzwischen in Feuer aufgegangenen handschriftlichen Annalen Brant's. Die göttinger Bibliothek gewährte mir fast vollständig, was von Brant gedruckt hinterlassen ist. Diesen reichen Vorrath habe ich sorgsam benutzt, sodaß ich nirgend von Strobel abhängig war. Seine Fingerzeige erkenne ich jedoch dankbar an.

In streng philologischer Methode, unterstützt von einer ausgebreiteten Lektüre in der gleichzeitigen Literatur, behandelte Fr. Zarncke das „Narrenschiff" (Leipzig 1854) in einer seitdem für den Aufschwung dieser Studien epochemachenden Weise. Daß ich diesem Vorgänger eine reiche Fülle von Belehrung verdanke, brauche ich nicht zu leugnen; abhängig von der ausgezeichneten Arbeit kann ich mich indeß nicht nennen. Manche Stellen der gegenwärtigen Ausgabe werden das bestätigen. Die ganze Art der Behandlung ist eine verschiedene. Ich konnte mich weder an die Schreibung des Originals gebunden halten, das flüchtig und nachläßig gedruckt ist und dessen vielfache Fehler von allen Nachfolgern in alter Zeit wiederholt sind, noch hielt ich es für meine Aufgabe, die Anmerkungen als Selbstzweck zu behandeln. Der Anlage dieser Sammlung zufolge sah ich mich auf kurze Worterläuterungen beschränkt, eine Schranke, die nur selten durchbrochen ist. Parallelstellen und das Wortverzeichniß mußten Nachhülfe gewähren.

Meine Ausgabe war längst abgeschlossen, als Simrock's Uebersetzung erschien (Berlin 1872, mit Brant's Bildniß und den Nachbildungen der Holzschnitte und Randleisten). Im allgemeinen mag man Brant aus dieser Neudeutschung kennen lernen; im einzelnen nicht, da Simrock zum Theil den Gedanken sehr frei umschrieben, zum Theil ganz misverstanden hat. Nachträglich habe ich bei der Correctur einige Proben eingefügt. Gefördert hätte ich mich, auch wenn ich die Uebertragung sammt Einleitung und Anmerkungen von Anfang an hätte benutzen können, in keinem einzigen Falle. Das große Publikum wird leichter befriedigt sein und namentlich die Nachbildung der Holzschnitte mit Dank aufnehmen.

Eine Sammlung der lateinischen weltlichen Gedichte Brant's, die schon Zarncke eingehend behandelte, ohne sie erschöpfen zu wollen, würde über sein Leben und Streben mehr Licht verbreiten, als das „Narrenschiff"; aber wo wäre das Publikum für eine solche Zusammenstellung zu finden!

Göttingen, 19. Februar 1872.

Karl Goedeke.

Inhalt.

Einleitung .... Seite V

Das Narrenschiff.

Ein vorred in das narrenschif 3
1. Von unnützen büchern 7
2. Von gůten reten 9
3. Von gitikeit 10
4. Von nüen fünden 12
5. Von alten narren 13
6. Von ler der kind 15
7. Von zwitracht machen 18
8. Nit volgen gůtem rat 19
9. Von bösen sitten 20
10. Von worer früntschaft 22
11. Verachtung der gschrift 23
12. Von unbesinten narren 24
13. Von bůlschaft 26
14. Von vermessenheit gots 29
15. Von narrechtem anslag 30
16. Von füllen und praffen 32
17. Von unnutzem richtům 35
18. Von dienst zweier herren 36
19. Von vil schwetzen 38
20. Von schatz finden 41
21. Von strofen und selb tůn 42
22. Die ler der wißheit 44

Sebastian Brant. c

		Seite
23.	Von überhebung glücks	45
24.	Von zů vil sorg	46
25.	Von zuo borg ufnemen	48
26.	Von unnützem wünschen	49
27.	Von unnützem studieren	52
28.	Von wider got reden	54
29.	Der ander lüt urteilt	55
30.	Von vile der pfründen	56
31.	Von ufschlag süchen	58
32.	Von frouen hueten	59
33.	Von ebruch	61
34.	Narr hür als vern	64
35.	Von lichtlich zürnen	66
36.	Von eigenrichtikeit	67
37.	Von glückes fall	68
38.	Von kranken die nit volgen	70
39.	Von offlichem anschlag	73
40.	An narren sich stossen	74
41.	Nit achten uf all red	76
42.	Von spotvogelen	77
43.	Verachtung ewiger freüd	78
44.	Gebracht in der kirchen	80
45.	Von mutwilligem ungfell	81
46.	Von dem gwalt der narren	82
47.	Von dem weg der seltikeit	86
48.	(Ein gesellenschiff)	87
49.	Bos exempel der eltern	90
50.	Von wollust	91
51.	Heimlikeit verswigen	92
52.	Wiben durch gůts willen	94
53.	Von nid und hass	95
54.	Von ungedult der straf	96
55.	Von narrechter arzni	98
56.	Von end des gewaltes	99
57.	Fürwissenheit gottes	102
58.	Sin selbs vergessen	106
59.	Von undankbarkeit	107
60.	Von im selbs wolgefallen	108

		Seite
61.	Von danzen	110
62.	Von nachtes hofieren	111
63.	Von bettleren	113
64.	Von bosen wibern	116
65.	Von achtung des gstirns	120
66.	Von erfarung aller land	123
67.	Mit wellen ein narr sin	128
68.	Schimpf nit verston	131
69.	Bös thůn und nit warten	132
70.	Nit fürsehen bi zit	134
71.	Zanken und zuo gericht gon	135
72.	Von groben narren	137
73.	Von geistlich werden	140
74.	Von unnützem jagen	143
75.	Von bosen schützen	145
76.	Von grossem ruemen	148
77.	Von spilern	151
78.	Von gbrückten narren	155
79.	Rüter und schriber	156
80.	Narrehte botschaft	158
81.	Von köchen und keller	159
82.	Von bürischem ufgang	161
83.	Von verachtung armůt	164
84.	Von beharren in gůtem	167
85.	Nit fürsehen den tod	169
86.	Von verachtung gottes	174
87.	Von gottesleftern	176
88.	Von plag und strof gots	177
89.	Von borechtem wechsel	179
90.	Ere vatter und můter	180
91.	Von schwetzen im chor	181
92.	Ueberhebung der hochfart	183
93.	Wůcher und fürkouf	187
94.	Von hoffnung uf erben	189
95.	Von verfürung am firtag	191
96.	Schenken oder beruen	193
97.	Von trakeit und fulheit	195
98.	Von uslendigen narren	196

	Seite
99. Von abgang des glouben	197
100. Von falben hengst strichen	204
101. Von oren blosen	206
102. Von falsch und beschiß	207
103. Vom endkrist	211
104. Worheit verschwigen	215
105. Hindernis des güten	218
106. Ablassung güter werk	220
107. Von lon der wisheit	221
108. Das schluraffenschiff	224
109. Verachtung ungfelles	229
110. Hinderred des güten	231
110a. Von bisches unzucht	232
110b. Von faßnachtnarren	239
111. Entschuldigung des dichters	243
112. Der wis man	246
113. (Abwehr)	249
Wort- und Namenverzeichniß	251

Das Narrenschiff.

Sebastian Brant.

Ein vorred in das narrenschif.

All land sind ietz vol heilger gschrift
und was der selen heil antrift,
bibel, der heilgen väter ler
und ander der glich bücher mer:
in maß, das ich jer wunder hab, 5
das niemant beßert sich darab,
ja würd all gschrift und ler veracht,
die ganz welt lebt in vinstrer nacht
und dut in sünden blint verharren;
all straßen, gaßen sint vol narren, 10
die nüt dann mit dorheit umgan,
wellen doch nit den namen han.
des hab ich gdacht zů diser früst,
wie ich der narrenschiff ufrüst:
galeen, füst, krak, nauen, park, 15
kiel, weidling, hornach, rennschif stark,
schlitt, karrhen, stoßbären, rollwagen.
ein schiff möcht die nit all getragen,
die ietz sind in der narren zal;
ein teil kein für hat überal, 20
die stieben zůher wie die immen
und underston̄t, zů dem schiff schwimmen;

A bedeutet die basler Originalausgabe von 1494, Z Zarncke's Ausgabe 1854.
— 2 antrift, berührt, anbetrifft; vgl. 11, 2. — 11 nüt, nichts; die (mit) nichts als mit; nur mit. — 12 wellen doch nit den namen han, wollen (es) doch nicht Wort haben. — 13 des, deßhalb. — 15 galee, Galere. — füst, ital. fusta, Rennschiff; vgl. Schiller 4, 150. 174. — krak, eine Art von Schiffen. — nauc, Lastschiff; vgl. Hans Sachs, Lieder, 28, 14; Schiller, 14, 273, 37. — park, Barke. — 16 kiel, großes Schiff. — weidling, Nachen. — hornach (hor, Schmuz) etwa: Baggerschiff? — 17 stoßbären, Schiebkarren. — rollwagen, Rellewagen. — karrhen, Brant scheidet karrhen (Karre 40, 6; 47, b. 9; 95, 22) von karre (Kahn 91, 3; 103, 56). — 20 für, Fuhre, Gelegenheit zu fahren; vgl. 66, 11; 99, 197. — 21 immen, Bienen. — 22 underston̄t, unternehmen, wagen.

1*

ein ieder der wil vorman ſin,
vil narren, deren kumen drin,
der bildniß ich hab har gemacht.   25
wer ieman, der die gſchrift veracht
ober villicht die nit künd leſen,
der ſicht im molen wol ſie weſen
und findet darin, wer er iſt,
wem er glich ſi, was im gebriſt.   30
den narrenſpiegel ich diß nenn,
in dem ein ieder narr ſich kenn;
wer ieder ſi, wurd er bericht,
wer recht in narrenſpiegel ſicht.
wer ſich recht ſpiegelt, der lert wol,   35
das er nit wiß ſich achten ſol,
nit uf ſich halten das nit iſt;
dan nieman iſt, dem nütz gebriſt
oder der worlich ſprechen tar,
das er ſi wiß und nit ein narr;   40
dan wer ſich für ein narren acht,
der iſt balt zů eim wiſen gmacht;
aber wer ie wil witzig ſin,
der iſt fatuus, der gfatter min,
der důt mir ouch dar an gewalt,   45
wan er diß büchlin nit behalt.
hie iſt an narren kein gebruſt,
ein ieder findt, das in geluſt
und ouch warzů er ſi geboren
und warum ſo vil ſint der doren,   50
was er und freid die wißheit hat,
wie ſörglich ſi der narren ſtat;
hie findt man der welt ganzen louf.
diß büchlin wurt gůt zů dem kouf;

---

23 vorman, der Vorderſte. — 28 molen, Malen, Zeichnen; hier die dem Originaldruck beigefügten Holzſchnitte. — 30 gebriſt, gebricht. — 35 lert, lernt. — 36 das er nit wiß ſich achten ſol, daß er ſich nicht (für) weiſe achten, halten ſoll. — 39 nüts, nichts. — 39 worlich, in Wahrheit. — tar, darf. — 44 fatuus, Narr. — 47 gebruſt, Gebrechen, Mangel. — 51 er, Ehre; gewöhnlich ere gedruckt, aber mit ſtummem e nach der langen Silbe. — freid, Freude; kann auch Muth, Kühnheit bedeuten und Subſtantiv des Adjectivs freidig ſein; vgl. 74, 19. — 52 ſörglich, ſorglich, ſorgenvoll, bedenklich. — ſtat, Stand.

zů schimpf und ernst und allem spil 55
findt man hie narren, wie man wil;
ein wiser findt, das in erfreit;
ein narr gern von sin brůdern seit.
hie findt man doren, arm und rich,
schlim schlem; ein ieber findt sin glich. 60
ich schrot ein kapp hie manchem man,
der sich des doch nit nimet an;
het ich in mit sim namen gnent,
er sprech, ich het in nit erkent;
doch hoff ich das die wisen all 65
werdent harin han wolgefall
und sprechen uß ir wißenheit,
das ich hab recht und wor geseit.
sit ich solch kuntschaft von in weiß,
so geb ich um narren ein schweiß; 70
sie můßen hören worheit all,
ob es in joch nit wol gefall.
wie wol Terentius spricht, das,
wer worheit sag, verdienet haß;
ouch wer sich lang zit schnützen důt, 75
der würst etwan von im das blůt,
und wau man coleram anreigt,
so würt die gall gar oft beweigt.
darumb acht ich nit, ob man schon
mit worten mich wirt hindergon 80
und schelten um min nützlich ler;
ich hab der selben narren mer,
den wisheit nit gefallet wol;
dis büchlin ist derselben vol.
doch bitt ich ieben, das er mer 85
wil sehen an vernunft und er,

---

55 schimpf, Scherz. — 57 erfreit, erfreut. — 58 seit, sagt. — 60 schlim schlem, gleich und gleich; aus similis similem vulgarisirt. — 61 schrot, schneide, schneidern. — 62 der sich des doch nit nimet an, der sich darum doch nicht bekümmert. — 66 harin, hierin, daran. — 67 wißenheit, Wissen, Erfahrung. — 69 kuntschaft, Zustimmung. — 70 ein schweiß, Schweißtropfen; vielleicht auch euphemistisch für das Wort ohne w; jedenfalls in der Bedeutung: nicht so viel! wenig oder nichts! — 72 joch, auch, fürwahr. — 73 Terentius, Andr. 1, 1, 41. — 74 verdienet (nicht unser verdient, ist würdig einer Sache, sondern:) erlangt. — 75 schnützen, schneuzen; Sprichw. Sal. 30, 33. — 77 coleram, Zorn. — anreigt, anregt. — 78 beweigt, bewegt. — 80 mich wirt hindergon, hinter mir hergehen. — 86 wil sehen an, ansehen, erwägen wolle.

dan mich ober min schwach gedicht;
warlich hab ich an arbeit nicht
so vil narren zůsamenbracht:
ich hab etwan gewacht zů nacht, 90
do die schliefent, der ich gedacht,
oder villicht bi spil und win
saßent und wenig dochtent min;
ein teil in schlitten umbherfůren
im schne, das sie wol halb erfrůren; 95
ein teil uf kalbsfůß gingen just;
die andern rechten ir verlust,
den sie ben tag hetten geban
und was in gwins daruß möcht gan,
oder wie sie morn wolten liegen 100
mit gschwätz, verkaufen, manchen triegen;
denselben nachzůdenken all,
wie mir ir wis, wort, werk gefall,
ist wunder nit, ob ich schon oft,
domit min gdicht nit würd gestroft, 105
gewacht hab, so es nieman hoft.

In disen spiegel sollen schouen
all gschlecht der menschen, man und frouen:
ie eins ich bi dem andern mein;
die man sint narren nit allein, 110
sunder findt man ouch närrin vil,
den ich die schleier, sturz und wil
mit narrenkappen hie bedeck.
metzen hant ouch an narren röck;
sie wellen ietz tragen on das 115
was etwan mannen schäntlich was:

89 an, ohne. — 93 dochtent min, dachten meiner. — 96 uf kalbsfůß gin-
gen, auf Kalbsfüße gehen, in Kinderschuhen gehen, Kindereien treiben. Vgl.
umkälbern auf der Gassen; Hans Sachs 2, 4, 98 ᵈ. Vgl. fingen und sagen und
kalbesheute nerent noch vil tumber Leute; Renner 4309. Das Kalb war dem
Jüngling als Attribut gegeben. Gengenb. 576 fg. Kälberten sich etwan auf
einer schönen grünen wisen; Fischart,Garg. 275. — 97 rechten, berechneten.
ander schaden wil ich nit rechen; Welschgattung 1513. H 4 ᵇ. Ebenso regen statt
regnen. Murner, Schwindelsheim D 3 ᵇ. — 100 morn wolten liegen, mor-
gen lügen wollten. — 105 gestroft, gestraft, getadelt. — 108 geschlecht, Ge-
schlechter, Gattungen, Arten. — 109 eins bi dem andern, jeden von beiden,
beide. — 110 man, Männer. — 112 sturz, Kopftuch. — wil, velum, Schleier,
besonders der Klosterfrauen. — 114 metzen, Mädchen (ohne verachtenden Neben-
sinn) haben auch Narrenröcke an.

spitz schů und ußgeschnitten röck,
das man den milchmerk nit bedeck;
wicklen vil hublen in die zöpf,
groß hörner machen uf die köpf, 120
als ob es wer ein großer stier;
sie gänt har wie die wilden tier.
doch sollen erber frouen mir
verzeihen, dan ich ganz nit ir
gedenken zů keim argen wil; 125
den bösen ist doch nit zů vil.
der selben man ein teil hie findt,
die in dem narrenschif ouch sint.
darumb mit fliß sich iedes süch:
findt es sich nit in disem bůch, 130
so mag es sprechen, das es si
der kappen und des kolben fri.
meint iemant, das ich in nit rür,
der gang zůn wisen für die tür
und lid sich und si gůter ding, 135
bis ich ein kapp von Frankfurt bring.

1.

Den vordanz hat man mir gelan,
dan ich on nutz vil bůcher han,
die ich nit lis und nit verstan.

Von unnutzen buchern.

Das ich sitz vornan in dem schif,
das hat worlich ein sundren grif:
on ursach ist das nit getan.
uf min libri ich mich verlan.

---

118 milchmerk, Milchmarkt, Brüste. — 119 hublen, Lappen, Flicken, Bänder. — 122 gänt, gehen. — 123 erber, ehrbare. — 124 ir, ihrer. — 133 in nit rür, ihn nicht treffe; ein sach, die nit angat und rüret dich. Jacet. C 2ᵒ. — 135 lid sich, leide, geduld sich.

a: gelan, gelassen. — c: nit lis, nicht lese. — 1 ich, der Büchernarr, nicht nothwendig auf den Dichter zu beziehen. — 2 grif, List, schlaue Absicht. — 4 libri, Liberei, Büchersammlung.

von büchern hab ich großen hort,　　　　　5
verstant doch drin gar wenig wort
und halt sie dennacht in den eren,
das ich in wil der fliegen weren.
wo man von künsten reden dut,
sprich ich: „doheim hab ichs fast gut!"　10
domit loß ich benügen mich,
das ich vil bücher vor mir sich.
der künig Ptolomeus bstelt,
das er all bücher het der welt
und hielt das für ein großen schatz;　15
doch hat er nicht das recht gesatz,
noch kund daruß berichten sich.
ich hab vil bücher ouch des glich
und lis doch ganz wenig darin.
worumb solt ich brechen min sin　20
und mit der ler mich bkümbren fast?
wer vil studirt würt ein fantast.
ich mag doch sunst wol sin ein her
und lonen eim, der für mich ler.
ob ich schon hab ein groben sin,　25
doch, so ich bi gelerten bin,
so kan ich ita sprechen jo.
des tütschen orden bin ich fro,
dan ich gar wenig kan latin;
ich weiß, das vinum heißet win,　30
gucklus ein gouch, stultus ein dor
und das ich heiß domne doctor.
die oren sint verborgen mir,
man säh sunst bald eins mullers tier.

---

5 hort, **Schatz**. — 6 verstant doch drin gar wenig wort, ver-
stehe doch wenige Worte darin. — 7 bennacht, dennoch. — 10 fast, sehr. —
11 domit loß ich benügen mich, daran bin ich zufrieden. — 13 bestelt,
veranstaltete. — 20 worumb solt ich brechen min sin, mir den Kopf zer-
brechen. — 23 her, **Herr**, ein Mann von Ansehen. — 24 ler, lerne. — 25 grob,
ungebildet. — 27 ita, ja. — 31 gucklus, cuculus, **Kukuk**. — 34 mullers
tier, **Esel**.

2.

Wer sich uf gwalt im rat verloßt
und henkt sich, wo der wint har bloßt,
derselb die su in keßel stoßt.

Von guten reten.

Vil sint, den ist darnoch gar not,
wie sie bald kumen in den rot,
die doch des rechten nit verston
und blintlich an den wenden gon.
der gůt Cusi ist leider dot; 5
Achitofel besitzt den rot.
wer urteln sol und raten schlecht,
der dunk und folg allein zů recht,
uf das er nit ein zunstock blib,
domit man dsu in keßel trib. 10
worlich sag ich, es hat kein fůg:
es ist mit dunken nit genůg,
domit verkürzet würt das recht;
es durft, das man sich baß bedecht
und witer fragt, was man nit wust; 15
dan wirt das recht verkürzet sust,
so hast kein wörwort gegen got;
gloub mir fürwor, es ist kein spot.
wan ieder wüst was folgt harnoch,
im wer zů urteiln nit so goch. 20

---

b: henkt sich, wo, hängt sich da an, wo; schlägt sich zur Partei derer. — c: derselb die su in keßel stoßt, der stößt die Sau in den Keßel, wird zum bloßen Werkzeuge (V. 9) für anderer Vortheil: it steckt der arm im keßel schon; Morth. 559. — 4 und blintlich an den wenden gon, tappt wie ein Blinder. — 5 Chusi, David's getreuer Späher gegen Absalom und dessen Genossen Ahitophel, vgl. 2 Samuelis. Hier in allgemeiner Bedeutung treu und verrätherisch. Vgl. 8, 33. — 8 dunken und folgen, berathen und abstimmen. Darum beschleußt man kindisch rät; wann ander haben der volg nit, raten schlecht nach irm alten sit auf irer vordern guten won; vgl. Brant, Laienspiegel, 1509, Schluß. Aber das man min urteil hab, volg ich, das sie (die beiten Alten) iez vallen sond in die grub, die sie graben hond. S. Birk, Susanna 20 ᵇ; so sprech ich das urteil und thu folgen dem rechten. (Züricher) Susanna 922. Die Gerechtigkeit ruft in der Welschgattung (S 2 ᵃ, ihr gebühre die Stimmenmehrzahl im Rathe: ich sol haben folg der urteil mein. — 9 zunstock, Zaunpfahl. — 10 dsu, die Sau. — 11 worlich, in Wahrheit, wahrheitsgemäß. — 14 es durft, es bedürfte, wäre nöthig. — 15 witer, weiter, gründlicher. — 17 wörwort, Entschuldigung. 75, 27. — 20 im wer zů urteiln nit so goch, er urtheilte nicht so geschwind.

mit solcher moß wirt ieberman
gemeßen, als er hat getan:
wie du richtst mich und ich richt dich,
als wirt er/richten dich und mich.
ein ieder wart noch sinem bot 25
der urteil, die er geben bot.
wer mit sim urteil bschwäret vil,
dem ist gesetzet ouch sin zil,
do er ein gwaltig urteil findt;
der stein der felt im uf den grint. 30
wer hie nit halt gerechtikeit,
der findt sie dort mit hertikeit.
kein wisheit, gwalt, fürsichtikeit,
kein rat got wider sich verbreit.

3.

Wer setzt sin lust uf zitlich gůt
und darin sucht sin freid und můt,
der ist ein narr in lib und blůt.

Von gitikeit.

Der ist ein narr, der samlet gůt
und hat darbi kein frid noch můt
und weiß nicht, wem er solches spart,
so er zum finstren keller fart.
vil narrechter ist, der verbůt 5
mit üppikeit und lichtem můt
das, so im got hat geben hein,
darin er schafner ist allein

---

24 er, Gott. — 25 wart, warte. — 27 vil, viele. — 28 zil, Frist,
Termin. — 30 grint, Kopf. — 34 verbreit, verträgt, duldet.
d: gitikeit, Habsucht. — 4 zum finstren keller fart, ins Grab-
gewölbe kommt, stirbt. — 7 geben hein, heimgegeben; hein ist schweizerische
Form für heim, wie kon für kom, kunt für kumt, 37, 5; nint für nimt, genon
für genom(men); vgl. 33, 44; 34, 33; 36, 7; 53, 1; 85, 121; 105, 16: leich wenig
hein! Zimmern 4, 309, 37. Der knab ist suber rein, ich rot, man schick in wieder
hein; Gengenb., Gouchm., 346.

und darumb rechnung geben můß,
die me gilt, dan ein hand und fůß.
ein narr verläßt sin fründen vil, 10
sin sel er nit versorgen wil
und fōrcht, im breſt hie zitlich gůt,
nit sorgend, was das ewig důt.
o armer narr, wie bist so blint: 15
du fōrchſt die rud und findſt den grint.
mancher mit sunden gůt gewint,
darumb er in der hellen brint.
sin erben achten das gar klein,
sie hůlfen im nit mit eim ſtein, 20
sie lösten in kum mit eim pfunt,
so er dief ligt in hellen grunt.
gib, wil du lebſt, durch gottes er,
nach dim dot wird ein ander her.
es hat kein wiſer nie begert, 25
das er möcht rich sin hie uf ert,
sunder das er lert kennen sich.
wer wis iſt, der iſt me dan rich.
Craſſus das golt zů letſt uftrank,
nach dem in hat gedürſtet lank; 30
Crates sin gelt warf in das mer,
das es nit hindert in zůr ler.
wer samlet das zergenglich iſt,
der grabt sin sel in kot und miſt.

---

16 rud, Räude. — grint, Grind; du findeſt was du fürchteſt. — 19 ſin erben, ſeine Erben. — 20 ſtein, Stein, hier vielleicht nur soviel als ein werthloſes Ding; Stein iſt jedoch auch ein Gewicht; ein Stein Flachs 20, ein Stein Wolle 10 Pfund. Danach wäre V. 21 die Abſteigerung. — 23 durch, um Gottes Ehre. — 29 Crobes ſoll dem gefangenen Craſſus geſchmolzenes Gold haben eingießen laſſen; Brant ſchöpfte, nach Zarncke's Nachweiſung, aus Decret I, 1, 1, 97 und aus 2, 12, 2, 71 §. 3 die Erwähnung des Crates, eines Thebaners, den ſchon die mittelalterlichen Prediger mit Socrates identificirten. Brompard P 3, 3; Bernardinus de Bustis, Rosarium, 2, 255 E und als Quelle aller Hieronym. ad Paulinum, 12, 2. — 32 zur ler, auf dem Wege zum Lernen (da er nach Athen wanderte). — 33 zergenglich, vergänglich.

4.

Wer vil nü fünd macht durch die land,
der gibt vil ärgernus und schand
und halt den narren bi der hand.

Von nuen funden.

Das etwan was ein schantlich ding,
das wigt man ietz schlecht und gering:
ein er was etwan tragen bert,
ietz hant die wibschen man gelert
und schmieren sich mit affenschmalz   5
und dünt entblößen iren hals,
vil ring und große ketten dran,
als ob sie vor sant Lienhart stan.
mit schwebel, harz büssen das har;
dar in schlecht man dan eierklar,   10
das es im schüsselkorb werd krus.
der henkt den kopf zum fenster uß,
der bleicht es an der sunn und für;
darunder werden lüs nit dür.
die trügen ietz wol in der welt;   15
das dut, all kleider sint vol felt;

---

a: fünd, Moden; Erfindungen, Neuerungen; im tadelnden Sinne. — 3 ein
er, eine Ehre. — bert, Bärte. — 4 die wibschen man gelert, die weibischen
(weichlichen) Männer gelernt. — 5 schmieren sich mit affenschmalz, schmin-
ken sich mit Affenschmalz; entweder wirklichem Affenschmalz, oder in äffischer
Weise mit Fett, machen sich zu Äffen; vgl. 14, 1. — 8 sant Lienhart, der
heilige Leonhart, Schutzheiliger der Gefangenen, dem die Befreiten Ketten dar-
brachten. Lienhard zerreißt mit seiner hande Den gfangnen ire starke bande,
Wenn sie ihn bitten mit geschrei, Bricht ketten, schloß und tür entzwei; Dran die
gefangen nachmals denken, Mit etlen seine kirch behenken; vgl. Walbis, päbst Reich,
3, 13. Die mit solchen banden gan, als solkend si vor sant Lienhart stan; Mur-
ner, geuchmat, b 2ᵇ. Als ob er (der Ringsträger) vor sant Lienhard stund;
ebendas. xᵇ. — 9 mit schwebel, harz püffen, mit Schwefel und Harz püffen,
machen sie lockig das Haar. Der gouch sol al acht tag zweimal lassen scheren und
drimal das har lassen puffen, das es sin krus werd wie einem jungen Jesus-
knebli; Murner, geuchmat, T 4ᵇ. — 10 eierklar, Eiweiß. — 11 schüsselkorb,
ein flacher Korb, in dem die eingegebten Haare steif wurden, um die wellige
Lockenform anzunehmen. — 13 der bleicht es an der sunn und für, das
angefeuchtete Haar wurde in der Sonne gebleicht, um heller zu werden. Diese
Kunstgriffe sind in den Bildnissen der italienischen Stammbücher (Padua, Bo-
logna) manchmal bei Courtisanen dargestellt. — 14 darunder werden lüs
nit dür, darunter sind die Läuse nicht theuer, häufig. — 15 die trügen wol,
die möchten wol tragen, sich mehren. — 16 felt, gen. plur., Falten.

röck, mentel, hembder und brustduch,
pantoffel, stifel, hosen, schuch,
wildkappen, mentel, umblouf dran;
der jüdisch sit wil ganz ufstan. 20
dan ein funt kum dem andern wicht,
das zeigt, das unser gmüt ist licht
und wankelbar in alle schand;
vil nürung ist in allem land.
kurz schäntlich und beschroten röck, 25
das einer kum den nabel bdöck.
pfuch schand der tütschen nation!
das die natur verdeckt wil hon,
das man das blößt, und sehen lat!
dar umb es leider übel gat 30
und wurt bald han ein bösern stand.
we dem, der ursach gibt zu schand!
we dem ouch, der solch schand nit stroft,
im wurt zu lon, das er nit hoft.

———

5.

Wiewol ich uf der gruben gan
und das schintmesser im ars han,
mag ich min narrheit doch nit lan.

Von alten narren.

Min narrheit loßt mich nit sin gris;
ich bin fast alt, doch ganz unwis,
ein böses kint von hundert jor,
den jungen trag ich dschellen vor.

---

19 wildkappen, Wildschur, Pelz. — umblouf, Verbrämung. —
20 wil ganz ufston, will ganz allgemein werden, überhand nehmen. —
21 wicht, weicht. — 24 nürung, Neuerung, neue Moden. — 25 beschroten,
beschnitten. — 27 pfuch schand, pfui! Schande. — 33 stroft, straft.

a: uf der gruben gan, mit einem Fuß im Grabe stehe. — b: und
das schintmesser im ars han, grobbildlicher, üblicher Ausdruck für enden,
sterben, etwa wie: das Fell über die Ohren ziehen. Gengenbach, 71, 650. —
1 min narrheit loßt mich nit sin gris, meine Narrheit hindert mich, mich
eines Greises würdig zu betragen. — 4 dschellen, die Schellen.

den finden gib ich regiment 5
und mach mir selbst ein testament,
was mir leid würt noch minem dot.
ich gib erempel und böß rot
und trib was ich jung hab gelert;
minr boßheit wil ich sin geert 10
und gtar mich rümen miner schand,
das ich beschissen hab vil land
und hab gemacht vil wasser trieb;
in boßheit ich mich allzit ieb
und ist mir leid, das ichs nit mag 15
volbringen me min alten tag;
aber was ich ietz nim mag thůn,
wil ich entpfelen Heinz mim sůn,
der würt thůn, was ich hab gespart;
er kopt ietz mir noch in die art, 20
es stat im dapferlichen an;
lebt er, es würt uß im ein man.
man můß sprechen, er si min sůn,
dann er dem schelmen recht würt thůn
und wirt sich in kein dingen sparen 25
und in dem narrenschif ouch faren;
das wirt mich nach meim dot ergetzen,
das er mich wirt so ganz ersetzen.
domit důt alter ietz umgan;
alter will ganz kein witz me han. 30
Susannen richter zeigten wol
was man eim alten truen sol.
ein alter narr sinr sel nit schont;
swär ist recht thůn, ders nit hat gwont.

---

5 regiment, Anleitung; vgl. Regiment der Gesundheit u. dgl. —
8 rot, Rath, Rathschlag. — 11 getar, unterstehe mich. — 12 beschissen, betrogen, angeführt; ein durchaus nicht unanständiger Ausdruck älterer Zeit. —
14 ieb, übe, umtreibe. — 16 min alten tag, bei meinem Alter. — 17 nim,
nicht mehr. — 19 gespart, aufgeschoben, unterlassen; 86, 16; 105, 11. —
20 er kopt ietz mir noch in die art, er schlägt mir in der Art nach, artet
auf mich; koppen, zurückschlagen. — 25 sich sparen, sich schonen. — 30 me,
mehr. — 32 truen, trauen, zutrauen. — 34 swär ist recht thůn, ders nit
hat gwont, schwer ist es dem, recht zu thun, der nicht daran gewöhnt ist.

6.

Wer sinen kinden überſicht
irn mutwil und ſie ſtroſet nicht,
dem ſelbſt zů letzſt vil leides gſchicht.

Von ler der kind.

Der iſt in narrheit ganz erblint,
der nit mag acht han, das ſin kint
mit züchten werden underwißt,
und er ſich ſunders daruf flißt,
das er ſie loß irr gon on ſtraf   5
glich wie on hirten gönt die ſchaf,
und in all mutwil überſicht,
und meint, ſie dörfen ſtroſens nicht,
ſie ſigen noch nit bi den joren,
das ſie behalten in den oren   10
was man in ſag, ſi ſtrof und ler.
o großer dor, merk zů und hör:
die jugent iſt zů bhalten gring,
ſie merckt wol uf alle ding;
was man in nüe häſen ſchitt,   15
den ſelben gſmack verlont ſie nit.
ein junger zwig ſich biegen lot,
wann man ein alten underſtat
zů biegen, ſo knellt er entzwei.
zimlich ſtrof bringt kein ſörglich gſchrei; 20
die růt der zucht vertribt on ſmerz
die narrheit uß des kindes herz;
on ſtrafung ſelten iemens lert.
alls übel wechßt, das man nit wert:
Selb was recht und lebt on ſünd,   25
aber das er nit ſtroft ſin kind,

---

d: ler, Unterrichtung, Erziehung. — 2 ſin kint, ſeine Kinder. —
3 mit züchten, geſittet, ſittſam; vgl. Müller's Wörterbuch, 3, 939. — 4 ſunders, inſonderheit. — 5 loß, laſſe. — 6 gönt, gehen. — 8 dörfen, bedürften. — 9 ſigen, ſeien. — 11 ſtrof, ſtrafe, table. — 13 gering, behende. — 16 gſmack, Geruch. — verlont, verlaſſen, verlieren. — 17 lot, läßt. — 18 underſtat, unterſteht, unternimmt. — 19 knellt, knackt, bricht. — 20 zimlich, geziemende; 30, 5; 59, 16.

des troſt in got, das er mit klag
ſtarb, und ſin ſün uf einen tag.
das man die kind nit ziehen wil,
des findt man Catilinen vil. 30
es ſtůnd ietz umb die kind vil bas,
geb man ſchůlmeiſter in, als was
Phenix, den Peleus ſinem ſůn
Achilli ſůcht, und zů wolt důn;
Philippus durchſůcht Kriechenland 35
biß er ſim ſůn ein meiſter fand:
dem größten kunig in der welt
ward Ariſtoteles zůgſellt;
der ſelb Platonen hort lang jar,
und Plato Socratem darvor. 40
aber die väter unſer zit,
darumb das ſie verblendt der git,
nemen ſie uf ſölich meiſter nůn,
der in zům narren macht ein ſůn
und ſchickt in wider heim zů hus 45
halb narrechter, dann er kam drus.
des iſt zů wundern nit daran,
das narren narrecht kinder han.
Crates, der alt, ſprach, wann es im
züſtůnd, wolt er mit heller ſtim 50
ſchreien: ir narren unbedacht,
ir hant uf gůtſamlen groß acht
und achten nit uf uer kind,
den ir ſölich richtum ſamlen ſind.
aber uch wirt zůletſt der lon, 55
wan uer ſůn in rot ſönt gon
und ſtellen zücht und eren nach,
ſo iſt in zů dem weſen gach,
wie ſie von jugent hant gelert;
dan wirt des vatters leib gemert 60

---

30 Catilinen, Catheliznen; A. 49, 22. — 32 in, ihnen. — 33 ſinem
ſůn, für ſeinen Sohn. Dies und die folgenden Beiſpiele aus Plutarch's Kinder-
zucht. — 42 git, Habſucht, Geiz. — 43 nemen ſie uf ſölich meiſter nůn,
nehmen ſie nun (= nur) ſolchen Lehrer an. — 44 in, ihnen. — 46 halb
narrechter, noch einmal ſo närriſch. — 47 des, deßhalb. — 49 aus Plutarch.
— 54 ſölich (wie V. 43) einſilbig zu leſen. — ſamlen ſind, ſammelt. —
56 ſönt, ſollen.

und frißt sich selbst, das er on nutz
erzogen hat ein winterbutz.
etlich dunt sich in buben rot,
die lästern und gesmächen got;
die andern henken an sich säck; 65
dise verspielen roß und röck;
die vierden prassen tag und nacht.
das würt uß solchen kinden gmacht,
die man nit in der jugent zücht
und mit eim meister wol versicht. 70
dan anfang, mittel, end, der ere
entspringt allein uß güter lere.
ein löblich ding ist edel sin,
es ist aber frömbd, und nit din,
es kumbt von dinen eltern har; 75
ein köstlich ding ist richtum gar,
aber das ist des glückes fall,
das uf und ab danzt wie ein ball;
ein hübsch ding der welt glori ist,
unstantbar doch, dem alzit gbrist; 80
schonheit des libes man vil acht,
wert etwan doch kum ubernacht.
glich wie gesuntheit ist vast liep
und stielt sich ab doch wie ein diep.
groß sterck acht man für köstlich hab, 85
nimt doch von krankheit, alter ab;
darumb ist nützt unbötlich mer
und bliblich bi uns, dan die ler.
Gorgias frogt, ob selig wer
von Persia der mächtig her? 90
sprach Socrates: „ich weiß noch nüt,
ob er hab ler und tugent üt",
als ob er sprech, das gwalt und golt
on ler der tugent nützet solt.

---

61 frißt sich selbst, verzehrt sich (vor Kummer). — 62 winterbutz,
vgl. 97, 10, Scheuche. — es dunt sich in buben rot, begeben sich in die
Rotte der Buben. — 65 henken an sich säck, hängen sich Schleppsäcke, lieder=
liche Personen, an. — 71—72 ere — lere find als stumpfe Reime zu nehmen. —
75 har, her. — 80 unstantbar, unbeständig. — 87 nützt, nichts. — unböt=
lich, unsterblich, unvergänglich. — 88 bliblich, bleibend, beständig; vgl. 43, 18.
— 92 üt, etwas, iht; vgl. 19, 51; 83, 54. — 94 nützet solt, nichts werth sei.

Sebastian Brant. 2

7.

Wer zwischen stein und stein sich leit
und vil lüt uf der zungen breit,
dem widerfert bald schad und leit.

Von zwitracht machen.

Mancher der hat groß freüd daran,
das er verwirret ieberman,
und machen künn diß hor uf das,
daruß unfrüntschaft spring und haß;
mit hinderreb und liegen groß . . 5
gibt er gar manchem einen stoß,
der das erst überlang entpfind
und machet uß dem fründ ein find;
und das ers wol besiglen mög,
lügt er, das er vil darzů leg, 10
und wils in bichtswiß han geton,
das nit verwiffung kum darvon,
und das ers under'r rosen het
und in bin eigen herz geret;
meinen, domit gefallen wol. 15
die welt ist sölcher zwitracht vol,
das man eins uf der zungen trag
witer, dann uf eim hangenden wag;
als Chore det, und Absolon,
das sie groß anhang möchten han; 20

---

a: leit, legt. — b: breit, trägt. — 2 verwirren, entzweien. — 3 har auf har machen, zwei zusammenheßen. Har uf har zusamen binden; vgl. Murner, Schwindelsh. C 6. Lug ob er zwitracht durch all sachen Under fin feinden müg gemachen Und zwischen in mach hor auf hor; Narrensch., Augsburg 1498, b 5 b. Davon ist noch das spll: um den barchat jagen und haar auf haar; Fischart, Garg., 378. — 5 liegen, Lügen. — 7 überlang, lange nachher. — 10 lügt, sieht zu, bemüht sich; vgl. 916. — 11 bichtswiß, in der Weise der Beichte, unter der Bedingung des Verschweigens. Vgl. 85, a: jugentszier. Das si under der rosen oder in bichtswis oder in bin frum treu herz gesagt; Murner, Geuchm., Art. 19. — 12 verwiffung, zur Rede stellen, Vorhalt; vgl. 96, 29. — 13 under der rosen (A), unter der Rose, vertraulich. — 15 meinen, domit gefallen wol, meinen damit wohl zu gefallen; meinen mit bloßem Infin.; vgl. 7, 26. — 17 eins, einen. — 18 hangenden wag, Wagen, der in Riemen hängt, Kutsche. „Deren (der Fräulein) hat Philips Echter mit aim hangenden wagen und ainer eblen junkfrauen, samt einer ansehnlichen zal pferd gewartet"; Zimmern 2, 257, 36. In seiner jungen sunder werk, daruf kan er schwerer tragen, dann vier die sterksten wagen, die in keim kloster hie zu laud; Morsheim, 369 fg.

aber es flitzt in ubel uß.
in allem land ist Alchymus,
der fründ zertrag und hinderlieg
und finger zwüschen angel bieg,
die werden oft gellemt darvon;
als der, der meint entpfohen lon,
umb das er Saul erslagen het
und die do dötent Hißbojeth;
als dem, der zwischen mülstein sit,
gschicht, wer vil zwitracht macht allzit.
man sicht gar bald in gberden an
was er sag und si für ein man.
bürg man ein narren hinder tür,
er streckt die oren doch harfür.

25

30

8.

Wer nit kann sprechen ja und nein
und pflegen rat umb groß und klein,
der hab den schaden im allein.

Nit volgen gutem rat.

Der ist ein narr, der wiß wil sin
und weder glimpf, noch moß düt schin,
und wenn er wisheit pflegen wil,
so ist ein gouch sin federspil.
vil sint von worten wiß und klüg,
die ziehen doch den narrenpflůg.
das schafft, das sie uf ir wisheit
verlossen sich und bschidikeit
und achten uf kein frömden rat,
biß in unglück zů handen gat.

5

10

---

21 aber es flitzt in ubel uß, es lief ihnen übel ab. Grimm,
Wörterbuch, 1, 956. — 22 Makkab. 1, 7. — 23 zertrage, verunreinige. —
hinderlieg, hinterlüge, hinterrücks belüge. — 24 bieg, tůse, thue; die
Finger zwischen Thür und Angel stecke. — 29 lit, liegt. — 30 zwytracht A.

c: im, sich. — 2 but schin, zeigt. — 4 federspil, Jagdvogel; statt
eines Falken trägt er einen Kukuk; er ist ein Narr. — 8 beschidikeit, 22, 3,
Bescheidwissen, Erfahrung; vgl. 64, 33: bescheit. — 10 biß in unglück zů han-
den gat, bis ihnen Unglück zukommt.

ſin ſůn Tobias allzit lert,
das er an wiſen rat ſich lert;
darumb, das nit folgt gůtem rot
und den veracht die huśfrow Loth,
wart ſie geplagt von got darvon   15
und můſt do zů eim zeichen ſton.
do Roboam nit volgen wolt
den alten wiſen, als er ſolt,
und volgt den narren, do verlor
er zehen gſlecht und bleib ein dor.   20
het Nabuchodonoſor Danjel ghört,
er wer nit in ein bier verkört.
Machabeus, der ſterkeſt man,
der vil groß tugent hat getan,
het er gefolget Jorams rot,   25
er wer nit ſo erſchlagen dot.
wer allzit volgt ſim eignen houbt
und gůtem rot nit folgt und gloubt,
der acht uf glück und heil ganz nůt
und wil verderben, e dan zit.   30
ein fründes rat nieman veracht!
wo vil rät ſint, iſt glück und macht.
Achitofel ſich ſelber dot,
das Saul nit volget ſinem rot.

9.

Wer hat böß ſitten und geberd
und guckt, wo er zům narren werd,
der ſchleift die kappen an der erd.

Von boſen ſitten.

Vil gandt gar ſtolz in ſchuben har
und werfent den kopf har und dar,

---

15 geplagt, heimgeſucht, geſtraft. — 17 Roboam, Rehabeam. 1 Kön.
12 fg. — 21 Daniel 4. — 23 Makkab. 1, 19. — 25 rot, Rath. — 29 ganz
nůt, gar nichts. — 33 2 Sam. 17, 23. — 34 Saul, ſollte heißen Abſalom.
2 Sam. 17, 14.
a: geberd, äußeres Anſehen. 32, 25. — b: guckt (wie lůgt, 7, 10),
umherſieht, 91, 28. 110a, 89. guck nit umb dich glich wie ein gauch; Theśmoph.
566. 620. — c: der ſchleift die kappen an der erb, dem iſt die Narren-
kappe ſo lang, daß ſie an der Erde nachſchleift. — 1 ſchube, Ueberzieher, offener
Mantel. — har, her, einher.

ban hin zů tal, ban uf zů berg,
ban hinderſich, ban überzwerch,
ban gont ſie bald, ban vaſt gemach; 5
das gibt ein anzeig und urſach,
das ſie hant ein lichtferig gmůt,
vor dem man ſich gar billig hůt.
wer wiz iſt und gůt ſitten hat,
demſelb ſin weſen wol an ſtat, 10
und was derſelb anfaht und důt,
das dunkt ein ieden wiſen gůt.
die wor wisheit voht an mit ſcham,
ſie iſt züchtig, ſtill und fridſam,
und iſt ir mit dem gůten wol, 15
des füllt ſie got genaben vol.
beſſer iſt haben gůt geberd,
dann alle richtum uf der erd.
uß ſitten man gar bald verſtat
was einer in ſim herzen hat. 20
mancher der ſitten wenig ſchont,
das ſchafft, er hat ſin nit gewont
und iſt gezogen nit darzů;
des hat geberd er, wie ein ků.
die beſt gezierd und höhſter nam, 25
das ſint gůt ſitten, zucht und ſcham.
zu gůtem ſit ſich Noe zoch,
doch ſlůg im Cham, ſin ſůn, nit noch.
wer einen wiſen ſůn gebert,
der ſit, vernunft, und wisheit lert, 30
der ſoll des billich danken got,
der in mit gnad verſehen hat.
ſins vaters naſe Albinus aß,
das er in nit hat gzogen baß.

---

3 ban hin zů tal, ban uf zů berg, bann nieder, bann aufwärts.
— 4 ban hinderſich, ban überzwerch, bann rückwärts, bann zur
Seite. — 5 ban gont ſie bald, ban vaſt gemach, bann raſch, bann
langſam. — 7 lichtferig, leichtſinnig, leichtfertig. — 13 die wor wisheit
voht an mit ſcham, die wahre Weisheit fängt an mit Scham. — 29 gebert,
wol kaum von gebären, erzeugen, ſondern von beren, ſchlagen, bilben. —
33 aß, biß ab. Die ſchon bei Aeſop. Kor., 48, erzählte Geſchichte von dem
Sohne, der ſeinem Vater (Mutter), als er unter dem Galgen ſteht, die Naſe ab-
beißt, weil er ſchlecht erzogen ſei. Vgl. Boeth. de diſcipl. ſcholarium, 2;
Vincent. ſp. m., 3, 3, 7, p. 1015; Gallenſis, 2, 2, 1 (Zeno Lucretii filius);

10.

Wer unrecht, gwalt bůt einem man,
der im nie leibes hat getan,
do stoßent sich sunst zehen an.

Von worer fruntschaft.

Der ist ein narr und ganz borecht,
der einem menschen bůt unrecht,
dan er darduch gar manchen tröut,
der sich dar nach sins unglůcks fröut.
wer sinem frund ůt ubels bůt,   5
der all sin hofnung, trů und můt
allein gesetzet hat uf in,
der ist ein narr und ganz on sin.
man findt der frůnd, als Dauid was,
ganz keinen me, mit Jonathas;   10
als Patroclus und Achilles;
als Horestes und Pylades;
als Demades und Pythias,
oder der schiltknecht Saulis was;
als Scipio und Lelius.   15
wo gelt gbrist; do ist früntschaft uß;
keiner so lieb sin nechsten hat.
als dan im gsatz geschriben stat:
der eigennutz vertribt all recht.
all frintschaft, lieb, sipschaft, geschlecht.   20
kein findt man Moysi jetz gelich,
der andre lieb hab, als selbst sich,
oder als was Neemias
und der gotsvorchtig Tobias.
wem nit der gmein nutz ist als wert   25
als eigennutz, des er begert,

Mart. Polon. Ex., 4, H; Broms, A, 3, 19; Discip. de temp., 16 F; Rosarium, 2, 207, J; Selentrost 83 und 137; Meistergsänge, M, 3, 117; Murner, Schwindelsh., D 4 b; Exsemplos, 273; Faern., 71. Nur Gallensis nennt bestimmte Namen; Brant's Albinus kenne ich nicht weiter.

1 borecht, thöricht. — 3 tröut, droht. — 4 fröut, freut. —
5 ůt, etwas. — 13 Demades nur hier bekannt, sonst heißt dieser Damon auch Amon (Bareleta, 2, 84ᵇ), Tamianus (Scal. cell, 10ᵃ), Dimon (Rosar., 2, 35 T). — 14 1 Sam. 31, 5.

den halt ich für ein närschen gouch;
was gmein ist, das ist eigen ouch.
doch Cain ist in allem stat,
dem leid ist, was glück's Abel hat. 30
früntschaft, wann es gat an ein not,
gant vier und zweinzig uf ein lot,
und well die besten meinen sin,
gant siben wol uf ein quintin.

11.

Wer iedem narren glouben wil,
so man doch hört der gschrift so vil,
der schickt sich wol ins narrenspil.

Verachtung der gschrift.

Der ist ein narr, der nit der gschrift
wil glouben, die das heil antrift,
und meinet, das er leben söll,
als ob kein got wer, noch kein hell,
verachtend all predig und ler, 5
als ob er ganz nit säh, noch hör.
kem einer von den doten har,
so lief man hundert milen dar,
das man von im hort nuwe mer,
was wesens in der hellen wer, 10
und ob vil lut fürend dar in,
ob man ouch schankt do nuen win,
und des glich ander affenspil.
nun hat man doch der gschrift so vil
von alter und von nuer e, 15
man darf kein zugniß furter me,

---

33 well, welche die besten zu sein meinen; vgl. wellen, 85, 23; weller,
92, 23.
2 vgl. Vorrede 2. — 6 ganz fehlt A, von Z ergänzt. — 15 von
alter und von nuer e, des Alten und Neuen Testaments.

noch fůchen die kapell und klusen
des sackpfifers von Nickelshusen.
got red das uß der worheit sin:
wer hie sůnd důt, der lidt dort pin;   20
wer hie sin tag zů wißheit lert,
der wirt in ewikeit geert.
got hat geschaffen, das ist wor,
das säh das oug, und hör das or.
darumb ist der blind und ertoubt,   25
der nit hört wißheit und ir gloubt,
oder hört gern nu mär und sag.
ich vorcht, es kumen bald die tag,
das man me nuer mär werd in
dan uns gefall und fig zů sin.   30
Jheremias der schrei und lert
und ward von nieman doch gehört,
des glichen ander wisen me,
des ging harnoch vil plag und we.

12.

Wer nit vor gürt, e dan er rit,
und sich versicht vorhin bi zit,
des spott man, falt er an ein sit.

Von unbesinten narren.

Der ist mit narrheit wol vereint,
wer spricht: „das het ich nit gemeint!"
dann wer bedenkt all ding bi zit,
der satlet wol, e dan er rit.

---

18 des sackpfifers von Nickelshusen: 1476 erregte ein Hirt, Hans Böhme zu Nicklashausen bei Wertheim an der Tauber, durch die Versicherung, ihm sei die Jungfrau Maria erschienen, und durch seine aufrührerischen Reden großen Zulauf. Das Genauere berichtet Zarncke, S. 319 fg. Vgl. Ullmann, Reformatoren vor der Reformation (Hamb. 1641), I, Beil. 1, S. 419 —446; Ludewig, Geschichtschr. von Würzb. 652—55; Liliencron, Volkslieder, Nr. 148; Geiger, Reuchlin, S. 151. — 21 sin tag, sein Leben. — 25 ertoubt (geistig blind und) taub. — 30 fig, fei. — 31 schrei, schrie.

a: vor gürt, e dan er rit, vorher, ehe daß er reitet.

wer sich bedenkt noch der gedat,
des anslag gmeinklich kumbt zů spat.
wer in der gdat gůt anschleg kan,
der můß sin ein erfarner man,
ober hat das von frouen glert,
die sind solchs rates hochgeert.
het sich Adam bedocht vor baß,
e dann er von dem apfel aß,
er wer nit von eim kleinen biß
gestoßen uß dem paradiß;
het Jonathas sich recht bedacht,
er het die goben wol veracht,
die im Tryphon in falschheit bot,
und in erschlůg darnoch zů dot.
gůt ansleg kunt zů aller zit
Julius der keiser in dem strit;
aber do er hat frid und glück,
sumt er sich an eim kleinen stuck,
das er die brief nit las zůhant,
die im in warnung worent giant.
Nicanor uberschlůg gering,
verkouft das wiltpret, e ers fing;
sin anschlag doch so gröplich fält,
zung, hand und grint man im abstrält.
gůt anschläg, die sint allzit gůt,
wol dem, der sü bi ziten důt.
mancher ilt, und kumt doch zů spot.
der stoßt sich bald, wems ist zů not.
wer Asabel nit schnell gesin,
Abner het nit erstochen in.

5 n o ch, nach. — gedat, That. — 15 1 Makkab. 12, 43 fg. — 23 zů-
hant, sogleich. — 24 in warnung, zur Warnung. — 25 fg. 2 Makkab. 8, 10 fg.
— 26 das wiltpret u. f. w. Aesop. Kor., 249; Kvian, 9; Boner, 73; Bromp, A,
21, 20; Walbis, 1, 94; Camerar., 243; Pauli, 422. — 27 fält, schlägt fehl. —
28 abstrält, abkämmt. — 31 ilt, eilt. — spot, spat, spät. — 32 zů not, zu
eilig. — 33 2 Sam. 2, 17.

13.

An minem seil ich drafter jeich
vil narren, affen, esel, geuch,
die ich verfür betrüg und leich.

Von bůlschaft.

Frou Venus mit dem ströen ars
bin nit die minst im narrenfars;
ich züch zů mir der narren vil
und mach ein gouch uß wem ich wil;
min kunden niemans nennet all.   5
wer hat gehört von Circes stall,
Calypso, der Sirenen joch —
der gbank, was gwaltes ich hab noch.
welcher meint, das er witzig si,
den dunk ich dief in narrenbri.   10
wer einmol wurt von mir verwunt,
den macht kein trüter kraft gesunt.
darumb hab ich ein blinden sůn,
kein bůler sicht, was er soll tůn.
min sůn ein kind ist, nit ein man;   15
bůler mit kintheit důnt umbgan;
von in wurt selten dapfer wort
glich wie von einem kind gehört.
min sůn stat nackt und bloß all tag,
dan bůlschaft nieman bergen mag.   20

---

a: **drafter**, unruhig hin und her. 110 ᵇ, 33. — **jeich**, **jeuchen**,
jeichen, jagen, hinwegtreiben. Die eim können den sedel schaben und darnach
uf die gouchmat jeüchen; vgl. Gengenb.,151. Sant Niclaus um die schinbein jeü-
chen; Gengenb., Gouchm., 537. Der hengst ginge uns abe von einem jöchende
in der stette dienste; Bender, Coll. Jur. publ., 4, 75. Als sein hund einen hasen
geichten durch die reben; Brant, Einreiten, 297.. — c: **leich**, betrüge, teusche.
— d: **buolschaft**, was B. 21 bös lieb, unordentliche Liebe, Ausschweifung. —
2 **narrenfars**, Narrenbrei. 13, 10; 105, 6. — Zwischen 3 und 4 hat die
Interpolation nach dem augsburger Drucke von 1498 eiiij noch: Do wissen die
wol sagen von, Die in frau Venusberg went gon; bo hab ich narren vil ver-
stert, der mich nie keiner an hat griert; Den Tanbůser hab ich gezogen, Wär es
wor, es wär nit erlogen. Der teufel hat sie all betrogen. — 5 **kunden**, Be-
kannten, meinen (geschäftlichen) Zuspruch. — 7 **joch**, wol: gach, gähe, Ungestüm.
10 **dunk**, tunke, tauche. — 16 mit **kintheit umbgan**, mit Kindheit umgehen,
kindisch handeln. — 17 **dapfer**, tapfer, tüchtig, gewichtig.

böß lieb, die flügt; nit lang ſie ſtat;
darumb min ſun zwen flügel hat.
bůlſchaft iſt licht zů aller friſt,
nůt unſtäters uf erden iſt.
Cupido treit ſin bogen bloß, 25
uf ieder ſit ein locher groß;
in eim hat er vil hofenpfil,
domit trift er der narren vil,
die ſint ſcharpf, gulden, holecht, ſpitz;
wer troffen würt, der kumt von witz 30
und danzt harnoch am narrenholz;
im andern köcher: vogelbolz,
ſint ſtůmpf, mit bli beſwert, nit lůcht,
der erſt macht wunt, der ander flůcht.
wen trift Cupido, den enzint 35
Amor, ſin brůder, das er brint
und mag nit leſchen wol die flam,
die Didoni ir leben nam
und macht, das Medea verbrant
ir kint, n'brůder dot mit ir hant. 40
Tereus wär auch kein widhopf nit;
Paſiphae den ſtier vermit;
Phedra Theſeo fůr nit nach,
noch ſůcht an irem ſtiefſůn ſmach;
Neſſus wer nit geſchoſſen dot; 45
Troy wer nit kumen in ſolch not;
Scylla dem vater ließ ſin hor;
Hyacinthus wer kein ritterſpor;
Leander nit ſin ſchwimmen dät;
Meſſalina wer in küſcheit ſtät; 50
Mars ouch nit in der ketten läg;
Procris der hecken ſich verwäg;

---

23 licht, leicht, leichtſinnig. — 25 treit, trägt. — 27 hofenpfil, Pfeile mit Widerhaken; vgl. B. 29. — 33 bli, Blei; nicht leicht. — 34 flůcht, treibt in die Flucht. — 40 n'brůder, den brůder. AZ. — 41 Ovid. metam., 6, 671. — 42 Ovid. metam., 8, 136. — 43 Ovid. remed. amor., 64. — 45 Ovid. metam., 9, 101. — 47 Ovid. metam., 8, 17. — 48 Ovid. metam., 10, 162. — ritterſpor, Ritterſporn, delphinium consolida. — 52 verwäg (verwigen), entſchlagen, wäre von der Hecke geblieben. Ovid. metam., 7, 840. Rod, hoſen, mantel und ouch degen, der ſaltu dich hie ganz verwegen; Gengenb. Gouchm., 319. Kan ſich des bettens nicht verwegen; Spruch vom Almuſen, 60. Hab mich verwegen alles glůcks; Hans Sachs, 4, 3, 32ᵈ. Des hab ich mich ganz eigentlich verwegen; B. Manuel, kl. Faſtnachtſp., 220.

Sappho nit von dem berg abfiel;
Siren umb kerten nit die kiel;
Circe ließ faren wol die schiff; 55
Cyclops und Pan nit leitlich pfiff;
Leucothee nit wihrouch gbär;
Myrrha wer nit Adonis swär;
Byblis wer nit irm brůder holt;
Danä entpfing nit durch das golt; 60
Nyctimine flůg nit uß bi nacht;
Echo nit wer ein stim gemacht;
Tisbe ferbt nit die wissen bör;
Atalanta kein löwin wer;
des Leviten wib wer nit gesmächt 65
und drumb erschlagen ein geschlecht;
David ließ weschen Bersabe;
Samson vertrut nit Dalide;
die abgöt Salmon nit anbät;
Amon wer an sinr schwester stät; 70
Joseph würd nit verklagt umbsuß;
als Bellerophon, Hippolytus;
der wiß man als ein roß nit ging;
am thurn Virgilius nit hing;
Ouidjus het des keisers gunst, 75
het er nit gelert der bůler kunst.
es käm zů wißheit mancher me,
wan im nit wer zůr bůlschaft we.
wer mit frouen hat vil credentz,
dem würt verbrent sin conscientz; 80
und mag gänzlich nit dienen got,
wer mit in vil zů schaffen hat.
die bůlschaft ist eim ieben stand
ganz spötlich, närrisch, und ein schand,

---

56 Pan, Ovid. metam., 1, 707. — leitlich, leidvoll, kläglich. Ovid. metam., 13, 785. — 57 Ovid. metam., 4, 208. — 58 Ovid. metam., 10, 310. Myrrha iren vater überred, das er unzimlichs mit ir bet; Murner, Geuchmat, 3 b. — 59 Ovid. metam., 9, 452. — brůder: Cannus. — 60 Danä, 32, 11. Ovid. metam., 4, 610. — 61 Ovid. metam., 2, 590. — 62 Ovid. metam., 3, 398. — 63 Ovid. metam., 4, 55. — 64 Ovid. metam., 10, 698. — 65 gesmächt, geschändet. Buch der Richter 19. — 67 ließ weschen, ließe sie wol waschen, baden; störte sie nicht darin. — 73 Aristoteles (von der Buhlerin gezäumt und geritten). — 74 am thurn Virgilius, Virgil im Korbe am Thurme.

doch vil schäntlicher ist sie dan, 85
so bůlen důnt alt wib und man.
der ist ein narr, der bůlen wil,
und meint doch halten maß und zil;
dan das man wisheit pfleg und bůl,
mag ganz nit ston in einem stůl. 90
ein bůler würt verblendt so gar;
er meint, es näm nieman sin war;
diß ist das kreftigst narrenkrut,
diß kappen klåbt lang an der hut.

14.

Wer spricht, das got barmherzig si
allein, und nit gerecht dar bi
der hat vernunft wie gens und sü.

Von vermessenheit gots.

Der schmiert sich wol mit eselsschmalz
und hat die büchsen an dem hals,
der sprechen gtar, das got der her
so bårmig si, und zürn nit ser,
ob man joch etwan sund volbring, 5
und wigt die sünden also gring,
das sünden ie si ganz menschlich.
nůn hab doch got das himelrich
den gensen ie ganz nit gemacht,
so hab man allzit sünd volbracht 10
und voh nit erst von nuem an.
die bibel er erzelen kan

---

94 biß, diese.
b: nit fehlt A. — c: wie gens und sü, wie Gänse und Säue. —
1 Der schmiert sich wol mit eselsschmalz, macht sich zum Esel; vgl. 4, 5;
72, 37 und 58. Mit eselschmär wil ich dich riben; Gengenb. Gouchm., 954. —
3 gtar, wagt. — 4 bårmig, erbarmungsvoll; vgl. 20, 26. — 9 gensen,
Gänsen, Unvernünftigen, Thieren. B. 30. Wem meinst der spital sei gemacht?
Den gensen, die nicht trinken win? Gengenbach, Alter, 272, und Bettelorden,
123. Vgl. Zimmern, 3, 286, 36: und muß man die leut reden lassen, die gens
könnens nit. — 11 voh e, A, fange an.

und ander sunst histerjen vil,
daruß er doch nit merken wil,
das allenthalb die strof darnach 15
geschriben stat mit plag und rach,
und das got nie die leng vertrůg,
das man in an ein backen schlůg.
got ist kein Böhem oder Tatt,
ir sprochen er doch wol verstat; 20
wie wol sin bármung ist on moß,
on zal, gewicht, unentlich groß,
so blibt doch sin gerechtikeit,
und stroft die sünd in ewikeit
an allen den, die nit dünt recht, 25
gar oft biß in das nünd geschlecht.
barmherzigkeit die leng nit stat,
wenn got gerechtikeit verlat.
wor ist, der himel ghört nit zů
den gensen; aber ouch kein ků, 30
kein narr, aff, esel, oder schwin
kumt iemer ewikklich darin;
und was ghört in des tüfels zal,
das nimt im nieman uberal.

———

15.

Wer buwen wil, der schlag vor an,
was kostens er darzů můß han,
er würt sunst vor dem end abstan.

Von narrechtem anslag.

Der ist ein narr, der buwen wil
und nit vorhin anschlecht wie vil
das kosten werd, und ob er mag
volbringen solchs, noch sim anschlag.

———

17 die leng, auf die Länge. Vgl. B. 27; 19, 75; 25, 18; 108, 127. —
19 Tatt, Tatar, Zigeuner. Vgl. 110ᵇ, 50. — 21 bármung; Erbarmen. —
28 verlat, verläßt, verleugnet. — 29 wor ist, wahr ist (es).

vil hant groß buw geschlagen an
und möchtent nit darbi bestan.
der kunig Nabuchodonosor
erhůb in hochfart sich entbor,
das er Babylon die große stat,
durch sinen gwalt gebuwen hat,
und kam im doch gar bald darzů,
das er im feld bleib, wie ein ků.
Nemroth wolt buwen hoch in luft
ein großen thurn für wassers kluft
und schlug nit an, das im zů swär
sin buwen, und nit möglich wär.
es buwt nit ieder so vil uß,
als vor ziten det Lucullus.
wer buwen wil, das in nit ruw;
der bdenk sich wol, e dann er buw;
dann manchem kumt sin ruw zů spat,
so im der schad in sedel gat.
wer etwas groß wil underſtan,
der soll sin selbst bewerung han,
ob er mög kumen zů dem ſtat,
den er im für genomen hat,
domit im nit ein gluck zůfall
und werd zů spot den menschen all,
vil weger ist, nüt underſtan,
dann mit schad, schand, gespöt ablan.
pyramides, die kosten vil,
und Labyrinthus, bi dem Nil;
doch ist es als nun langſt dohin,
kein buw mag lang uf erd hie sin.

5 vil hant groß buw geschlagen an, viele haben große Bauten angeschlagen, den Anschlag, Anfang dazu gemacht. — 6 möchtent, vermochten. — 8 entbor, empor. — 14 für, gegen; den das Wasser nicht zerklüften, zerſtören könne. — 19 ruw, reue. — 24 der soll sin selbſt bewerung han, der soll seiner selbſt ſicher sein. — 25 ſtat, m., Staben, Geſtade, Ziel. 108, 12. — 27 glud zůfall, Zufall eintrete. — 29 weger, wäger, beſſer. — anders ſtan, unterſtehen, unternehmen.

16.

Billich in kunftig armůt fellt,
wer ståts noch schleck und füllen stellt
und sich den brassern zůgesellt.

Von fullen und prassen.

Der důt eim narren an die schů,
der weder tag noch nacht hat rů,
wie er den wanst füll und den buch
und mach uß im selbs ein winschluch,
als ob er darzů wer geboren,   5
das durch in wurd vil wins verloren
und er wer ein täglicher rif —
der ghört wol in das narrenschif.
dan er zerstört vernunft und sinn;
das würt er in dem alter inn,   10
das im würt schlottern kopf und hend,
er kürzt sin leben und sin end.
ein schädlich ding ist umb den win;
bi dem mag nieman witzig sin,
wer freud und lust darin im sůcht.   15
ein drunkner mensch gar niemans růcht
und weiß kein moß noch underscheit.
vil unkusch kumt uß trunkenheit;
vil ubels ouch daruß entsprinkt;
ein wiser ist, wer sittlich drinkt.   20
Noe möcht liden nit den win,
der in doch fand und pflanzet in;
Loth sündt durch win zůr andern fart;
durch win der toüfer köpfet wart;

---

b: schleck und füllen, Leckerei und Völlerei. Vgl. 19, 39. — c: bras-
sern, Prassern. — 1 Der důt eim narren an die schů, der, wer nicht ruht,
zieht einem Narren (sich selbst) die Schuh an, ist ein Narr; vgl. 40, c. — 3 buch,
Bauch. — 6 verloren, verdorben. — 7 rif (riff A), Reif, Frost, der (wie der
Trinker) dem Wein schadet, ihn theuer macht. Vgl. 93, 30. — 16 růcht, c. gen.,
jemand berücksichtigen. — 18 unkusch, Unkeuschheit. — 20 sittlich, bedächtig.
— 22 pflanzet in (nicht: einpflanzte), ihn pflanzte. — zůr andern fart,
zweimal. 1 Mos. 19, 33.

win machet uß eim wisen man
das er die narrenkapp streift an:
do Israel sich füllet wol,
und in der buch was me dan vol,
do fingen sie zů spielen an
und můßten do gebanzet han;
got gbot den sůnen Aaron
das sie sin solten wines on
und alles, das do trunken macht;
des priesterschaft doch wenig acht.
do Holofernes trunken wart,
verlor den kopf er zů dem bart;
Thampris richt zů spiß und trank,
do sie den kůnig Cyrum zwang;
durch win lag nider Bennedab,
do er verlor noch all sin hab;
all er und tugent gar vergaß
Alexander, wan er trunken was,
und det gar oft in trunkenheit,
das im wart selber darnoch leit;
der rich man trank als ein gesell
und aß des morndes in der hell;
der mensch wer fri, kein knecht gesin,
wann drunkenheit nit wer und win.
wer wins und feißt dings flißet sich,
der wurt nit selig ober rich,
dem we und sinem vater we!
dem wurt krieg und vil unglucks me,
wer stäts sich füllet, wie ein ků,
und will eim ieden drinken zů
und warten als das man im bringt.
dan wer on not vil wins ußtrinkt,
dem ist glich, als der uf dem mer
entschloft, und lit on sinn und wer:

---

32 **das sie sin solten wines on**, daß sie des Weins ohne (enthalt-
sam) sein sollten. — 39 **Bennedab**, Ben-Hadad. 1 Kön. 20, 16. — 40 **noch**,
nahe, beinahe. — 41 **ere** A. — 45 Luc. 16, 19. — **als ein gesell**, Zecher. —
46 **morndes**, am nächsten Morgen. — 55 **als das man im bringt**, alles
Zutrinken erwidern, nachkommen. Vgl. B. 70. — 57 Vgl. 99, 177. — 58 **lit**,
liegt.

Sebastian Brant.

als bůnt die uf den praß hant acht,
schlemmen und demmen tag und nacht. 60
den breit der wirt, noch kuntschaft, zů
ein bůg und viertel von einr lů,
und bringt in mandel, figen, ris;
so bzalen sie in uf dem is.
vil würden bald vast witzig sin, 65
wan wisheit stecket in dem win,
die in sich gießen spat und frů.
je einer drinkt dem andern zů:
„ich bring dir eins; ich kützel dich;
das gbürt dir." der spricht: „so wart ich, 70
und wer mich, biß wir beid sint vol."
do ist den narren ietz mit wol;
eins uf den becher, zwei für'n mund,
ein strick an hals, wer eim gesund
und wäger, dan solich fülleri 75
triben; es ist ein groß narri,
die Seneca zitlich fürsach,
darum er in sin büchern sprach,
das man würd etwan geben mer
eim drunknen, dan eim nůhtern er, 80
und man wurd wellen gerůmet sin,
das einer drunken wer von win.
die biersupper ich darzů mein
do einer drinkt ein tun allein,

---

60 schlemmen und demmen, fressen und saufen, wohlleben. dem‑
men ist lärmen, schreien. ein solchs geschrei und thäm; vgl. Gemeiner, Regensb.
Chron., 3, 574 (zum Jahre 1476). Das gedäm (strepitus) erhall in himel;
Dietrich v. Pleningen, Jugurtha, Kap. 60. bempfet und temmet; Hans Sachs,
2, 4, 117ᵃ. — 61 noch kuntschaft, nach Kundschaft (je nachdem die Kunden
sind). — 62 bůg, Vorderviertel. — viertel, Hinterviertel. — 64 uf dem is,
auf dem Eise; vielleicht gar nicht. Vgl.: zu pfingsten auf dem Pegnitzeis; Hans
Sachs, 4, 3, 76ᵃ. ich bezal oft dick uf dem is; Murner, Schwindelsh. Cij. —
73 für'n, für den A. — 76 narri, Narrerei, Narrheit. schalksnarrei; Zim‑
mern, 4, 41, 25. dorheit und narrei; ebendas. 3, 537, 21. ir gant mit nahel (dann
er konte das r nicht aussprechen) umb; ebendas. 2, 486, 37. spotwerk, narrei und
lügen; Fischart, Garg., 30. — 80 er, Ehre; ere A. — 83 biersupper, Bier‑
suppenesser. Da Bier in Norddeutschland das üblichere Getränk war. Zimmern
erzält 3, 244 von einem Aufgeblasenen in Löwen, der nicht antworten will, worauf
Christoph Froben „ließ den vollen biersupper stehn". Fischart, Garg., 198, nennt
das Supplingerland neben dem Weinstrom und Trankreich. — 84 tun, tunn,
Tonne.

und werden dobi also vol, 85
man lief mit eim ein tür uf wol.
ein narr müß vil gesoffen han,
ein wiser mäßlich drinken kan
und ist gesünder vil darmit,
dan der mit kübeln in sich schüt. 90
der win ist gar senft am ingang,
zü letst sticht er doch wie ein schlang
und gützt sin gift durch alles blůt,
glich wie der basiliscus důt.

17.

Wer gůt hat, und ergetzt sich mit
und nit dem armen do von git
dem wurt verseit, so er ouch bit.

Von unnutzem richtum.

Die größt torheit in aller welt
ist, das man ert für wisheit gelt
und zücht harfür ein richen man.
der oren hat und schellen dran,
der můß allein ouch in den rat, 5.
das er vil zů verlieren hat.
eim ieden gloubt so viel die welt,
als er hat in sinr teschen gelt:
her pfenning, der můß vornen dran.
wer noch in leben Salomon, 10.
man ließ in in den rat nit gon,
wan er ein armer weber wer
ober im stůnd sin seckel ler.
die richen ladt man zů dem tisch
und bringt in wiltpret, vogel, visch 15

---

86 man lief mit eim ein tür uf wol, man stieße mit einem wohl
eine Thür ein. — 91 Spr. Sal. 23, 31.

a: mit, damit. — c: verseit, versagt, abgeschlagen. — 2 eret A. —
4 der oren hat und schellen dran, der ein Narr ist. — 8 teschen, Tasche.
— 9 her pfenning, Geld, Reichthum. — vornen dran, vgl. 92, 75. vornan
dran, 72, 22; 76, 35. vornan an, 99, 205. — 11 in in, ihn in.

und bůt an end mit in hofieren,
die wil der arm stat vor der türen,
und switzet, das er möcht erfrieren.
zům richen spricht man: „essen, her!"
o pfening, man bůt dir die er;   20
du schaffst, das vil dir günstig sint.
wer pfening hat, der hat vil fründ,
den grüßt und swagert ieberman.
wolt einer gern ein efrou han,
die erst frag ist: „was hat er doch?"   25
man fragt der erberkeit nim noch
oder der wisheit, ler, vernunft;
man sůcht ein uß der narrenzunft,
der in die milch zů brocken hab,
ob er joch si ein köppelsknab.   30
all kunst, er, wisheit ist umbsust,
wo an dem pfening ist gebrust.
wer sin or vor dem armen stopft
den hört got nit, so er ouch klopft.

18.

Der vocht zwen hasen uf einmol,
wer meint zwein herren dienen wol
und richten uß me, dann er sol.

Von dienst zweier herren.

Der ist ein narr, der underſtot,
der welt zů dienen und ouch got;
dan wo zwen herren hat ein knecht,
der mag in niemer dienen recht.

---

16 an, ohne. — hofieren, Höflichkeit erweisen, schön thun. — 18 und switzet,
das er möcht erfrieren, schwitzt gar nicht, vielmehr das Gegentheil. —
20 ere A. — 23 swagert, nennt Schwager, will mit ihm verwandt sein. —
26 nim noch, nicht mehr nach. — 30 köppelsknab, vgl. 77, 53; nach Barnde,
S. 332: Baberknechte; dagegen Hildebrandt (Grimm's Wörterbuch, 5, 1789) Rupp-
ler. Jedenfalls hier in allgemeinerer Anwendung, ein ehrloser Mensch, der
Vermögen hat. — 31 ere A. — umbsunſt A.

a: vocht, fängt, will fangen. — 1 underſtot, unterſteht, unternimmt.
— 4 in, ihnen.

gar oft verbůrkt ein hantwerksman,
der vil gewerb und hantwerk kan.
wer jagen wil und uf ein stund
zwen hasen vohen mit eim hund,
dem wurt etwan kum einer wol;
gar dick würt im ganz nüt zůmol.
wer schießen uß vil armbruſt wil,
der trift kum etwan wol das zil;
wer uf ſich ſelbſt vil ämpter nimt,
der mag nit tůn das iedem zimt;
der hie můß ſin und anderswo,
der iſt recht weder hie noch do;
wer tůn wil das eim ieden gfalt,
der můß han otem warm und kalt
und ſchlucken vil das im nit ſmeckt
und ſtrecken ſich noch der gedeckt
und künnen pfulwen underſtrowen
eim iedem undern ellenbogen
und ſchmieren iedem wol ſin ſtirn
und lůgen, das er kein erzürn.
aber vil ämpter ſchmecken wol,
man wermt ſich bald bi groſſem kol,
und wer vil win verſůchen důt,
den dünkt doch nit ein ieder gůt;
dann ſchlecht geſmidt iſt bald bereit.
dem wiſen liebt einfaltikeit.
wer einem dient und důt im recht,
den halt man für ein truen knecht.
der eſel ſtarb, und ward nie ſatt,
der all tag nue herren hatt.

---

7 uf ein ſtund, auf einmal, zu gleicher Zeit. — 9 kum, kaum. — 10 gar dick, ſehr oft. — 14 iedem, jedem Amte. — 18 otem, Athem; ottem A. — warm und kalt, vgl. Aeſop. Kor., 126; Avian, 29; Boner, 91; Hans Sachs, Lieber, Nr. 19. — 20 gedeckt, Decke (Lůg und die bein nit witer ſtreck, Dan die kleit lang ſig und deck; Facet., B. 2ᵃ). Vgl. Natur gebirt ir geſchopfbe; Thesmophagia, 3. als unglückt wil ſich aber machen; Funklin, Geburt, 1072. — 21 pfulwen, Pfühle, Polſter. — underſtrowen, unterſtreuen, unterſchieben. — 23 ſchmieren iedem wol ſin ſtirn, jedem ſeine Stirn (Kopf) wohl ſchmieren, ſalben, ſchmeicheln, nach dem Munde reden. — 26 kol, vgl. 73, 72, Kohlenfeuer. — 29 ſchlecht, einfaches. — geſmidt, Geſchmeide, Schmiedearbeit. — 30 liebt, iſt lieb. — 33 der eſel ſtarb, und ward nie ſatt, vgl. Boner, 89; Pauli, 375; Kirchhof, 7, 125; Bernardino, 25; Luther's Tiſchreden, 16.

19.

Wer sin zung und sin mund behůt,
der schirmt vor angst sel und gemůt;
ein specht sin jung mit gschrei verriet.

Von vil schwetzen.

Der ist ein narr, der anden wil,
darzů sunst ieberman swigt stil,
und wil on not verbienen haß,
so er mit er möcht swigen baß.
wer reden wil, so er nit sol,   5
der fůgt in narrenorden wol;
wer antwůrt e man froget in,
der zeigt sich selbs ein narren sin.
mancher hat von sim reden freid,
dem doch daruß kumt schad und leid;   10
mancher verlaßt sich uf sin schwätzn,
das er ein nuß redt von einr hätzn;
des wort, die sind so stark und tief,
das er ein loch redt in ein brief
und richtet zů ein gschwätz gar licht,   15
aber wenn er kumt zů der bicht,
do es im giltet ewig lon,
so wil die zung von stat nit gan.
es sind vil Nabal noch uf erd,
die schwätzen me, denn in gůt werd.   20
mancher für witzig würd geschetzt,
wan er sich nit het selbst verschwätzt.
ein specht verrat mit siner zung,
das man sin nest findt und die jung.

---

c: ein specht sin jung mit gschrei verriet, vgl. B. 23. —
1 anden, tadeln. — 4 ere A. — 6 fůgt, taugt. Er fůgt nun wol in bettler=
orden; Gengenb., Bouchm., 510. Du fůgst nit wol für Venus lib; ebendas. 515.
— 8 acc. cum inf. vgl. 108, 1. Das aber wir bisshar noch nit merken künnen
geschehen sin; Wencker, Coll. jur. pub. glevenburger, 36. kunnen wir dissmal
nit finden fůglich sin; ebendas., 38. — 12 hätzen, Elster, Häher; daß er einer
Hetze eine Nuß aus dem Schnabel schwatze. Eine Fabel vom Fuchs und der Elster,
dem Häher, kenne ich nicht. Schwappelschwäble, die eim ein nuß vom baum
schwetzen; Fischart, Garg., 24. — 14 brief, Urkunde; daß einen Brief entwer=
then kann. — 19 1 Sam. 25.

mit ſwigen man verantwurt vil; 25
ſchaden entpfoht, wer ſchwätzen wil.
es iſt die zung ein klein gelid,
bringt doch vil unrů und unfrid,
befleckt gar dick den ganzen lib
und macht vil zanken, krieg und lib, 30
und iſt ein wunder groß in mir,
das man macht zam ein iedes tier
wie hert, wie wild, wie grimm das iſt —
kein menſch ſinr zungen meiſter iſt.
zung iſt ein ungerůwigs gůt, 35
vil ſchaden ſie dem menſchen důt;
durch ſie, ſo bůnt wir ſchelten got,
den nächſten gſchmähen wir mit ſpot,
mit flůchen, nochred und veracht,
den got noch ſim bild hat gemacht; 40
durch ſie verroten wir vil lůt,
durch ſie blibt unverſwigen nůt.
mancher durch gſchwätz ſich ſo begot,
er darf nit loufen win noch brot.
die zung die brucht man in das recht, 45
durch ſie würt krum, das vor was ſchlecht.
durch ſie verlurt manch armer man
ſin ſach, das er můß bettlen gan.
ſchwätzer iſt nůt zů reden vil,
er kitzt ſich und lacht wen er wil 50
und redt keim menſchen ůt gůts noch
er ſi joch nider ober hoch.
welch machen groß geſchrei und bracht,
die lobt man ietz und hat ir acht,
voruß, welch köſtlich inhar gant, 55
vil groſſer röck und ring an hant;
die fügen ietz wol für die lůt,
eins dünnen rocks acht man ietz nůt.

27—40 Jak. 3, 5 fg. — 30 lib, Streit. — 39 nochred und veracht, Nachreden und Verachtung; veracht ſcheint der verſtümmelte Infinitiv zu ſein; Subſt. und Infin. wie 16, 6. — 43 begot, begeht, ernährt ſich, bringt ſich fort. 63, 85; 76, 9; 79, 3. — 44 darf nit, hat nicht nöthig. — win noch brot, tägliche Nothdurft. Er benimmt ſich ſo, daß er nicht nöthig hat, zu ſorgen; er ſchwatzt ſich um den Hals. — 46 ſchlecht, einfach, gerade. — 50 kitzt, kitzelt? — 50 wen, wenn A. — 51 ůt, etwas. 6, 92. — noch, nach. — 53 bracht, Geräuſch.

wer noch uf erd Demosthenes,
Iullius ober Eschines, 60
man geb in durch ir wisheit nüt,
wan sie nit kündent bschiffen lüt
und reden vil geblümter wort
und was ein ieder narr gern hort.
wer vil redt, der redt dick zů vil 65
und můß ouch schieffen zů dem zil,
werfen den schlegel verr und wit
und rinkngießen zů widerstrit.
vil schwätzen ist felten on fünd;
wer vil lügt, der ist niemans fründ. 70
wer herren ubel redet ůt,
das blibt verschwigen nit lange zit;
ob es joch verr geschäh von im,
die vogel tragen uß din stim,
und nimt die leng nit wol gůt end, 75
dan herren hant gar lange hend.
wer uber sich vil bouen wil,
dem fallen spän in die ougen vil;
und wer sin mund in himel setzt,
der würt oft mit sim schab gesetzt. 80
ein narr sin geist eins mols uf schütt,
der wis schwigt und beit kunftig zit.
uß unnütz red kein nutz entspringt,
schwätzen me schab dann frommen bringt.
darum vil wäger ist geswigen, 85
dann schwätzen, reden oder schrigen.
Sotades durch ganz wenig wort
gelerkert wart als umb ein mort.

61 in durch ir wisheit, ihnen um ihrer Weisheit willen. — 68 rinken-
gießen A. rinke, Schnalle; die Bedeutung des jetzigen Ränkeschmiedens.
— zů widerstrit, um die Wette. Such zu dinr notturst, doch welst nit Mit
müg hufen zů widerstrit; Facetus, a 4 ᵇ. — 75 die leng, 14, 17. — 79 mund
in himel setzt: Wer hat aber dörffen offentlich, was im zu sinn und mut, reden
ober wer wolt sein mund in himel legen und sich des orts ainer beweisung
underftan? Zimmern, 3, 139, 7. sitten am französischen hof, auch handlungen,
die sonst von keinem beschriben werden, dann niemands sein mund in himel
legen wil; ebendaf. 3, 334, 29. Wer von hohen, gefährlichen Dingen redet. —
80 gesetzt, vergolten. — 82 beit; beitet, wartet. — 86 schrigen, schreien. —
87 Plutarch, Kinderzucht, 11, a Xyl.; ed. Wyttenb. Oxon., 1795, I, 1, 37. —
ganz fehlt A, von Zarncke ergänzt.

es sprach allein Thoocritus,
das einoigig wer Antigonus,
und starb drum in sim eignen hus;
als Demosthenes und Tullius.
schwigen ist loblich, recht und gůt.
besser ist red, der im recht bůt.

20.

Wer etwas findt, und breit das hin
und meint, got well, das es si sin,
so hat der tufel bschissen in.

Von schatz finden.

Der ist ein narr, der etwas findt
und in sim sinn ist also blind
und spricht: „das hat mir got beschert;
ich acht nit, wem es zů gehört!"
was einer nit hat ußgespreit,
das ist zů schniden im verseit.
ein ieder wiß bi siner er,
das das eim andern zů gehör.
was er weiß, das es sin nit ist,
es hilft nit, ob im schon gebrist
und er es findet on geverd;
er lůg, das es dem wider werd,
weißt er in, des es ist gesin,
oder geb es den erben sin;
ob man die all nit wissen kan,
so geb man es eim armen man
oder sunst durch gots willen uß;
es soll nit bliben in dem hus,

---

92 als, also, ebenso.
a: breit hin, trägt hin, nimmt mit. — c: bschissen, betrogen. —
5 ußgespreit, ausgesäet. — 6 verseit, versagt. — 7 ere A. — 11 on geverd, ohne bösen Willen; dann: ungefähr, zufällig. — 13 weißt, weiß; ebenso: 26, 72; 31, 8; 33, 89; 45, 29; 65, 2; 66, 113; 75, 38; 80, 12; 83, 99; 101; · 109, 10; 110ᵃ, 181; 111, 63. Die Form kommt noch in Schiller's Jugendgedichten vor.

dan es ist abgetragen gůt.
darburch verdamt in hellen glůt 20
gar mancher um solch finden sitzt,
den man oft ribt, so er nit schwitzt.
Achor behielt das nit was sin
und brocht darburch das volt in pin;
zů letst wart im, das er nit meint, 25
do man on bärmung in versteint.
wer uf sich ladt ein kleine bůrd,
der näm ein grosser, wenns im würd.
finden und rouben acht got glich,
dan er din herz ansicht und dich. 30
vil wäger ist ganz finden nůt,
dan fund, den man nit widergit.
was man findt und kumt eim zů hus,
das kumt gar ungern wider drus.

21.

Wer zeigen důt ein gůte stroß,
und blibt er in dem pfůtz und moß,
der ist der sinn und wißheit bloß.

Von strafen und selb tun.

Der ist ein narr, der strofen wil,
das im zů tůn nit ist zů vil;
der ist ein narr und ungeert,
der alle sach zům bösten kert
und iedem ding ein spett anhenkt 5
und nit sin eignen bresten denkt.

---

21 fynden A. — 22 den man oft ribt, so er nit schwitzt, den man oft reibt, ohne daß er geschwitzt hätte; den man übel behandelt. — 23 Achor ist der Ort, wo Achan gesteinigt wurde. Jos. 7, 26. — 26 bärmung f. 14, 21. — 28 wenn es im A, wenn es sich ihm darböte.
b: pfütz, masc. Pfütze. — moß, Moor, Sumpf. — 1 strofen, strafen, tadeln. — 4 bösten, bösesten. — 5 spett, Lappen, Flicken. 42, 14, einem etwas anhängen. So henkt iedem ein spetli an; Murner, Schwindelsheim, Cij. — 6 bresten, Gebrechen.

ein hant, die an dem wāgſcheid ſtat,
die zeigt ein weg, den ſie nit gat;
wer in ſim oug ein trotboum trag,
der tūg in bruß, e dan er ſag: 10
„brůder hab acht, ich ſieh an dir
ein äglin, die mißfallet mir."
es ſtat eim lerer ubel an,
der ſunſt kan ſtrofen ieberman,
wan er das laſter an im hat, 15
das ubel ander lūt anſtat,
und das er liden mūß den ſpruch:
„herr arzt, dūnt ſelber heilen ūch!"
mancher kan raten ander lūt,
der im doch ſelb kan raten nūt: 20
als Gentilis und Meſue,
der ieder ſtarb am ſelben we,
des er meint helfen ieberman
und allermeiſt geſchriben von.
ein iedes laſter, das geſchicht, 25
ſo vil ſchinbarer man das ſicht,
ſo vil, als der wurt hōher geacht,
der ſollichs laſter hat volbracht.
dū vor die werk, darnoch die ler,
wilt du verdienen lob und er. 30
das volk von Iſrael hatt ſinn,
ſtrofen die ſūn Beniamin,
und lagen ſie darnider doch,
dan ſie in ſünden worent noch.

---

7 hant, Handweiſer. — 9 trotboum, Kelterbaum. Matth. 7, 4. —
10 tūg, tūeſe, thue. — 12 äglin, kleine Age, Holzfaſer des Flachſes. — die,
das Diminutiv erforderte das Neutrum des Relativs; Brant nimmt das Geſchlecht
des Ableitungswortes an; vgl. wib, die, 50, 2. Das liebſt menſch, das ich han
und der ich mich vermählet han; Funklin, Geburt Chriſti, D. 283 fg. — 18 Luc.
4, 23. Vgl. 111, 69. — 21 Gentilis und Meſue, zwei Aerzte, dieſer um
791 in Damaskus, jener ein Italiener des 14. Jahrhunderts; beide ſchrieben über
Fieber. Tritheim, der über Gentilis handelt, ſagt nichts von ſeiner Todesart.
— 23 des helfen, davon helfen, Hülfe gegen leiſten. — 29—30 lere: ere A.
— B. d. Richt. 20.

22.

Wer gern die wisheit hört und lert,
genzlich zů ir sich alzit kert,
der wurt in ewikeit geert.

Die ler der wisheit.

Die wisheit schrigt mit heller stim:
„o menschlich gschlecht, min wort vernim!
uf bschibikeit hant acht ir kind!
merken all, die in dorheit sind!
sůchen die ler und nit das gelt! 5
wisheit ist besser dan all welt
und alles, das man wünschen mag!
stellen noch wisheit nacht und tag!
nüt ist, das ir glich uf der erd.
in räten ist wisheit gar wert 10
all sterck und all fürsichtikeit
stot zů mir ein, spricht die wisheit:
durch mich die kunig hant ir kron;
durch mich all gjatz mit recht ufston;
durch mich die fürsten hant ir lant; 15
durch mich all gwält ir rechtspruch hant.
wer mich lieb hat, den lieb ouch ich;
wer mich frü sucht, der findet mich.
bi mir ist richtům, gůt, und er;
mich hat besessen got der her 20
von anbeginn in ewikeit.
durch mich hat got all ding bereit,
und on mich ist gar nüt gemacht.
wol dem, der mich alzit betracht!
darum, min sůn, nit sint so träg 25
sellig ist der gat uf minm wäg.
wer mich findt, der findt heil und glück;
der mich haßt, der verbirbt gar dick."
die plag wurt uber narren gan,
sie werdent wisheit sehen an 30

---

a: lert, lernt. — 1 Spr. Sal. 8. — 3 bschibikeit, 8, 8. — 12 ein,
allein, einzig. — 14 ufston, stehen auf, entstehen. — 19—20 ere : herre A.

und den lon, der drum ist bereit
und werend wurt in ewileit,
das sie inblůtent und selbst sich
in jamer nagent ewiklich.

23.

Wer meint, das im ganz nütz gebrest
und er glück hab ufs aller best,
den trift der klüpfel doch zu lest.

Von uberhebung glucks.

Der ist ein narr, der rümen gtar,
das im vil glücks zů handen far
und er glück hab in aller sach;
der wart des schlegels uf dem tach.
dan glücksal der zergenglicheit 5
ein zeichen ist und underscheit,
das gott des menschen sich verrůcht,
den er zů ziten nit heimsůcht.
im sprůchwort man gemeinlich gicht:
ein frůnd den andern oft besicht. 10
ein vater stroft oft sinen sůn,
das er vorcht hab und recht ler tůn;
ein arzt gibt sur und bitter trank,
domit best e genäß der krank;
ein scherer meisselt, schnidt die wund, 15
do mit der siech bald werd gesunt.
we! we dem kranken, wan verzagt
der arzt und er nit stroft, noch sagt:

---

33 inblutent, nach innen bluten; daß ihnen das Herz bluten wird.
a: ganz nütz, gar nichts. — c: klüpfel, Klöpfel, Donnerkeil. Vgl.
86, d. — 1 gtar, getar, wagt. — 2 zu handen far, zukomme, zustoße. —
5 glücksal, Glückseligkeit. — zergenglicheit, Vergänglichkeit. — 6 under-
scheit, unterscheidende Eigenschaft. — 7 sich verrůcht, sich entschlägt, ihn sich selbst
überläßt. — 9 gicht, von jehen, sprechen, sagen. — 10 besicht (beflecht A),
besteht, besucht. 110b, 17. Nun bin ich darum kummen her, das ich frau Venus
auch besäch; Gengenb., Gouchm., 561. — 12 ler, lerne. — 15 scherer, Baber,
Wundarzt. — meisselt, untersucht mit meissel, der Sonde. Vgl. 33, 16.

das solt der siech nit han geton,
er solt das und das han gelon;   20
sunder er spricht: „gent im recht hin
als, das er wil und glustet in."
als wän der tufel bschissen wil,
dem gibt er glück und richtum vil.
gedult ist besser in armůt   25
dan aller welt glück, richtum, gůt.
sins glücks sich niemans überhab;
dan wenn got will, so nimt es ab.
ein narr ist, wer do schriget dick:
„o glück, wie loßtu mich, o glück?   30
was zichstu mich? gib mir so vil,
das ich ein narr blib noch ein wil."
dan grosser narren wurden nie,
dan die alzit glück hatten hie.

24.

Wer aller welt sorg uf sich ladt
und nit gedenkt sin nutz und schad,
der lid sich, ob er etwan bad.

Von zu vil sorg.

Der ist ein narr, der tragen wil,
das im ufheben ist zu vil,
und der allein wil underston,
das er selb dritt nit möcht getůn.
wer nimt die ganz welt uf sin rück,   5
der fellt in einem ougenblück.

---

21 gent, gebent, gebt. — 22 glustet, gelüstet. — 23 als wän...
bschissen, also wen... betrügen. — 27 überhab, überhebe. — 29 schri‍get, schreiet. — dick, oft. — 31 zichstu, zeihest du, beschuldigst du, was hab ich dir gethan. Was zeicht ir uns? Hans Sachs, 2, 4, 104ᵃ. Was zeihst du dich, das... Ebendas. 2, 4, 129ᶜ.

c: lid sich, leide sich, habe Geduld. — bad, bade, ob ihm auch ein‍mal ein Bad zugerüstet wird, er in Ungemach komme. 37, C. — 2 ufheben, aufzuheben. — 3 underston, unternehmen.

man list von Alexander, das
die ganz welt im zů enge was,
und schwitzt darin, als ob er nit
für sinen lib genůg het mit; 10
ließ doch zů letst benügen sich
mit sibenschůhigem erterich.
allein der bot erzeigen kan,
womit man můß benůgen han.
Diogenes vil mächtiger was, 15
wie wol sin bhusung was ein faß
und er nůt hatt uf aller ert,
so was doch nůt, das er begert,
dan Alexander solt fürgon
und im nit vor der sunnen ston. 20
wer hohen dingen stellet noch,
der můß die schanz ouch wogen hoch.
was hůlf ein menschen, das er gwinn
die ganz welt, und verdůrb er drinn?
was hůlf dich, das der lib kåm hoch 25
und für die sel ins hellenloch?
wer sorget, ob die gänß gent bloß,
und sågen wil all gaß und stroß
und eben machen berg und tal,
der hat kein frid, rů uberal. 30
zů vil sorg, die ist nienan für,
sie machet manchen bleich und dürr.
der ist ein narr, der sorgt all tag,
das er doch nit gewenden mag.

---

10 wit, wite, Weite, Raum. 11 benůgen, genug sein, genügen.
87, 3; 94, 16. — 12 sibenschůhigem, auszusprechen ist, wie auch später ge-
schrieben wird: sibenschuhingm; es ist das Grab. — erterich, vgl. 61, 17;
83, 38. ir sind das salz des erterichs; Rollh., 161. das heilig ertereich; ebenb.
1049. — 16 behusung, Wohnung. — 21 noch, nach. — 22 schanz wogen,
den Wurf im Spiel wagen. — 25 lib, Leib. — 27 bloß, barfuß. — 31 nie-
nan, nirgend, vgl. 70, 3; 103, 3. das nienan wuost darunder schin; Thesmoph.,
92. 255. 241. nienant 63, 13; ienen, irgendwo, 112, 2. — fuor, Nahrung.
menschliche fuor und narung; Brant, Lalenspiegel, 29ᵃ. trost, speiß, fuorung
und aufenthalt empfahen; ebendas. 29ᵃ. Vgl. Narrenschiff 66, 11; 99, 197;
108, 102; 109, 19. Doch scheint wegen des Reimes dürr: für zu lesen sein; zu
viel Sorge ist nirgend für, wendet kein Uebel ab. Der kelser wer im nit bar-
für, er mieß sich stellen lon von mir; Murner, Schelmenzunft, 1512, Entschuldigung.

25.

Wer vil zů borg ufnemen wil,
dem eſſent wölf doch nit ſin zil,
der eſel ſchlecht in underwil.

Von zuo borg ufnemen.

Der iſt me dan ein ander narr,
wer ſtåts ufnimt uf borg und harr
und in im nit betrachten wil,
das man ſpricht: wölf eſſen kein zil.
als bünt ouch die, den ir boßheit 5
got lang uf beſſerung vertreit,
und ſie doch täglich mer und mer
uf laden, dardurch got der her
ir wartet, biß das ſtundlin kunt,
ſo bzalen ſie bim minſten pfunt. 10
es ſturben frouen, vieh und kind,
do der von Amorreen ſünd
und Sodomiten kam ir ziel;
Hieruſalem zů boden fiel,
do im got beitet lange jor; 15
die Niniviten bzalten vor
gar bald ir ſchuld, und wurden quit,
doch bharten ſie die lenge nit;
ſie nomen uf noch größer we,
des ſchickt in gott kein Jonas me. 20
all ding die hant ir zit und zil
und gant ir ſtroß noch, wie got wil.

---

a: zů borg, auf Borg. — b: eſſent wölf, eſſen die Wölfe; doch kann auch der Artikel fehlen, in deſſen Gebrauch Brant ſehr ſparſam iſt. — zil, Termin des Wiederzahlens. — 2 harr, Warten, Aufſchub, 86, 21; 108, 127. uf borg und bit (beiten): Hans Sachs, 4, 3, 93ᶜ. — 6 vertreit, verträgt, nachſteht. 86, 19. — 9 kunt, kumt, kommt. Vgl. 82, 21; 85, 50; 89, 21; 93, 12; 94, 27; 104, 28. hein für heim 3, 7; 55, 1; 105, 16 und wol auch 85, 121. nimt (nimmt): blint, 30, 9. ufkunt 37, 5. — 12—13 da der Sünde derer von Amorreen (Gomorrha?) und (der) Sodomiten Ziel kam. — 15 im, ihm, Jeruſalem als Neutrum. — beitet, wartete, nachſah. — 16 vor, eher; in nicht ſo langer Friſt als Jeruſalem. — 17 quit, ledig. quit ledig ſprechen: Hans Sachs, 4, 3, 65ᵃ. quitlos. 4, 3, 75ʰ. — 18 die leng, auf die Dauer. 14, 17.

wem wol ist mit nemen uf borg
der hat zů bzalen ganz kein sorg.
nit bis bi den, die bald ir hent 25
strecken, und für dich bürgen went;
dann so man nit zů bzalen hett,
sie nement kulter von dem bett.
do hunger in Egypten was,
nomen sie korn uf so vil, das 30
sie eigen wurden hindennoch,
und müsten das bezalen doch.
wan der esel anfoht sin danz
halt man in nit wol bi dem schwanz.

26.

Wer wünschet, das er nit verstot,
und nit sin sachen setzt zů got
der kumt zů schaden dick und spot.

Von unnutzem wunschen.

Der ist ein narr, der wünschen dut,
das im als bald schab ist als gůt,
und wan ers hett, und wurd im wor,
so wer er doch ein narr als vor.
Midas, der kunig, wünschen wolt, 5
das alls, das er angriff, würd golt;
do das wor wart, do leidt er not,
dan im zů gold wart win und brot,
recht hatt er, das er deckt sin hor,
das man nit säch sin eselsor, 10
die darnoch wůchsen in dem ror.
we, dem sin wünsch all werden wor!
vil wünschen, das sie leben lang,
und dunt der sel doch also trang

---

25 bis, sei. — 28 nement, nähmen die. — kulter (kuter A),
Polster, Decke, Deckbett. Müller, Wörterbuch, 1, 899. golter, Hans Sachs,
3, 3, 42ᵈ; golder, ebendas., 1, 480ᵃ. — 31 hindennoch, hintennach, hinterher.
  2 bald schab ist als gůt, ebenso leicht schädlich als nützlich. —
3 wor, wenn der Wunsch wahr, erfüllt würde. — 10 sin eselsor, seine Esels-
ohren. — 14 trang, bringen die Seele ins Gedränge.

Sebastian Brant. 4

mit schlemmen, praſſen im winhuß, 15
das ſie vor zit muͤß faren uß;
dar zuͤ, ob ſie ſchon werden alt,
ſint ſie doch bleich, ſiech, ungeſtalt;
ir backen und huͤt ſint ſo lär,
als ob ein aff ir muͤter wär. 20
vil getzlicheit die jugent hat,
das alter in eim weſen ſtat;
in zittern glider, ſtim und hirn,
ein trieſſend naß, und glatzeht ſtirn,
ſinr frouen iſt er vaſt unmär, 25
im ſelbſt und ſinen kinden ſchwär;
im ſchmeckt und gfelt nüt, was man buͤt,
und ſicht vil, das in nit dunkt guͤt.
welch leben lang, die hand groß pin,
alzit in nüem unglück ſin, 30
in truren und in ſtätem leid,
enden ir tag in ſchwarzem kleid.
Neſtor, Peleus, und Laertes
beklagten ſich im alter des,
das ſie zuͤ lang ließ leben got, 35
do ſie ir ſün an ſchouten dot.
wer Priamus geſtorben vor
und het gelebt nit ſo vil jor,
ſäch er nit leid ſo jämerlich
an ſün, frou, döchter, ſtat und rich, 40
wann Mithridates und Marjus,
Creſus, und der groß Pompejus
nit werent worden alſo alt
werent ſie dot in groſſem gwalt.
wer hübſcheit im und ſinem kind 45
wünſchet, der ſuͤcht urſach zuͤ ſünd.
wer Helena nit gweſen ſchon,
Paris het ſie in Kriechen glon;
wer häslich gſin Lucrecia,
ſie wer geſchmächet nit alſo; 50

---

19 huͤt, Häute. — 21 getzlicheit, Erſatz; Freude. — 22 das alter
in eim weſen ſtat, das Alter iſt ohne Abwechſelung, immer überein. — 23 in
(inn A), ihnen, den Alten (aus Älter). — 24 glatzeht, glatzig, kahlköpfig. —
25 er (des Alten, aus Älter), der Alte. — unmär, unlieb, widrig. — 26 ſchwär,
läſtig. — 34 des, darüber. — 37 vor, früher. — 38 gelebet A.

het Dina kropf und hofer ghan,
Sichem het sie gelossen gan.
es ist gar selten, das man treit
binander schonheit und küscheit.
voruß, die hübschen Hansen nůn, 55
die went all büberi ietz tůn,
und werden doch gesellet dick,
das man sie sticht im narrenstrick.
mancher wünscht, hüser, frou und kind,
oder das er vil gulden find 60
und des glich göukels, das got wol
erkennt, wie es geroten sol;
darum gibt er uns etwan nüt,
und das er gibt, nimt er zů zit.
etlich dem gwalt ouch wünschen noch 65
und wie sie stigen uf vast hoch,
und btrachten nit, das höher gwalt
dest höher wider abber falt,
und das, wer uf der erden lit,
der darf vor vall sich vörchten nit. 70
got gibt uns alles, das er wil,
er weißt was recht ist, was zů vil,
ouch was uns nütz si, und kum wol,
woruß uns schad entspringen sol,
und wan er uns nit lieber hett 75
dan wir uns selb, und das er dät
und macht uns, was wir wünschten, wor,
es rumt uns, e uß kem ein jor;
dan unser bgir die macht uns blint,
zů wünschen ding, die widr uns sint. 80
wer wünschen well, das er reht leb,
der wünsch das im got darzů geb

---

51 **hofer**, Höcker, auch Kropf. — 55 **die hübschen Hansen**, höfische Gesellen, Stutzer. Groß Hans; Hans Sachs, 4, 3, 57[d]. Und dunkest dich ein großer Hans; ebendas., 1, 481[a]. Große Hansen sehr oft bei Zimmern; 3, 224, 36: so daucht er sich gar ein hübsch Henslin. — 58 **sticht**, ersticht. Zarnde will flicht, als Druckfehler für **sicht**, sieht, nehmen; sticht kann auch übertrifft, ausstticht heißen. — 61 **und des glich göukels**, und dergleichen Göukels, Narrheit, Thorheit. — 65 **noch wünschen**, nachtrachten. — 69 **lit**, liegt. — 70 **barf braucht**. — 72 **weißt** 20, 13. — 73 **kum wol**, wohl bekomme. — 77 **wor**, wahr machen, erfüllen. — 78 **ußkommen**, zu Ende gehen, verlaufen. — 80 **widr** A.

4*

ein gsunden sinn, lib, und gemüt,
und in vor vorcht des todes bhüt.
vor zorn, begir und bösem git, 85
wer das erwirbt in diser zit,
der hat sin tag geleit baß an,
dan Hercules ie hat getan,
oder Sardanapalus hat,
in wollust, gfüll, und fäderwat, — 90
und hat allz, das im wurt sin not,
darf nit anrüfen glück für got.
ein narr wünscht sinen schaden dick,
sin wunsch würt oft sin ungelück.

―――

27.

Wer nit die rechte kunst studiert,
derselb im wol die schellen rürt
und wurt am narrenseil gefürt.

Von unnutzem studieren.

Der studenten ich ouch nit für,
sie hant die kappen vor zu stür,
wan sie allein die streifen an,
der zipfel mag wol naher gan;
dan so sie solten vast studieren, 5
so gont sie lieber bübelieren.
die jugent acht all kunst gar klein;
sie lerent lieber ietz allein
was unnütz und nit fruchtbar ist;
dasselb den meistern ouch gebrist, 10

――――

90 gfüll, Böllerei. — fäderwat, Bett, pluma. Juvenal, 10, 362.
— 92 für, anstatt; hat nicht nöthig, das Glück anzurufen statt Gott.
1 für, feiere, lasse nicht unberücksichtigt. — 2 vor zu stür, voraus
zur Ausstattung. — 4 naher, nachher, hinterher. — 6 gont, gehen. — bü=
belieren, sich wie Buben benehmen, mit Anspielung auf bibere. Ein vater
wänt, er hab studirt, so hat er nüts dann bübilirt; Murner, Schelmenzunft,
32, 14. — 8 sie, die jungen Leute. — lerent, lernen.

das sie der rechten kunst nit achten,
unnütz geschwetz allein betrachten,
ob es well tag sin oder nacht?
ob hab ein mensch ein esel gmacht?
ob Sortes oder Plato louf? 15
solch ler ist ietz der schůlen kouf.
sind das nit narren und ganz dum,
die tag und nacht gant domit um
und krützigen sich und ander lüt?
kein bessere kunst achten sie nůt. 20
darum Origenes von in
spricht, das es sint die frösch gesin
und die hundsmucken, die do hant
geđurechtet Egyptenlant.
domit so gat die jugent hin, 25
so sind wir zů Lips, Erfort, Wien,
zů Heidelberg, Menz, Basel, gstanden,
kumen zů letst doch heim mit schanden.
das gelt das ist verzeret do,
der truckeri sint wir dan fro, 30
und das man lert uftragen win,
daruß wurt dan ein Henselin.
so ist das gelt geleit wol an.
studentenkapp wil schellen han!

---

15 Sortes, scholastische Abkürzung von Sokrates, deren sich Brant hier mit Absicht bedient. — 22 2 Mos. 10, 6. — 23 hundsmucken, Hunde=fliegen, cynipes. 2 Mos. 10, 18. Luther übersetzt Heuschrecken. — 24 gebu=rechtet, durchechten, verwüsten. Vgl. 105^b. — 25 hyen A. — 27 gestan=den, gewesen, wie noch stehen von Beamten und Soldaten gebräuchlich ist. — 30 truckeri, Druckerei; die verdorbenen Studenten wurden Buchdrucker oder in Buchdruckereien beschäftigt. — 31 uftragen win, Wein auftragen. Es wird ein Küfer= oder Aufwärterdienst gemeint sein; denn das Wein auftragen laßen zu eigenem Gebrauch, was Zarncke vorziehen möchte, hatten die von Hansen zu Hänsleinen gewordenen Studenten früher zu gut gelernt.

28.

Solt got noch unſerm willen machen,
ubel ging es in allen ſachen,
wir wurden weinen me, dan lachen.

Von wider got reden.

Der iſt ein narr, der macht ein fůr,
das er dem ſunnenſchin geb ſtůr,
ober wer fackeln zůndet an
und will der ſunnen glaſt zůſtan;
vil mer, der got ſtroft um ſin werk,   5
der heißt wol Henn von Narrenberg,
dan er all narren übertrift,
ſin narrheit gibt er in geſchrift.
dan gots gnad und fürſichtikeit
iſt ſo voll aller wiſſenheit,   10
das ſie nit darf der menſchenler,
ober das man mit rům ſie mer.
darum, o narr, was ſtraffſt du got?
die wisheit iſt gen im ein ſpot.
loß got důn ſinem willen nach,   15
es fůg gůttät, ſtrof ober rach;
loß wittern in, loß machen ſchön,
dan ob du joch darum biſt bön,
ſo gſchicht es doch nit deſter e;
din wünſchen dů allein dir we.   20
darzů verſündeſt dich gar ſchwär;
vil wäger dir geſchwigen wer.

---

a: machen, entſcheiden, beſtimmen. — 1 fůr, Feuer. — 2 ſtůr, Hülfe.
— 4 ſunnenglaſt, Sonnenglanz. — zůſtan, beiſtehen, unterſtützen. — 6 Henn,
Heinrich, Heini, ſchweizeriſch. — Narrenberg, vgl. 94, 12. Affenberg,
48, 70; 95, 1; Docen, Miscell., 2, 187. Gouchsberg, Freibank, 82, 9; Boner
65, 52; Hans Sachs, 1, 443 c; 2, 4, 110 d; 3, 3, 28 d; 54 b; 4, 3, 20 d; 31 c; 40 a.
Schaltsberg; Agricola, 500 Sprichwörter, Nr. 140; Hans Sachs, 1, 524 a;
Seb. Wildt, 1566, Oggilij a. Lügenberg, Hans Sachs, 1, 541. Vgl. zu
55, 6 und 108, 6—8. — 8 in geſchrift, ſchriftlich? ober bei Auslegung der
Schrift, der Bibel, da dieſe Narrheit in Geſchrift mit der Menſchenlehre B. 11 ′
offenbar identiſch genommen wird. — 16 fůg, ſei. — gůttät, Wohlthat.
96, 34. wolbåt, Cato, 116. — 17 wittern, laß ihn wettern, Gewitter geben,
ober ſchön, heitern Himmel machen. — 18 joch, auch, fürwahr, ob du deshalb
biſt bön, unwillig, böſe. Biſtu bön, ſo mach dich von der wand, das du be‑
rämſt (beſchmuzeſt) kein hand; Fiſchart, Garg., 177. — 22 wäger, beſſer.

wir betten, das sin wil der wert,
als in dem himel, so uf ert,
und du narr wilt in strofen leren 25
als ob er sich an dich müst keren!
got weiß all ding baß ordinieren,
dan durch din narreht fantisieren.
das judisch volk das lert uns wol,
ob got well das man murmlen sol. 30
wer was sin ratgeb zů der zit,
do er all ding schůf, macht uß nüt?
wer hat im geben vor und e,
der rům sich des, und strof in me.

29.

Wer uf sin frumkeit balt allein
und ander urtelt böß und klein,
der stoßt sich oft an herte stein.

Der ander lüt urteilt.

Der ist ein narr, der sich vertröst
uf won, und meint, er sig der größt,
und weiß nit, das in einer stund
sin sel fert dief in hellen grund;
aber den trost hat ieder narr, 5
er meint nit sin der nähst, der far;
wan er schon ander sterben sicht,
bald hat ein ursach er erdicht
und kan sagen: „der det also!
der was zů wild! der selten fro! 10
der hat diß, und der jens getan,
darum hat in got sterben lan";

---

27 baß ordinieren, besser zu ordnen. — 28 fantisieren, Phantasieren, alberne Einbildungen. — 30 murmeln, murren. 97, 20. — 31 Römerbrief 11, 34. — 33 Römerbrief 11, 35: Oder wer hat ihm etwas zuvor gegeben, das ihm wieder werde vergolten?

a: Wer uf sin frumkeit balt allein, allein auf seine Frömmigkeit hält, sich beruft. — b: urtelt, urtheilt, erklärt für. — 2 won, Wahn. — fig. sei.

und urteilt einen noch fim tod,
der villicht ist in gots genod,
so er in größern sunden lebt 15
wider got und sin nähsten strebt
und forcht darum nit strof, noch büß,
und weiß doch, das er sterben müß.
wo? wenn? und wie? ist im nit kund,
biß das die sel fert uß dem mund; 20
doch gloubt er nit, das sig ein hell,
biß er binin kumt über dschwell;
so wurt in den der sinn ufgan,
so sie in mitt der flammen stan.
ein ieden dunkt sin leben gůt; 25
allein das herz got kennen důt.
für böß schetzt man oft manchen man,
den got doch kent und lieb wil han.
mancher uf erden würt geert,
der noch sim tod zůr hellen fert. 30
ein narr ist, wer gesprechen dar,
das er rein sig von sünden gar.
doch iedem narren das gebrist,
das er nit sin wil, das er ist.

30.

Wem noch vil pfrunden bie ist not,
des esel sellt me dan er got,
vil seck die sint des esels dot.

Von vile der pfrunden.

Der ist ein narr, wer hat ein pfrůn,
der er allein kům recht mag tůn,

---

13 urteilt, verurtheilt. — 14 gnod A, Gnade. — 22 dschwell, die
schwell A. — 23 in, ihnen. — 24 in mitt, mitten in. — 26 allein das
herz got kennen důt, allein Gott kennt das Herz. — 31 dar, wagt. —
32 sig, sei.

a: not sein, eilig haben. — b: me, mehr, öfter. — d: vile, Viel-
heit, Mehrheit. Die Cumulation der Pfründen war das ganze Mittelalter hin=
durch ebenso sehr ein Gegenstand der Bemühungen wie der Anfechtungen. Trotz
unzähliger Erörterungen wurde die Sache selbst stets schlimmer. — 1 pfruon,
Pfründe. Es wurden etlich pfrün ledig; Pauli, 547. Probsteien, pfrünen auch
darbei; Gengenb., 622, 71. — 2 recht mag tůn, Genüge leisten. 30, 21.

und ladt noch uf so vil der seck,
biß er den esel ganz ersteck.
ein zimlich pfründ nert einen wol; 5
wer noch ein nimt, derselb der sol
acht han, das er ein oug bewar,
das im das selb nit ouch ußfar;
dan wo er noch ein dar zů nint,
wurt er an beiden ougen blint, 10
darnoch kein tag, noch nacht hat rů,
wie er on zal ůfnem darzů.
als ist dem sack der boden uß,
biß er fert in das gernerhuß.
aber man důt ietz dispensieren, 15
dardurch sich mancher ist verfieren,
der meint, das er si sicher ganz,
so eilf und unglück wurt sin schanz.
mancher vil pfründen bsitzen důt,
der nit wer zů eim pfründlin gůt, 20
dem er allein wol recht möcht tůn.
der bstelt, duscht, kouft so manig pfrůn,
das er verirrt dick an der zal
und důt im also we die wal,
uf welcher er doch sitzen well, 25
do er mög sin ein gůt gesell.
das ist ein schwer sorglich collect;
worlich der dot im hafen steckt.
selten man pfründen ietz ußgit,
Simon und Hiesi loufen mit. 30

---

4 ersteck, erstikke. — 5 zimlich, wie sie sich für den Betreffenden
eignet. — 9 nint, nimmt. Vgl. 25, 10. — 14 gernerhus, Beinhaus. 102, 22.
Zimmern, 2, 180, 28. — 16 ist verfieren, verführt; die Dispensation wurde
für nichtig und in Betreff des Seelenheils für wirkungslos gehalten. Pauli,
546, und meine Nachweisungen bei Oesterley. — 18 eilf, elf, im Würfelspiel.
Eilf und unglück: Eilf! eine böse Zahl! „Was habt Ihr gegen eilf?" Eilf
ist die Sünde. Eilfe überschreitet die zehn Gebote. Schiller (Piccolomini, 620 fg.),
12, 95. Vgl. unten 54, 33 und 93, 21. — schanz, Wurf im Spiel. — 20 pfründ-
lin, kleine Pfründe. — 25 sitzen, seine Residenz haben. — 26 gut gesell, ein
lustiger Bruder. — 27 collect, das gemeinsame Mahl der Geistlichen? — 28 hafen,
Topf. — 30 Simon, da aber Simon sahe, daß der heilige Geist gegeben ward,
wenn die Apostel die Hände auflegten, bot er ihnen Geld an. Apostelgesch.
8, 18; daher Simon Pfründenkäufer (später auch die herrische Hausfrau, ein
Sie-Mann). — Hiesi, Gehasi, der sich bestechen ließ und aussätzig wurde.
2 Kön. 5. Giezi, Gengenb., X Alter, 539.

merk: wer vil pfründen haben well,
der letsten wart er in der hell,
do wurt er finden ein presenz,
die me büt, dan hie sechs absenz.

31.

Wer singt cras, cras glich wie ein rapp,
der blibt ein narr biß in sin grap;
morn hat er noch ein größer kapp.

Von uffschlag suchen.

Der ist ein narr, dem got ingit,
das er sich besseren sol noch hüt
und sol von sinen sünden lan,
ein besser leben vohen an,
und er im selbs sücht ein ufschlag   5
und nimt zil uf ein andern tag
und singt cras, cras, des rappen gsang
und weißt nit, ob er leb so lang.
darduch sint narren vil verlorn
die alzit süngen: morn, morn, morn!   10
was sünd antrift und narrheit sust,
do ilt man zü mit grossem lust;
was got antrift und recht ist gton,
das wil gar schwärlich nahergon
und sücht ein ufschlag im alzit: 15
„bichten ist besser morn, dan hüt.

---

32 wart, wartet, ist er gewärtig. — 33 presenz, die Summe der
Einnahmen während der Zeit der erforderlichen Anwesenheit am Ort der Pfründe,
die durch die damit verbundenen Kosten geringer waren, als während der ab-
senz, sodaß letztere den höheren, erstere den geringern Ertrag bezeichnet. Das
wird in der Hölle umgekehrt sein, da dort die präsenz mehr thut, mehr ein-
trägt (natürlich an Höllenqualen), als hier sechs Absenzen (an weltlichen Genüssen).
c: morn, morgen. — d: ufschlag, Aufschub. V. 5; 15. — 1 ingit, eingibt.
— 6 nimt zil, setzt die Frist. — 12 ilt, eilt. — 14 schwärlich, beschwerlich,
langsam. Ob von dem roß stigt ab ieman oder stigt uf swarlich, grif an! Facet.,
11ᵇ. — nahergon, von der Stelle gehen, fortrücken.

morn went wir erſt recht leren tůn“;
als ſpricht mancher verlorner ſůn
das ſelb morn kumt dan niemer me,
es flüht und ſmilzt glich wie der ſchne; 20
biß das die ſel nim bliben mag,
ſo kumt dan erſt der mornig tag;
ſo wurt von we der lib getrennt,
das er nit an die ſel gedenkt.
alſo verdurbent in der wüſt 25
der Juden vil, der keiner müſt
noch ſolt ganz kumen in das land,
das got verhieß mit ſiner hand.
wer hůt nit gſchickt zů rüwen iſt,
der findt morn me, das im gebriſt. 30
wån hůt berůft die gottes ſtim,
der weiß nit, ob ſie morn růf im;
der ſint vil tuſent ietz verlorn,
die meinten beſſer werden morn.

32.

Der hůt der heuſchreck an der ſunn
und ſchüttet waſſer in ein brunn,
wer hůtet, das ſin frou blib frum.

Von frouen hueten.

Vil narrentag, und ſelten gůt
hat, wer ſinr frouen büten důt;
dan welch wol wil, die důt ſelb recht,
welch übel wil, die macht bald ſchlecht,
wie ſie zů wegen bring all tag 5
ir böß fürnemen und anſchlag.

---

17 went, wellent, wollen. — leren, lernen; rechtthun lernen. —
20 flücht, flieht. — ſchne, Schnee. 56, 4. — 21 nim, nicht mehr. — 22 mor‑
nig, morgende. Du biß des mornigen tags kein herr; Fiſchart, Garg., 179. —
23 getrenkt, krank, ſchwach gemacht. — 26 der, deren. — 29 hůt, heute. —
rüwen, reuen, bereuen.

a: heuſchrecken ſunnen. Murner, Schwindelsheim, A, 3. — 4 macht
ſchlecht, weiß es einzurichten.

leit man ein malſchloß ſchon darfür
und bſlüßt all rigel, tor und tür
und ſetzt ins hus der hüter vil,
ſo gat es dennaht, als es wil. 10
was half der turn drin Danä ging
darfür, do ſie ein kind entpfing?
Penelope was fri und loß
und hat um ſich vil buler groß,
und was ir man zwenzig jor uß, 15
bleib ſie doch frum in irem buß.
der ſprech allein, das er noch ſi
vor btrügniß ſiner frouen fri,
der hab ſin frou ouch lieb und holt,
den ſin frou nie betriegen wolt. 20
ein hübſch frou, die ein närrin iſt
iſt glich eim roß, dem oren gbriſt;
wer mit derſelben eren wil,
der machet krumber furchen vil.
ein fromme frou ſol haben gberd, 25
ir ougen ſchlagen zů der erd,
und nit hofwort mit iederman
triben und ieden gäfflen an,
noch hören als, das man ir ſeit,
vil kuppler gont in ſchoſes kleid. 30
het nit Helen uf Paris gift
ein antwürt geben in geſchrift
und Dido durch ir ſchweſter Ann,
ſie werent beid on frömde mann.

---

7 malſchloß, Vorhängeſchloß. — 10 dennaht, dennoch. — 11 drin,
dar in A. — Danä. Vgl. 13, 60. — 18 betrügnis, 102, 80, Trug. Das
dich bei nacht kein grauen, noch betrügnus erſchrecken kon, Seb. Heyden, 91 Pf.
— 22 oren gbriſt, dem es an Ohren fehlt. — 23 derſelben, der Frau. —
eren, adern, pflügen. 102, 40. Frau und Mann als Ackernde. 64, 82. Den
buw der erd, wie man ſol eren; Cato, 221. — 25 gberd, Anſehen. Vgl. 91, 25.
— 27 hofwort (hoffwort A), Artigkeiten (vielleicht auch hoffwort, Worte,
die Hoffnung erregen). — 28 angäfflen, iterativum von angaffen. — 29 al-
les A. — 30 ſchoſes, Schaſes. — 31 gift, Gabe (eines Briefs, wobei auf
Ovid's Heroiden gefußt wird), Schreiben, Brief.

33.

Wer durch die finger sehen kan
und loßt sin frou eim andern man,
do lacht die katz die müs süß an.

Von ebruch.

Ebrechen wigt man als gering,
als ob man schnellt ein kiseling.
ebruch das gsatz ietz ganz veracht,
das kaiser Julius hat gemacht.
man vörcht kein pen, noch strof ietz me;   5
das schafft, das die sint in der e,
zerbrechen krüg und häfen glich,
und: kratz du mich, so kratz ich dich,
und: schwig du mir, so schwig ich dir.
man kan wol halten finger für   10
die ougen, das man säch daruß,
und wachend tün, als ob man ruß.
man mag ietz liden frouenschmach
und gat darnach kein strof, noch rach.
die mann stark mägen hant im land,   15
sie mögen touen gar vil schand
und tün als etwan det Cato,
der lech sin frou Hortensio.
wenig sint, den gat ietz zů herz
uß ebruch solch leid, sorg und smerz,   20
als Atrides straften mit recht,
do in ir wiber worent gschmächt,
oder als Collatinus det,
das man Lucrez geschmähet het;

---

c: da lacht die katz die müs süß an, da freut sich der Feind auf die Beute, wie die Katze auf die Maus. — 1 wigt man gering, achtet man leicht. — 2 schnellt, wirft. — kiseling, Kieselstein. Brant spielt auf ein Kinderspiel (das jetzige Schosserspiel, Marbeln, Knickern) an. — 4 lex Julia de adulterio. — 5 pen, poena, Strafe. — strof, Tadel. — 7—9 der eine ist nicht anders als der andere; wie du mir, so ich dir. — krüg und häfen brechen, sich zanken oder auch sich leichtfertig betragen. 49, c. — 12 rußen, schnarchen. — 16 touen, verbauen. — 17 Der jüngere Cato. Plutarch, Cato b. J., 25. — 18 lech, lieh.

des ist der ebruch ietz so groß. 25
Clodius beschißt all weg und stroß.
der ietz mit geißlen die wol strich,
die uß dem ebruch rümen sich,
als man Salustio gab lon —
mancher der wurd vil schnatten han. 30
ging iedem ebruch solch plag nach,
als dan Abimelech geschach
und den sünen Beniamin,
oder darnoch ging solich gwinn,
als David gschah mit Bersabe — 35
manchen glust brechen nit die e.
— wer liden mag, das sin frou si
im ebruch, und er wont ir bi,
so er das wißlich weißt und sicht,
den halt ich für kein wisen nicht; 40
er gibt ir ursach mer zů fall;
darzů die nochburn mumlen all,
er hab mit ir teil und gemein;
sie bring ouch im den rörroub hein;
sprech zů im: „Hans, mein gůter man, 45
kein liebern wil ich, wen dich, han."
ein latz den můsen gern noch gat,
wan sie einst angebissen hat.
welch hat vil ander man versůcht,
die würt so schamper und verrůcht, 50
das sie kein scham, noch er me acht;
irn mutwil sie allein betracht.

---

26 Juvenal, 6, 345. — 27 strich, streichen, schlagen. — 28 uß, aus,
wegen. Grimm, Wörterbuch, 1, 823. — 29 Sallust wurde von Annius Milo er-
tappt und gepeitscht. Gellius, 17, 18. — 30 schnatten, Striemen. — 32 Abi-
melich. 1 Mos. 20, 18. — 36 glust, würde gelüsten. — 39 wißlich, wissent-
lich. Vgl. 110, 15. — weißt; vgl. 20, 13. — 42 mumlen, mummeln, munkeln,
heimlich reden. Mümlen gehn; Murner, Schwindelsh., A, 3 b. — 43 er hab mit
ir teil und gemein, er mache mit ihr gemeinsame Sache. — 44 rörroub,
Beute aus Raub und Plünderung; rëroup. — hein, heim. Vgl. 3, 7. —
48 einst, einmal. 85, 14. — 50 schamper, schandbar. — verrůcht, erpicht.
Der war so verrucht ufs spil; Zimmern, 1, 325, 34. Darauf (auf das Spiel)
er auch so gar verrucht; ebendas., 1, 405, 37. Darneben ist er so verrucht gewest
uf das keglen; ebendas., 4, 279, 23. Ist er so gar verrachen hieruf (auf die
Alchemie) gewest; ebendas., 1, 544, 31. Die macht den menschen so verrůcht, das
er kein billicheit me sucht; Rollh., 1163. — 52 mutwill, Ueppigkeit. — be-
tracht, vor Augen haben.

ein ieder lůg, das er so leb,
das er sinr frou kein ursach geb;
er halt sie fruntlich, lieb und schon,   55
und vörcht nit ieden glockenton,
noch kifel mit ir nacht und tag,
lůg darbi, was die glocken schlag.
dan ich das rot in truen keim,
das er vil gest für mit im heim.   60
voruß lůg für sich der genou,
wer hat ein hübsch, schon, weltlich frou;
dan niemans ist zů truen wol,
all welt ist falsch und untru vol.
Menelaus het sin frou behan,   65
het er Paris do ußhin glan;
het Agamennon nit zů huß
gelossen sin fründ Egisthus
und dem vertrut hof, gůt und wib,
er wer nit kumen um sin lib,   70
glich wie Candaules, der vor groß,
der zeigt sin wib eim andern bloß.
wer nit sin freüd mag han allein,
dem gschicht reht, das sie werd gemein;
darum sol man han für das best,   75
ob elüt nit gern haben gest,
voruß, den nüt zů trüen ist.
die welt steckt vol bescheiß und list.
der argwon hat, der gloubt gar bald,
das man tüg, das im nit gefalt,   80
als Jacob mit dem rock beschach,
den er mit blůt besprenget sach;

---

57 kifeln, zanken. — 61 lůg für sich, sehe vor sich, sehe sich vor. der, derjenige. — genow, sehr scharf. So lůg und sich fur dich genow; Thesmoph., 102. O got, wie scheren sie so genow; Murner, Schwindelsh., B. 4. Auſs gneust; Hans Sachs, 4, 3, 63ᵃ. Die Klagred etlicher stånd hat noch: sein messer vil genäher schirt In herten berten ungenetzt, Dann nie kein scharsach neu gewetzt; Gengenb., 406; auch Zimmern, 1, 412, 33: ganz genahe uffsehen. — 65 behan, behalten. — 66 ußhin, außen, brausen. Hölzer außhin auf der Neckarhalden, außhin ließ gen Hochenstain, außhin biß auf die straße und bann die straße in und ein ließ; Zimmern, 1, 242, in einer Urkunde des Kaisers Sigismund von 1434. Darumb zucht ußhin mancher man; Murner, Schwindelsh., A, 4. — 70 lib, Leib, Leben. — 71 vor groß, großer Thor. — 73 allein, nur für sich. Vgl. 51, 33. — 77 trüen, trauen. — 80 tüg, thue.

Aswerus gdocht, das Amon meint
Hester gesmähen, der doch weint;
Abraham vorcht sinr frouen e 85
ban er ie käm gon Gerare.
wäger ein schmirzler in sim buß,
ban brüten frömde eier uß.
wer vil uß fliegen wil zů wald,
der wurt zů einer grasmuck bald; 90
wer brennend kol in gören leit
und schlangen in sim busen treit
und in sinr teschen zücht ein mus —
solch gest lont wenig nutz im hus.

34.

Manchen dunkt, er wer witzig gern
und ist ein gans doch hür als vern,
dan er kein zucht, vernunst wil lern.

Narr hür als vern.

Ein narr ist, der vil gůtes hört
und würt sin wisheit nit gemört;
der alzit bgert erfaren vil
und sich darvon nit besseren wil
und was er sicht, wil er han ouch, 5
das man merk, das er si ein gouch.
dan das ist aller narren gbrust;
was nuw ist, alzit doren glust
und hant doch bald vernüwgert dran
und wellen etwas frömdes han; 10

---

85 1 Mos. 20. — 87 wäger, besser. — schmirzler, Karger. Vgl. 95, 42: schmürzler. — 89 fg. wer viel außer dem Hause ist, dem geht es leicht wie der Grasmücke, welcher der Kukuk während ihrer Ausflüge ins Nest legt. — 91 gören, Schoß, das aufgenommene Gewand. — 94 lont, lassen.

a: gern, genug; gut und gern. — b: hür als vern, dies Jahr wie das vorige, nach wie vor. Vgl. firn, 102, 79; värnig, 93, 10. — 2 gemört, gemehrt. — 7 gebrust, Gebrechen, Fehler. — 9 vernüwgert, die Lust verloren.

ein narr ist, wer vil land durchfert
und wenig kunst, noch tugent lert,
als ist ein gans geflogen uß
und gagack kumt wider zů huß.
nit gnůg, das einer gwäsen si 15
zů Rom, Hierusalem, Pavi;
aber do etwas gleret han,
das man vernunft, kunst, wisheit kan,
das halt ich für ein wandlen gůt;
dan ob voll krüzer wer din hůt 20
und du künst schiffen berlin klein,
hielt ich doch nit uf das allein,
das du vil land ersůchet hast
und wie ein ků on wisheit gast.
dan wandlen ist kein sunder er 25
es si dan, das man sunders ler.
het Moyses in Egypten nüt,
und Daniel gelert die zit,
do er was in Chaldeen lant,
sie weren nit so wol erkant. 30
mancher kumt melbig zů der bicht,
der ganz wiß werden meint und licht,
und gat berämt doch wider hein
und dreit am hals ein mülenstein.

---

14 gagack: fliegt ein gans über mer, so kommt ein gagag widerum
her; Frank, Sprichwörter, 1, 32ᵇ. Und blibt sin lebtag ein gagag; Murner,
Schwindelsh., C 3. — 21 berlin klein, kostbare Perlen. — 23 ersůchet, be-
sucht. — 25 ere A. — 30 wol erkant, bekannt, berühmt. — 31 melbig,
bestäubt; melb, Mehl: das ein iedes melb sin clarheit und art behalten;
Brant, Laienspiegel, 30ᵇ. — 32 wiß, weiß. — licht, leicht. — 33 berämt,
beschmuzt. — hein vgl. 3, 7. — 34 dreit, trägt. — mülenstein,
Matth. 8, 16.

35.

Wer stäts im esel hat die sporn,
der juckt im dick biß uf die orn;
bald zürnen stat wol zů eim dorn.

Von lüchtlich zürnen.

Der narr den esel alzit rit,
wer vil zürnt, do man nüt um git,
und um sich schnauet als ein hund,
kein gůtig wort gat uß sim mund,
kein bůchstab kan er, dan das R,   5
und meint, man sol in vörchten ser,
das er můg zürnen wan er well;
so spricht ein ieder gůter gsell:
„wie důt der narr sich so zerrißen!
unglück will uns mit narren bschißen!   10
er wänt man hab kein narren vor
gesehen, dan Hans Eselsor."
der zorn hindert eins wisen můt;
der zornig weißt nit, was er důt:
Archytas, do im unrecht gschach   15
von sinem knecht, zů im er sprach:
„ich solt das ietz nit schenken dir,
wan ich nit merkt ein zorn in mir."
des glichen Plato ouch geschach;
kein zorn von Socrates man sach.   20
wän licht sin zorn in ungedult
zücht, der fellt bald in sünd und schuld;
gedult senft widerwertikeit
ein weiche zung bricht hertikeit;
all tugent ungedult verschitt;   25
wer zornig ist, der betet nit.
vor schnellem zorn dich alzit hůt,
dan zorn wont in eins narren gmůt.

---

b: juckt, springen. Wer den esel stets spornt, der fährt demselben oft bis auf die Ohren (indem der Esel ihn über den Kopf abzuwerfen strebt). Wider und für ind winkel jucken; Gengenb., 151. — im, bem Esel. — 2 wer vil zürnt, um nichts zürnt. — git, gibt. — 3 schnauet, knurrt. — 5 R, wegen des rauhen Tons. — 23 senft, besänftigt.

vil ringer wer eins beren zorn,
der joch sin jungen het verlorn,   30
dan tulben, das ein narr dir dût,
der uf sin narrheit setzt sin mût.
der wiß man dût gemach alzit;
ein gäher billich esel rit.

36.

Wer uf sin eignen sinn ufflûgt,
der selb zûn vogelnäster stigt,
das er oft uf der erben ligt.

Von eigenrichtikeit.

Der kratzt sich mit den dornen scharf,
wân dunket, das er niemans darf,
und meint, er si allein so klûg,
und allen dingen witzig gnûg;
der irrt gar dick uf ebner stroß   5
und fûrt sich in ein wiltniß groß,
das er nit licht kumt wider hein.
we dem, der fellt, und ist allein.
zû kätzer sint vil worden oft,
die wolten nit, das man sie stroft,   10
verlossend sich uf eigne kunst,
das sie ervolgtent rum und gunst.
vil narren fielen etwan hoch,
die stigen vogelnäster noch,
und sûchten wäg, do keiner was;   15
on leiter mancher nider saß.
verachtung dick den boden rûrt;
vermessenheit vil schiff verfûrt;

---

29 ringer, geringer, leichter. — 30 joch, fürwahr. — 31 tulben, bulben. 33 gemach, gemächlich, mäßig. Vgl. 40, 22.

d: eigenrichtikeit, Selbstzufriedenheit. — 7 hein, 3, 7. — 9 kätzer, kern. — 10 stroft, straft, tadelt. — 12 ervolgen, erlangen. B. 19. — verachtung did den boden rûrt, Verachtung (der Verachtende) fällt oft Boden, oder leidet grundrûr, Schiffbruch, 99, 198.

niemer erfolget nutz noch er,
wer nit mag han, das man in ler. 20
die welt wolt Noe hören nie,
biß undergingen lüt und vieh;
Chore wolt dūn, das im nit zam,
darum er mit sim volk umkam.
das sunder tier, das frißt gar vil. 25
wer eigens kopfs sich bruchen wil,
der selb zertrennen understat
den rock gar oft, der do ist on nat.
wer hoft, dem narrenschif entgan,
der muß des wachs in oren han, 30
das brucht Ulisses uf dem mer,
do er sach der Sirenen her
und er durch wisheit von in kam,
do mit ein end dir hochfart nam.

37.

Wer sitzet uf des glückes rad,
der ist ouch warten fall mit schad
und das er etwan näm ein bad.

Von gluckes fall.

Der ist ein narr, der stiget hoch,
do mit man säch sin schand und schmoch,
und süchet stäts ein höhern grad
und gdenket nit an glückes rad.
ein iedes ding, wan es uftunt 5
zům höchsten, fellt es selbst zů grunt.
kein mensch so hoch hie kumen mag,
der im verheiß den mornden tag,

19—20 ere : lere A. — 23 zam, ziemte. — 25 das sunder (besondere)
tier, Psalm 80, 14. — 30 des, etwas von demselben Wachse.
b: der ist ouch warten, der hat auch zu erwarten. — c: vgl. 24, c. —
5 kunt 3, 7, wenn es seine Höhe erreicht hat. — 7 fg. vgl. 56, 74 fg. —
8 mornden, morgenden.

oder das er morn glück soll han;
dan Clotho loßt das rad nit stan; 10
oder den sin gůt und gewalt
vorm tod ein ougenblick behalt.
wer gwalt hat, der hat angst und not;
vil sint durch gwalt geschlagen dot.
den gwalt man nit lang zit behalt, 15
den man můß schirmen mit gewalt.
wo nit lieb ist und gunst der gmein,
do ist vil sorg, und wollust klein.
der můß vil vörchten, der do wil,
das in ouch söllen vörchten vil. 20
nůn ist vorcht, gar ein böser knecht;
die leng mag sie nit hüten recht.
wer hat gewalt, der selb der ler
lieb haben got und sůch sin er.
wer grechtikeit halt in der hant, 25
des gwalt mag haben gůt bestand.
der hat sin gwalt wol angeleit,
um des abgang man truren treit.
we dem regierer, noch des dot
man sprechen můß: gelobt si got. 30
wer walzt ein stein uf in die höh,
uf den falt er und bůt im we,
und wer verloßt sich uf sin glück,
der fellt oft in eim ougenblick.

---

12 behalten, beschützen. 50, b. Unser schöpfer, erlöser und behalter; R. Manuel, fl. Fastnachtspiel, 40. — 14 durch, um. — 18 sorg, Sorglichkeit, Mühe. — wollust, Freude. 85, 154. wollust als Wohlleben, Welteitelkeit, 50, 1; 107, 19, scheint bei Brant immer fem. zu sein. — 24 ere A. — 27 angeleit, angelegt. — 26 bes, dessen. — treit, trägt. — 29 noch, nach. — 31 walzt, wälzt.

38.

Wer krank ist und lit in der not
und volget nit eins arztes rot,
der hab den schaden, wie es got.

Von kranken die nit volgen.

Der ist ein narr, der nit verstat,
was im ein arzt in nöten rat,
und wie er recht halt sin diget,
die im der arzt gesetzet het.
und er für win das waſſer nimt, 5
oder des glich, das im nit zimt,
und lůg, das er sin lust erlab,
biß man in hintreit zů dem grab.
wer wil der krankheit bald entgan,
der soll dem anfang widerstan. 10
dan arzeni můß würken lank,
wan krankheit vast nimt überhank.
wer gern well werden bald gesund,
der zoug dem arzet recht die wund
und lid sich, so man die ufbrech, 15
oder mit meißlin darin stech,
oder sie heft, wesch, oder bind,
ob man im schon die hut abschind,
domit allein das leben blib
und man die sel nit von im trib. 20
ein gůter arzt darum nit flücht,
ob joch der krank halber hinzücht

---

c: got, geht. — 3 diget, Diät. — 7 lust erlab, sein Gelüst büße, be=
friedige. — 12 überhank, Uebergewicht. 66, 106. Wo man die urteile zalen
tut Und nit wigt, würt es selten gut. Das nit erbarmung, früntschaft gilt, Noch
ouch zorn, sintschaft, haß und nit In seim gemüt sich etwan rege Und von dem
weg des rechten wege; Wo der stück eins nimt überhank, Do nimt warheit
und recht ein schwank; Brant nach Sallust in Zengler's Klagespiegel. —
14 zoug, 87, 5, bringe vor Augen. Vgl. 64, 43. — 15 lid sich, leide sich, habe
Gedulb. — 16 meißlin, Sonden. Vgl. 23, 15. — 17 wesch, wasche. —
18 hut, Haut. — 21 flücht, flieht. — 22 hinzücht, 103, 36, hinzieht. zie=
hen, im Sterben, in den letzten Zügen liegen. Spricht ein nachbaur zu der
frauen: „Er (der Kranke) zeucht schon. Gott helf ihm"; Frei, Gartengesellsch.,
13, Nr. 10. Vgl. Am botbett in den letzten zügen; Walbis, Päbst. Reich, 2, 6.

ein fiech fich billich liden fol
uf hofnung, das im bald werd wol.
wer eim arzt in der krankheit lügt   25
und in der bicht ein priefter drügt
und unwor feit fim advocat,
wan er wil nemen bi im rat,
der hat im felbs allein gelogen
und mit fim fchaden fich betrogen.   30
ein narr ift, der ein arzet fücht,
des wort und ler er nit gerücht
und volget alter wiber rot
und loßt fich fegen in den dot
mit kracter und mit narrenwurz,   35
des nimt er zů der hell ein fturz.
des aberglaub ift ietz fo vil,
domit man gfuntheit füchen wil;
wan ich das als zůfamen füch,
ich macht wol druß ein ketzerbůch.   40
wer krank ift, der wer gern gefunt
und acht nit, wo die hilf har kunt;
den tüfel rüft gar mancher an,
das er der krankheit möcht entgan,
wan er von im hülf wartend wer   45
und nit müft forgen gröffer fchwer.
der würt in narrheit ganz verrücht,
wer wider got gefuntheit fücht
und on die wore wisheit gert,
das er well wis fin und gelert;   50
der ift nit gfunt, funder ganz blöd,
nit wis, funder in torheit fchnöd;
in ftäter krankheit er verharrt,
in unfünn, blintheit ganz ernarrt.
krankheit uß fünden dick entfpringt,   55
die fünd vil groffer fiechtag bringt.

---

27 unwor, Unwahres. — 29 im felbs, sich selbst. — 32 gerücht, be-
folgt, in Acht nimmt. — 33 rot, Rath. — 34 fegen, fegnen, mit Zauber-
fprüchen befprechen. — 40 ketzerbuch, ein langes Lied, wie unten 110a, 172:
legend, und 110a, 190: bibel. — 42 kunt 25, 10. — 47 verrücht, unbändig.
33, 50; 45, 19. — 49 gert, begehrt. — 51 blöd, schwach. Der hat verderbt
das blöd geschlecht; Murner, Geuchm., 4ª. — 54 unfünn, Befinnungslofigkeit.

darum, wer krankheit wil entgan,
der sol got wol vor ougen han,
lügen, das er der bicht sich noh,
e er die arznei entpfoh, 60
und das die sel vor werd gesunt,
e dann der liplich arzet kunt.
aber es spricht ietz mancher gouch:
„was sich gelibt, das gfölt sich ouch!"
doch wurt es sich zületzt so liben, 65
das weder lib, noch sel wurt bliben;
und werden ewig kranktheit han,
so wir der zitlich went entgan.
vil sind ietz ful und langest dot,
hetten sie vor gesüchet got 70
sin gnad erworben, hülf, und gunst,
e dann sie süchten arztkunst,
und meinten leben on sin gnad,
stürben doch mit der selen schad.
het Machabeus sich verlon 75
allein uf got und nit uf Rom,
wie er zům ersten bet darvor,
er het gelebt noch lange jor.
Ezechias wer gestorben dot,
het er sich nit gekört zů got 80
und drum erworben, das got wolt,
das er noch lenger leben solt.
het sich Manasses nit bekert,
got het in niemer me erhört.
der herr zů dem bettrisen sprach, 85
der lange jor was gwesen schwach:
„gang hin, sünd nim, nit biß ein narr
das dir nit bösers widerfar."
mancher gelobt in kranktheit vil,
wie er sin leben bessern wil 90

---

59 lügen, Acht haben. — noh, nahe (zur Beichte gehe). — 62 kunt,
25, 10. — 64 was sich gelibt, das gfölt sich ouch! Wortspiel: was
lebt, beseelt sich auch, anklingend an: was sich liebt, gesellt sich auch. — 68 went,
wellent, wollen. — 69 ful, faul, verfault. — langest, längst. 41, 20. —
75 verlon, verlassen. — 76 Rom. Vgl. 46, 52. — 81 brum, dar umb A.
— 85 bettrisen, dem Bettlägerigen. — 87 gang, gehe. — biß, sei.

dem spricht man: „do der siech genas,
do wart er böser, dan er was",
und meint got do mit btrogen han.
bald gont in größer plagen an.

39.

Wer öfflich schleht sin meinung an
und spannt sin garn für iederman,
vor dem man sich licht hüten kan.

Von öfflichem anschlag.

Ein narr ist, wer wil fahen sparn
und für ir ougen spreit das garn;
gar licht ein vogel fliehen kan
das garn, das er sicht vor im stan.
wer nüt dan troen düt all tag,   5
do sorg man nit, das er vast schlag;
wer all sin rät schlecht öfflich an,
vor dem hüt sich wol iederman.
het nit entfremt sich Nicanor
und anders gstelt, dan er det vor,   10
Judas het nit gmerkt sin gemüt
und sich so bald vor im gehüt.
das dunkt mich sin ein wiser her,
der sin sach weiß, sunst niemans mer,
vorus, do im sin heil lit an;   15
es will ietz rätschen iederman
und triben solche koufmanschatz,
die vornen leck, und hinden kratz.

---

91 sprechen, c. dat. 76, 21. Wir Claus Zorn, dem man spricht schult-
heisse; Wencker. Coll. Jur. publ. cont., 31 (vom Jahre 1405 aus Strasburg). —
94 gont an, gehen an, stoßen zu.

a: öfflich, 98, 21, öffentlich. — meinung, Absicht. — b: garn, Netz. —
für, vor. Vgl. B. 2. — 1 sparen, Sperlinge. — 2 spreit, spreitet, aus-
breitet, aufstellt. — 5 trowen, drohen. — 6 vast, sehr. — 9 entfremt,
entfremdet, fremd, kälter gezeigt. 2 Makkab. 14. — 16 rätschen, aushorchen.
Judasjagiger Retscher; Fischart, Garg., 24. O hetzenschwetzer, aufhetzer, fürsten-
retscher; ebendas., 548. — 17 koufmanschatz, Händel (ebenso wie heute Han-
del im kaufmännischen und übertragenen Sinne gilt). 93, 27; 102, 81. — 19 die
vornen leck, und hinden kratz, Falschheit (von den Katzen).

ich halt nit für ein wisen man,
wer nit sin anschlag bergen kan. 20
dan narren rot und buler werk,
ein statt, gebuen uf eim berk,
und stro, das in den schühen lit,
die vier verbergen sich kein zit.
ein armer bhalt wol heimlicheit 25
eins richen sach würt wit gespreit
und würt durch untrü hußgesind
geöfnet und ußbrocht geschwind.
ein iedes ding kumt lichtlich uß
durch di bi eim sind in dem huß. 30
zü schaden ist kein böser vind,
dan die stäts bi eim wonent sind,
vor den man sich nit büten düt,
bringen doch vil um lib und güt.

40.

Wer sicht ein narren fallen hart
und er sich darnoch nit bewart,
der grift eim narren an den bart.

An narren sich stoßen.

Man sicht täglich der narren fal
und spottet man ir uberal,
und sint verachtet bi den wisen,
die doch in narrenkapp sich brisen;
und schilt ein narr den andren narren, 5
der doch uf sinem weg düt karrhen,

---

21 rot, Rath. — 23 benn ich wol weiß bas stro im schü, die spill im sack nit haben rü; Murner, Schwindelsh., J 4. — 25 behalt, bewahre. — 28 uß=
brocht, ausgebracht. — 30 burch bi bi eim, Attraction, burch die, die bei einem. — 31 böser, böserer. — 34 lib, Leib, Leben.

c: ber grift eim narren an ben bart, ber greift, indem er an seinen Bart greift, einem Narren baran; vgl. 16, 1; 86, 17. — 4 brisen, einschnüren, kleiden. 89, 7. Sol sich schon inbrisen; Murner, Geuchm., art. 21. — 6 karrhen, mit ber Karre fahren, vgl. Vorr. 17.

und stoßt sich do zu aller frist,
do vor der narr gefallen ist.
Hippomenes sach manchen gouch
vor im enthoubtn, doch wolt er ouch 10
sich wogen und sin leben ganz,
des wer nah gsin unglück sin schanz.
ein blind den andern schiltet blind,
wie wol sie beid gefallen sint;
ein krebs den andern schalt um das 15
er hindersich gegangen was,
und ging ir keiner für sich doch,
dan einer ging dem andern noch.
eim stiefvater volgt dick und vil,
wer nit sim vatter volgen wil. 20
het Phaeton sin faren glon
und Icarus gemächer gton
und beid gefolgt irs vater rot,
sie wern nit in der jugent dot.
welcher den weg Hieroboam 25
ging, keiner ie zu gnaden kam,
und sahen doch, das plag und roch
ging stäts on underloß darnoch.
wer sicht ein narren fallen hart,
der lüg, des er sin selbs wol wart; 30
dan das ist nit ein dorecht man,
wer sich an narren stoßen kan.
der fuchs wolt nit in berg, um das
nie keiner wider kumen was.

---

9 Hippomenes; Ovid. metam., 10, 561 fg. — 12 noch, beinahe. — schanz, sein Gewinn im Spiel. — 16 hindersich, rückwärts. Vgl. Ref. Kor., 295; Babr., 109; Avian, 3; Hollot, 61; Bromgard, O, 6, 35; Camerar., 205; Gerlach, Eutrap., 1, 634; Barth, 2, 5. — 19 dick und vil, oft und häufig, 46, 10. Dick und oft; 52', 11. Dick und lang; 41, 33. — 22 gemächer, gemächlicher, langsamer. 35, 33. — 27 plag, Strafe, plaga. — roch, Rache, Vergeltung. — 31 dorecht, thörichter. — 33 Romulus, 4, 12.

41.

Ein glock on klöpfel gibt nit ton,
ob dar in hangt ein fuchßschwanz schon;
darum loß red für oren gon.

Nit achten uf all red.

Wer bi der welt ußkumen wil,
der müß ietz liden kumbers vil
und sehen vil vor siner tür
und hören, das er gern entbür.
darum in grossem lob die ston, 5
die sich der welt hant abgeton
und sind durchgangen berg und tal,
das sie die welt nit brächt zů fal
und sie villicht verschuldten sich;
doch loßt die welt sie nit on stich, 10
wie wol sie nit verdienen kan,
das sie solch lüt sol bi ir han.
wer recht zů tůn den willen het
der acht nit, was ein ieder redt,
sunder blib uf sim fürnem stif, 15
ker sich nit an der narren pfif;
hetten propheten und wißagen
sich an nachred bi iren tagen
kert und die wißheit nit geseit,
es wer in ietz langst worden leit. 20
es lebt uf erben ganz kein man,
der recht tůn iedem narren kan;
wer ieberman kund bienen recht,
der můst sin gar ein gůter knecht

---

c: für, vorbei. 98, 6. — oren, laß Reden vorbei gehen, achte nicht auf Geschwätz. — 4 entbür, dessen er gern überhoben, enthoben wäre. — 10 stich, Stichelreden. Stich heimlich nit zu dheiner zit Din ebenmensch mit haß und nib; Facet., b 1ᵃ. Ich geb dir einen stich mit minem kolben; Funklin, Pallas, 20. — 11 kan, weiß zu verdienen. — 15 fürnem, Vorsatz. — stif, steif, beharrlich. 95, 48. — pfif (im Original pfiff, nicht Pfiff, sondern) Pfeife; vgl. 54, 10; 67, 11. — 17 wißagen, Weise; hier mit Propheten tautologisch. — 20 langst. 38, 69.

und frūg vor tag darzū ufston 25
und selten wider schlofen gan.
der mūß māl han, vil me dann vil,
wer iedems mul verstopfen wil;
dan es stat nit in unserm gwalt,
was ieder narr red, klaff und kalt. 30
die welt mūß triben das sie kan,
sie hats vor manchem me getan.
ein gouch singt gudgud dick und lang,
wie ieder vogel sin gesang.

42.

Es ist der narren gūt entbern,
die alzit mit stein werfen gern
und went kein straf und wisheit lern.

Von spotvogelen.

Ir narren wellen von mir lern
anfang der wisheit, vorcht des hern.
all kunst der heilgen ist gespreit
in den weg der fürsichtikeit;
von wisheit würt der mensch geert, 5
von ir all tag und jor gemert.
ein wiser ist nütz der gemein,
ein narr sin kolben breit allein
und mag vor wisheit hören nit;
er spott der wisen zaller zit. 10
wer ein spotvogel leren wil,
der macht im selbst gespöttes vil;
wer stroft ein boshaftigen man,
der henkt im selbst ein spätlin an.

---

25 frūg, frühe. Ich mūst warlichen frūg ufstan, solt ich dichten nach irem wan ;| Murner, Geuchmat, J 2ᵇ. Der muß am morgen frū aufstan, der allen menschen recht wil tan; Wildt, Doctor und Esel, 1, 51. Vgl. Die kunst fehlet im, dann er war zu frū aufgestanden; Fischart, Garg., 459. — 27 māl, Mehl. — 28 mul, Maul. — 30 im Original: klaff, o kalt; vielleicht: klaff ob (= oder) kalt; kallen, schwatzen.

a: entberen, überhoben sein. — b: vgl. B. 34. — d: spotvogel, speivogel, Spötter. — 1—2 leren: herren A. — 2 fg. Vgl. Sprichw. Sal. 9. — 10 zū aller A. — 14 spätlin, vgl. 21, 5.

ein wisen strof, der hört dich gern 15
und ilt, von dir me wisheit lern.
wer ein gerechten strofen dût,
der hat von im sin strof für gût;
der ungerecht geschändet vil
und würt doch selbst geschändt bi wil. 20
der häher ein spotvogel ist,
und ist doch vil, das im gebrist.
wan man ein spötter würst für tür,
so kumt mit im all spot hinfür;
und was er zank und speiwort tribt, 25
das selb dan vor der türen blibt.
het David nit sin selbs geschont,
Nabal wer sins gespöts gelont;
Sannabalach sin spottes ruwt,
do man die mur Hierusalem buwt. 30
die kind wurdent von beren gbôt,
die glaßeht schulten den prophet.
Semei hat noch gar vil sün,
die gern mit steinen werfen tün.

43.

Das ich allein zitlichs betracht
und uf das ewig hab kein acht,
das schafft, ein aff hat mich gemacht.

Verachtung ewiger freid.

Ein narr ist, wer berümet sich,
das er got ließ sin himelrich,
begerend, das er leben mag
in narrheit biß an jungsten tag

---

18 für gût, nimmt sie im guten auf. 67, 93; 77, 76; 92, 79. Vgl. vergut, 110a, 201. — 20 bi wil, zeitig. — 25 speiwort, anzügliche Reden. — 28 gspöts A, wegen seines Spottens. — 29 Nehemia 4. — ruwt, reute. — 33 2 Sam. 16. Simei fluchte und warf David mit Steinen.

d: freyt A, freid. Freude.

und bliben möcht ein gůt gesell, 5
er far joch dan, war got hin well.
ach narr, wer doch uf erd ein freib,
die wert ein tag und nacht on leid,
das sie nit wurt verbittert dir,
so möcht ich gdenken doch in mir, 10
das du möchtst han etwas ursach
die doch wer narreht, klein und schwach;
dan der hat worlich dorecht glust,
wän hie die leng zů leben lust,
do nüt ist dan das jamertal 15
kurz freüd, vol leid steckt uberal.
gedenken sol man wol dobi,
das hie kein bliblich wesen si,
die wil wir farent allesant
von hinnan in ein frömdes lant. 20
vil sint vorhin, wir kumen noch,
wir müssen got anschouen doch,
es si zů freüden oder strof.
darum sag an, du dorehts schof,
ob grösser narr ie kam uf ert, 25
dan der, wer solches mit dir gert?
du wünschest von got scheiden dich
und würst dich scheiden ewiklich.
ein hunigtröpflin dir gefalt
und wurst dort gall han, tusentfalt; 30
ein ougenblick all freüd hie sint,
dort ewig freüd und pin man sint.
welch frävelich triben solch wort,
den fält ir anschlag hie und dort.

---

18 **bliblich**. 6, 88. — 19 **wile** A. — 21 **vorhin, vorauf**. — 26 **gert,
begert**. — 27 **wünschescht** A. — 29 **hunig, Honig**. — 34 **fält, fehlt,
schlägt fehl**.

44.

Wer vogelhund in kirchen fürt
und ander lüt am beten irrt,
derselb den gouch wol stricht und schmiert.

Gebracht in der kirchen.

Man darf nit fragen, wer die sigen,
bi den die hund in kilchen schrigen,
so man meß hat, predigt, und singt?
ober bi den der habich schwingt
und bût sin schellen so erklingen,   5
das man nit beten kan noch singen?
so mûß man hüben dan die hätzen;
do ist ein klappern und ein schwätzen!
do mûß man richten uß all sachen
und schnip, schnap mit den holzschüh machen   10
und sunst vil unfûr mancher hand!
do lûgt man, wo frou Kriemhild stand,
ob sie nit well harumher gaffen
und machen uß dem gouch ein affen?
ließ ieberman sin hund im huß   15
das nit ein dieb stiel etwas druß;
die wil man wer zü kilchen gangen,
ließ er den gouch stan uf der stangen
und brucht die holzschüh uf der gassen,
do er ein pfengwert dreds möht fassen   20
und döubt nit ieberman die oren,
so kant man etwan nit ein boren;

---

a: A schreibt: vogel, hund, 74, 7, da fast nur vom Habicht die Rede ist, gilt der Strich als Bindestrich. Vogelhund ist Jagdvogel, Federspiel. 52, 19; 76, 1. — b: irrt, irre macht, zerstreut. 91, 18. — c: stricht, streicht, streichelt. — d: gebracht, Geräusch. — 1 sigen, selen. — 2 schrigen, schreien. — 4 schwingt, die Schwinge rührt. — 7 hüben, behauben, die Haube aufsetzen. Die Falkonierer, eh sie ir vögel speisen und behauben; Fisch., Garg., 488. Ein gerfalt, der mir recht abtgemäß gehäupt auf der hand stund; ebendas., 476. — hätzen, die Elster, verächtlich vom Falken. — 9 ußrichten, ausrichten, durch-hecheln. — 11 unfûr, Unschicklichkeit. — 12 frau Kriemhilt wecken uß dem bett; Murner, Schwindelb., A 3. Frau Kriemhilt hat den sad gesponnen (Düppelsad, Sad der Verschwendung); ebendas., C 4. — 13 har, her. — 16 dar uß A. — 17 wile A. — 20 pfeningwert A, etwas, wenig. — 21 döubt, betäubte.

doch die natur gibt iedem in;
narrheit wil nit verborgen sin.
Christus der gab uns des exempel, 25
der treib die wechsler uß dem tempel,
und die do hatten tuben feil
treib er in zorn uß mit eim seil.
solt er ietz offen sünd uftriben,
wenig in kilchen wurden bliben; 30
er fing gar dick am pfarrer an
und würt biß an den meßner gan.
dem huß gots heiltkeit zů stat,
do got der herr sin wonung hat.

45.

Wän in das für sin mutwil bringt
oder sunst selbs in brunnen springt,
dem gschicht recht, ob er schon erdrinkt.

Von mutwilligem ungfell.

Manch narr ist, der do betet stät
und dut (als in dunkt) andaht gbet
mit rüfen zů got uberlut,
das er kum von der narren hut
und wil die kappen doch nit lon; 5
er zücht sie täglich selber an
und meint, got well in hören nit;
so weiß er selbst nit, was er bit.
wer mit mutwil in brunnen springt
und vörchtend, das er drin erdrinkt, 10
schrig vast, das man ein seil im brecht,
sin nochbur sprech: „es gschicht im recht.

---

23 doch die natur gibt iedem in, doch die Natur gibt ihn (den Narren)
jedem (zu erkennen). — 26 treib, trieb. — 27 tuben, Tauben. — 33 gottes A.

n: für, Feuer. — d: ungesell. Unglück. — 2 anbaht für andächtig.
Brant braucht mitunter Substantiva abjectivisch: unvernunft, 59, 32; einfalt,
50, 11; 82, 1; hochfart. 92 a. Vgl. 52, 19: zorn, wähen. — 4 das er kum
von der narren hut, daß er von der Narrenhaut komme (befreit werde). —
11 schrig, schrie.

Sebastian Brant.

er ist gefallen selbst darin,
er möcht hie uß wol bliben sin."
Empedocles in solch narrheit kam, 15
das er uf Etna sprang in flam;
wer in haruß solt gzogen han
der het im gwalt und unrecht gtan;
dan er in narrheit was verrůcht,
er hett es doch noch me versůcht. 20
als bůt wer meint, das gottes stim
in ziehen soll mit gwalt zů im,
im geben gnad und goben vil,
sich darzů doch nit schicken wil.
mancher fůrlouft im selbs sin tag, 25
das got in nim erhören mag;
dan er im nim die gnaden git,
das er ůt fruchtbars von im bit.
wer bet und weißt nit, was er bet,
der bloßt den wint, und slecht die schet. 30
mancher im gbet von got begert,
im wer leid, das er wurd gewert.
wer lebt in eim sörglichen stat,
der hab den schad, wie es im gat.

46.

Narrheit hat gar ein groß gezelt
bi ir lägert die ganze welt,
voruß, was gwalt hat und vil gelt.

Von dem gwalt der narren.

Es ist not, das vil narren sint,
dan vil sint an in selbs erblint,

---

19 Vgl. 38, 47. — 23 goben, Gaben. — 24 schicken, fügen. „Schicket euch
in die Zeit", Römerbrief 12, 11. — 25 fürlouft, vorläuft, läuft zuvor, vor-
aus, verkürzt sin tag, seine Lebenszeit. Vgl. Balthasar durch sünd seim zil
kam vor. 86, 46. — 26—27 nim, nicht mehr. — 27 er, Gott. — im, dem
Menschen. — 28 er, der Mensch. — im, Gott. — 29 weißt; 20, 13. —
30 schet, Schatten. — 33 stat, Stand, Zustand.

Das Meiste dieses Kapitels ist aus den Sprüchen und dem Prediger Salomo
entlehnt. — b: lägert, lagert.

die mit gewalt went witzig sin,
do ieberman sicht und ist schin
ir narrheit; doch nieman getar
zů in sprechen: was tůstu narr?
und wenn sie grosser wisheit pflegen,
so ist es vast von der gouch wegen.
und wenn sie niemans loben wil,
so loben sie sich dick und vil;
so doch der wis man gibt urkund,
das lob stink uß eim eigenen mund.
wer in sich selbst vertruwen setz,
der ist ein narr und doreht götz;
wer aber wislich wandlen ist,
der würt gelobt zů aller frist.
die erd ist sellig, die do hat
ein herren, der in wisheit stat,
des rot ouch ißt zů rechter zit
und sůchen nit wollust und git.
we! we dem ertrich, das do hat
ein herren, der in kintheit gat!
des fürsten essen morgens früg
und achten nit was wisheit tüg!
ein arm kind, das doch wisheit hat,
ist besser vil in sinem stat,
dan ein künig, ein alter tor,
der nit fürsicht die kunftig jor.
we den gerechten uber we,
wan narren stigen in die höh!
aber wan narren undergont,
gar wol die grechten dan gestont.
das ist dem ganzen land ein er,
wan uß dem gerechten wurt ein her;
aber doch, wan ein narr regiert,
so werdent vil mit im verfürt.
der důt nit recht, wer an gericht
durch frůntschaft eim ins antlit sicht,

---

4 schin, Schein, augenscheinlich. — 5 getar, wagt. — 11 urkund geben, bezeugen. — 20 git, Gier. — 23 früg, frühe. Vgl. Prediger Salomo 10. — 24 tüg, thun. — 33—34 ere: here A. — 36 verfürt, zu Grunde gerichtet. 73, 28; 83, 89; 108, 127. — 37 an gericht, im Gericht, beim Rechtsprechen. — 38 antlit, Antlitz (nach Ansehen der Person).

der selb ouch um ein bissen brot
worheit und grechtikeit verlot. 40
recht urteiln stat eim wisen wol;
ein richter niemans kennen sol.
rat und gericht hat keinen frünt
Susannen richter noch vil sint,
die mutwil triben und gewalt; 45
gerechtikeit, die ist vast kalt.
die schwert, die sint verrostet beid
und wellen nim recht uß der scheid
noch schniden me, do es ist not.
gerechtikeit ist blind und dot. 50
all ding dem gelt sint underton:
Jugurtha do er schied von Rom,
do sprach er: „o du feile stat,
wie werstu so bald schoch und matt,
wan du ein koufman hetst allein!" 55
man findt der stett noch me dan ein,
do man hantschmierung gern uf nimt
und dardurch dut vil, das nit zimt.
miet, früntschaft all worheit umbkert,
als Moisen sin schwäher lert. 60
pfenig, nid, früntschaft, gwalt und gunst
zerbrechen ietz recht, brief und kunst.
die fürsten worent etwan wis,
hattent alt rät, gelert und gris;
do stund es wol in allem land, 65
do wart gestrofet sünd und schand
und was güt frid in aller welt;
ietz hat narrheit all ir gezelt
geschlagen uf und lit zü wer,
sie zwingt die fürsten und ir her, 70

---

40 verlot, verläßt. — 47 beid, beide. des Papstes und Kaisers. — 52 Rom auf ton r imend wie 38, 76 auf lon. — 54 schoch und matt, schachmatt. — 55 allein, nur. — 57 hantschmierung, Bestechung. Das Handschmieren unter diesem Namen auch bei Italienern, Engländern, Spaniern, Franzosen und mittelalterl chen Lateinern bekannt, wie aus den Belegen zu Pauli 124 zu ersehen. — 59 miete, Miethe, Lohn. B. 81. — 61 pfenning A; Geld. — 62 brief, Briefe, Urkunden, geschriebenes Recht. — 69 lit, liegt. — zu wer, im Kriege.

das sie sönt wisheit, kunst verlan,
allein eigen nutz sehen an
und wölen in ein kindschen rat;
darum es leider ubel gat
und hat kunftig noch böser gstalt; 75
groß narrheit ist bi grossem gwalt.
got ließ, das mancher fürst regiert
langzit, wan er nit würd verfürt
und unmilt würd und ungerecht
durch anreiz valscher rät und knecht. 80
die nämen gaben, schenk und miet,
vor den ein furst sich billich hüt!
wer gaben nimt, der ist nit fri,
schenk nemen, macht verreteri:
als von Ayoht geschach Eglon, 85
und Dalida verriet Samson;
Andronicus nam gulden vaß,
des wart gebötet Onyas;
ouch Benedab der künig brach
sin büntnis, do er gaben sach; 90
Tryphon do er betriegen wolt,
das Jonathas im glouben solt,
do schankt er gaben im vorhin,
do mit er möcht beschißen in.

---

71 sönt, söllent, sollen. — 72 eigen, eigenen. — 73 wölen in, ihnen
(sich) wählen. — 75 und hat kunftig noch böser gstalt, wird sich noch
schlimmer gestalten. — 77 ließ, ließe zu. — 79 unmilt, karg. — 85 Richter 3.
— 86 Richter 16. — 87 vaß, Gefäße. Makkab. 2, 4. — 89 Ben=Hadab.
1 Könige 15, 18. — 91 Makkab. 1, 12.

47.

Vil dûnt in dorheit hie beharren
und ziehen vast ein schweren larrhen,
dort wûrt der recht wag naher faren.

Von dem weg der sellikeit.

Got laßt ein narren nit verston
sin wunder, die er hat geton
und täglich dût; darum verdirbt
gar mancher narr, der zitlich stirbt
hie, und dort ist er ewig dot,   5
das er nit lernet kennen got
und leben noch dem willen sin;
hie hat er plag, dort lidt er pin;
hie mûß er burd des larrhen tragen,
dort wûrt er ziehen erst im wagen.   10
darum, narr, nit frog nach dem stäg
der füret uf der hellen weg!
gar licht dohin man kumen mag,
der weg stat offen, nacht und tag
und ist gar breit, glatt, wolgebant;   15
dan narren vil sint, die in gant;
aber der weg der sellikeit,
(der wißheit ist allein bereit)
der ist gar eng, schmal, hart und hoch,
und stellen wenig lüt darnoch,   20
oder die in hant müt zu gan
domit wil ich beschlossen han
der narren frag, die oft geschicht,
warum man me der narren sicht
oder die faren zû der hell,   25
dan des volks, das noch wißheit stell?
die welt in üppikeit ist blint;
vil narren, wenig wiser sint;

---

b: larrhen. Vorrede 17. — c: naher faren, nachkommen. — 9 burd, Bürde, Last. — tragen, ziehen. — 11 noch, nach. — 18 der wißheit, welcher der Weisheit. — 19 hoch, stell.

vil sint berüft zů dem nachtmol,
wenig erwelt; lůg für dich wol!   30
sechshundert tusent man allein,
on frouen und die kinder klein,
fůrt got uß durch des meres sand —
zwen komen in das globte land.

48.
(Ein gesellenschiff.)

Ein gsellenschiff fert ietz dohär,
das ist von hantwerksluten schwär,
von allen gwerben und hantieren,
jeder sin gschirr důt mit im füren;
kein hantwerk stat me in sim wärt   5
es ist als überleit, beschwärt;
jeder knecht meister werden wil;
des sint ietz aller hantwerk vil.
mancher zu meisterschaft sich kert,
der nie das hantwerk hat gelert.   10
einer dem andern werkt zů leid
und tribt sich selbs dick über d'heid,
das ers wolfeil erzügen kan,
des můß er oft zum tor uß gan.
was diser nit wil wolfeil gän,   15
do find man sunst drig oder zwen,
die meinen das erzügen wol,
důnt doch nit arbeit, als man sol;

---

29 **nachtmol**, Abendessen. Matth. 20.

3 **hantieren**, von hand und tieren, in der Hand umdrehen. tieren, bieren sehr oft bei Hans Sachs: uns in den krapfen biern, 1, 472^b, im land muß ich mich welt umbiern, 4, 3, 62^b; Der sich mit arbeit biert, 4, 3, 76^b. Vgl. Grimm, Wörterbuch, 2, 1133. Zunächst von Handarbeiten, dann vom Handel. — 4 **geschirr**, Werkzeuge. — 6 **überleit**, überlegt, überlastet. — 11 **werkt**, arbeitet. — **zů leid**, zum Nachtheil. — 12 **die heid** A, muß das Weite suchen. — 15 **gän**, geben. — 16 **drig**, drei. — 18 **arbeit**, arbeiten.

dan man hien fubelt ietz all ding,
das man sie geben mög gering. 20
dobei mag man nit langzit bliben,
dür loufen und wolfeil vertriben.
mancher eim andern macht ein kouf,
der blibt, so er zum thor uß louft.
uf wolfeil gän gat ieberman, 25
und ist doch gantz kein werschaft dran;
dan wenig kosten man dran leit,
und würt als uf die il bereit,
das es allein ein muster hab;
domit die hantwerk gont vast ab, 30
mögent nit wol erneren sich.
was du nit düst, das du doch ich
und leg dar an kein kost, noch wil,
echt ich allein mög machen vil.
ich selbs, das ich die worheit sag, 35
mit disen narren hab vil tag
vertriben, e ichs hab erdicht;
noch sint sie nit recht zu gericht,
ich het bedörft noch lenger tag;
kein gut werk il erliben mag. 40
der moler, der Apelli bracht
sin tafel, die er bald hat gmacht,
und sprach, er hett geilt do mit,
fand er in bald on antwürt nit;
er sprach: „die arbeit zeigt wol an, 45
das du hast wenig fliß geton;
und wunder ist, das du nit vil
der glich hast gmacht in kurzer wil!"
kein arbeit det nie gut zur il,
ben stich es nit wol liben mag. 50

---

19 hien, hin. 66, 97; 107, 48 (85, 121 ist hein zu lesen). Gib lob dim
wirt, wann du hien gast (discedis); Facet., b 1 b. — fubeln (beschmutzen), von
der Hand schlagen, leichtfertig arbeiten. — 20 gering, schnell. — 24 der, der
anbre in B. 23. — 26 werschaft, Gewährschaft. — 29 muster, Ansehen,
Schein. — 33 wile A. — 34 echt, wenn nur. 67, 72; 73, 14; 77, 57; 102, 11.
— 37 ichs, ich sie. — 41 moler, Maler. — 42 tafel, Gemälde. — bald,
schnell. — 49 zur il, die auf Eile, eilig gemacht ist. 75, 11. Kein arbeit tet
nie gut zur il; Thesm., 251. — 50 stich, Vergleichung, Concurrenz.

zwenzig par schü uf einen tag,
ein dutzen tägen ußbereiten,
vil werken und uf borg dan beiten —
vertribt gar manchem oft das lachen;
böß zimerlüt vil spänen machen; 55
die murer dünt gern grosse brüch;
die schnider dünt gar wite stich,
do würt die nat gar leitig von;
die trucker in dem braß umbgon,
uf einen tag ein wochen lon 60
verzeren, das ist ir gefert,
ir arbeit ist doch schwer und hert
mit trucken und mit bosseliern,
mit setzen, strichen, corrigiern,
uftragen mit der schwartzen kunst, 65
varb brennend in des füres brunst,
und riben die, und vigen spitzen;
vil sint die lang in arbeit sitzen,
machen doch nit dest besser werk;
das düt, sie sint von Affenberk 70
und hant die kunst nit baß gelert;
mancher in disem schiff gern fert,
dan es sint vil güt bossen drin
die groß arbeit und kleinen gwin
hant und verzeren doch das licht; 75
dan in ist wol bi der winsücht.
uf kunftigs hant gar wenig sorg,
wan man allein in gibt uf borg;
mancher ein bletzschkouf machen kan,
do er nit vil gewinnet an. 80

---

¹ 52 tägen, Degen. min Schwizer tegen; Manuel, ll. Fastnachtspiele, 399. Degen 392. — ußbereiten, fertig machen. — 53 beiten, warten. — 58 leitig, weitstichig, willig. — 61 gefert, Lebensweise, Thun. 107, 30. Vgl. du hast hie triben ein lang gefört. Rollh., 1069. — 63 bosselieren. „Was ist ein bossalierer! es ist einer der all ding thut und kan, zu allen setteln gerecht ist." Geiler, Sünden des Mundes, 32. — 64 strichen, schlichten, einrichten. — 65 schwärzen. — 67 vigen spitzen, Spatien schneiden. — 70 Affenberk vgl. 28, 6. — 73 bossen, Knechte. — 76 winsücht, Weinsuchte. — 79 bletzschkouf, Kauf im Rummel, Restkauf. 93, 17. Grimm, Wörterbuch, 2, 109. Vgl. Ein landsknecht, der gern auf der bletzschmülen zu malen pflegte. Kirchhof, Wendunmut, 1, 104 (1, 132 Oesterley).

man kan ietz nūt verkoufen me,
man hab dan got geschworen e;
und so man lang schwört, in und uß,
so wurt ein vischerschlag dan druß.
dobi merkt man, das all biß welt 85
sich vast des kölschen bötchen helt:
dat half ab, ist ietz vast der schlak;
„berot dich got" bricht keim ben sack.
die hantwerk faren all dohār;
noch sint vil schifflin halber lär. 90

49.

Do werdent kind den eltern glich,
wo man vor in nit schamet sich,
und krūg vor in und hāfen bricht.

Bos exempel der eltern.

Wer vor frouen und kinder wil
von bůlschaft, bosheit reden vil,
der wart, das von in widerfar
des glich er vor in triben tat.
kein zucht, noch er ist me uf erd; 5
kind, frouen leren wort und gberd:
die frouen das von mannen hand,
die kind von eltern nemen schand;
und wenn der apt die würfel leit,
so sint die mūnch zūm spiel bereit. 10
die welt ist ietz voll böser ler,
man find leider kein zucht, noch er:
die väter sint schuldig daran;
die frou, die lert von irem man;
der sūn, des vatters haltet sich; 15
die dochter ist der mutter glich.

---

82 got schweren, Gott schwörend anrufen, bei Gott schwören. — 84 vischerschlag, Schlag, Zuschlagen im Kaufen; Fischerzuschlag weit unter dem geforderten Preise. — 86 des kölschen bötchen, nach Art der kleinen Gebote zu Köln. — des, 49, 15. — halten, c. gen. Der mittelmoß halt sicher dich; Facetus, a 4ᵃ. — 87 dat half ab, um die Hälfte weniger.
c: Vgl. 33, 7. — 4 tar, wagt. — 5 ere A. — 11—12 lere : ere A. —
15 des vatters haltet sich, hält sich nach dem Vater. 49, 86.

darum zů wundern niemans is,
ob in der welt sint narren vil.
der krebs glich wie sin vater trit;
es macht kein wolf kein lemlin nit; 20
Brutus, und Cato sint beid dot
des mert sich Catilinen rot.
wis sitlich väter, tugentrich,
machen ouch kinder iren glich.
Diogenes ein jungen sach, 25
der drunken was, zů dem er sprach:
„min sůn, das ist dins vater stat!
ein drunkner dich geboren hat."
es darf das man gar eben lůg,
was man vor kinden red und tůg; 30
dan gwonheit andre natur ist
die macht, das kinden vil gebrist.
ein iedes leb recht in sim hus,
das ärgerniß nit kumm daruß.

50.

Wolluſt durch einfalt manchen felt,
manchen ſie ouch am flug behelt,
vil hant ir end darin erwelt.

Von wolluſt.

Wolluſt der welt, die glichet ſich
eim üpping wib, die offentlich
ſitzt uf der ſtraß und ſchrigt ſich uß,
das ieberman kum in ir huß
und ſin gemeinſchaft mit ir teil, 5
dan ſie umb wenig gelt ſi feil;
bittend, das man ſich mit ir üb
in boßheit und in falſcher lieb:

---

20 machen, erzeugen. Vgl. 72, 17. — 22 Cathelpnen A. Vgl. 6, 30. —
24 iren, verlängerter Genitiv-Plural; minen glich, 77, 50; ſinen glich,
105, 14; iren glich. Der neuen Welt Gattung, 1539, 3ᵇ; binen glich, Facet.,
7ᵇ. — 25 Plutarch, Kinderzucht, 3, 3. — 27 ſtat, Zuſtand. — 29 eben, auf-
merkſam. — 30 tůg, thue. — 31 andere A.
b: flug, Flügel. — behelt, behält, feſthält. — c: hant, haben. —
2 üppigen A. — die (für das), vgl. 21, 12; äglin, die.

als gont die narren in ir schoß
glich wie zům schinder got der ochß, 10
ober ein einfalt schäflin geil,
das nit verstat, das es ins seil
gefallen ist, und in die streng,
biß im der pfil sin herz durchbreng.
gedenk, narr, das es gilt din sel 15
und du dief fallest in die hell,
wan du mit ir vermeinschafft dich.
wer wollust flůht, der würt dort rich.
nit sůch zitlich wollust und freůd
als Sardanapalus, der heid, 20
der meint, man solt hie leben wol
mit wollust, freůd und füllen voll;
es wer kein wollust noch dem tot.
das was eins rechten narren rot,
das er sůcht so zergenglich freůd; 25
doch hat er wor im selbs geseit.
wer sich mit wollust überlad,
der kouft klein freůd mit schmerz und schad.
kein zitlich wollust würt so süß,
dovon nit gall zů letst uß fließ. 30
der ganzen welt wollustikeit
end sich zů letst mit bitterkeit;
wie wol der meister Epicurus
das höhst gůt setzet in wollust.

51.

Wer nit kan schwigen heimlichkeit
und sin anschlag eim andern seit,
dem widerfert růw, schad, und leit.

Heimlicheit verswigen.

Der ist ein narr, der heimlicheit
sinr frouen oder iemans seit;

---

9 Spr. Sal. 7. — 11 einfalt, vgl. 45, 2; 82, 1. — geil, rasch auf=
wachsend; noch bei Schiller. — 14 breng, nach schwäbisch=schweizerischer Mund=
art lauten in und en gleich. — 17 vermeinschaften, gemein machen. —
22 füllen voll, Völlerei. — 24 rot, Rath. — 25 zergenglich, vergänglich.
a: heimlichkeit, heimlicheit, Geheimnisse.

darburch der fterkeft man verlor,
Samfon, fin ougen und fin hor.
es wart verroten ouch alfus 5
der wiffag Amphiaraus;
dann frouen fint, als die gfchrift feit,
böß hüterin der heimlicheit.
wer heimlich ding nit fchwigen kan,
wer düt mit btrogenheit umb gan 10
und fpannt fin lefzen wie ein tor,
do hüt ein ieder wis fich vor!
mancher berümt fich großer fach,
wo er nachts uf der bülfchaft wach;
wan man fin worten recht nachgründ, 15
oft man in uf eim mifthuf fünd.
daruß gar dick entfpringet ouch,
das man merkt, wo er äzt den gouch.
dan was du wilt, das ich nit fag,
fchwigftu, gar wol ich fchwigen mag. 20
magft du nit bhalten heimlicheit,
die du in gheim mir haft gefeit,
was bgärft du dan fchwigen von mir,
das du nit haben möchft an dir?
het Achab nit fin heimlicheit 25
finr frowen Jezabel gefeit,
und het verfchwigen folich wort,
es wer gefchehen nit ein mort.
wer üt heimlichs im herzen trag,
der hüt fich, das ers nieman fag, 30
fo ift er ficher, das nieman
das innen werd und fag darvon.
der prophet fprach, ich will allein
min heimlicheit han, nit gemein.

---

4 hor, Haar. — 5 alfus, alfo, ebenfo. — 6 Amphiarus, aus Servius zur Aeneide, 6, 455; Locher's Verweifung auf Statius (Theb., 1, 399) bezieht fich nur auf den Namen, nicht auf den Verrath durch die beftochene Gattin Eriphyle. — 10 betrogenheit, Verblendung, Thorheit; 102, 6. — 15 fg. Vgl. Hans Sachs, Lieder, S. 272: Der Stadtbuhler zu Augsburg. — 16 mifthuf, Mifthaufen. — 18 äzt, füttert. — gouch, Kukuk, Narr (man merkt oft aus feinem Prahlen, wo er feine Begierden befriedigt). — 24 haben, halten. — 25 Achab, 1 Kön. 21. — 33 prophet, Efaias 24, 16 (Luther hat die Stelle weggelaffen). — allein, für mich.

52.

Wer durch kein ander urſach me,
dan durch gůts willen, grift zůr e,
der hat vil zanks, leid, hader, we.

Wiben durch guts willen.

Wer ſchlůft in eſel um das ſchmär,
der iſt vernunft und wisheit lär,
das er ein alt wib nimt zůr e
ein gůten tag und keinen me.
er hat ouch wenig freüd dar von, 5
kein frucht mag im daruß entſton
und het ouch niemer gůten tat,
dan ſo er ſicht den pfeningſak;
der gat im ouch dik um die oren,
durch den er worden iſt zům doren. 10
daruß entſpringt ouch oft und dik,
das darzů ſchlecht gar wenig glück.
ſo man das gůt allein betracht,
uf er und frümkeit gar nit acht,
ſo hat man ſich dan uberwibt; 15
kein freid noch früntſchaft me do blibt.
lichter wer eim ſin in der wůſt,
dan das er langzit wonen můſt
bi eim zornmähen, böſen wib;
dan ſie dört bald des mannes lib. 20
worlich! zu truwen iſt dem nůt
welcher um gelt ſin jugent git.
ſit das im ſmeckt des ſchmäres rouch,
er durſt den eſel ſchinden ouch;

---

b: durch, um. — gůts willen, des Vermögens wegen. — grift, greift. Grifen zu den eren (Ehe); Hans Sachs, 1, 481ᵈ. — d: wiben, ein Weib nehmen. gut A. — 1 ſchlüft, ſchlieft, kriecht. Hoffen, daß ſie ſein geſchloſſen aus ſolcher dicken finſternis; Waldis, päbſt. R., 2, 6. — ſchmär, Fett. — 6 frucht, Kinder. — 9 gat, geht; er muß oft davon hören. — 12 ſchlecht, ſchlägt. — 14 ere A. — 15 überwiben, unpaſſend, übel verheirathet; Hans Sachs, 2, 4, 26ᵃ. — 19 zornmähen, zornigen. A ſchreibt zorn, mähen, als ob zorn hier Adjectiv ſei (45, 2), doch iſt der Strich wohl nicht als Trennung, ſondern als Bindung zu nehmen, wie oben 44, a vogel, hund als Vogel-Hund galt. — 22 git, gibt. — 23 ſmeckt, riecht. — ſmäres, Fettes; vgl. B. 1. — rouch, Rauch, Duft. — 24 durſt, würde wagen.

unb wan es langzit umhargat,
so findt er nüt dan mist und fat.
vil stellen Achabs dochter noch
und fallent in sin sünd und roch.
der tufel Asmadeus hat
vil gwalt ietz in dem elichen stat.
es sint gar wenig Boos me,
die Ruth begeren zu der e,
des findt man nüt dan ach und we
und: criminor te, kratznor a te.

53.

Vergunst und haß wit umhargat,
man findt groß nid in allem stat,
der Nithart, der ist noch nit dot.

Von nid und haß.

Vintschaft und nid macht narren vil,
von den ich ouch hie sagen wil,
der doch entspringt allein darvon,
das du vergünst mir das ich han
und du dir hettest gern das min
oder mir sunst nit hold magst sin.
es ist nid ein so tötlich wund,
die niemer me würt recht gesund
und hat die eigenschaft an ir,
wan sie ir etwas ganz setzt für,
so hat kein rûw si tag noch nacht,
biß sie ir anschlag hat volbracht.

25 umhargat, umgeht; 53, a. — 26 kat, Koth. — 27 noch, nach. — 28 roch, Rache, Strafe. — 30 stat, Stand. — 33 des, deswegen. — 34 criminor te, ich beschulbige dich. — kratznor a te (maccaronisch), ich werde von dir gekratzt.
a: Vergunst, Mißgunst; 85, 67. Vergünbung ieberman sinr eren; Morsh., 349. — wit, weit und breit. — umhargat, geht um; 52, 25. — b: in allem stat, in jedem Stande. — c: Nithart, Neider, personificirter Neid (vgl. 77, 59) mit Anspielung an den Nithart Fuchs. — 4 vergünnen, mißgönnen. — 9 ir, sich, auf das mascul. Neid bezogen, invidia; vgl. 21—22. — 11 Die Beschreibung der Invidia bei Ovid. metam., 2, 760 fg.

so lieb ist ir kein schlof noch freid,
das sie vergeß irs herzen leid;
darum hat sie ein bleichen mund, 15
dürr, mager, sie ist wie ein hund:
ir ougen rot, und sicht nieman
mit ganzen vollen ougen an.
das wart an Saul mit David schin
und Joseph mit den brüdern sin. 20
nid lacht nit, dan so unbergat
das schiff, das sie ertrenket hat;
und wan nid kiflet, nagt langzit,
so ißt sie sich, sunst anders nüt,
wie Etna sich verzert allein. 25
des wart Aglauros zů eim stein.
was gift hab in im nid und haß
das spürt man zwischen brüdern baß:
als Cain, Esau, Thyestes,
Jacobs sün, und Eteocles; 30
die trůgen grösseren nid in in,
dan weren sie nit brüder gsin;
dan das geblüt würt so entzünt,
das es vil me dan frömdes brint.

54.

Wem sackpfifen freůd, kurzwil git
und acht der harpf und luten nit,
der ghört wol uf den narren schlit.

Von ungedult der straf.

Ein gwisses zeichen der narrheit
ist, das ein narr niemer vertreit
noch mit gedult geliden mag,
das man von wisen bingen sag.

---

13 schlof noch freid, Schlaf noch Freude. — 19: schin, sichtbar. —
23 kiflet, zankt, oder kiflet, zerbeißt; vgl. Hans Sachs, Lieder, 139, 35;
Sprüche, 33, 55. — 24 so verzehrt sie nur sich selbst. — 30 Ethyocles A. —
31 in in, in sich. — 33 geblüt, Blutsverwandte.
a: sackpfifen, Dudelsack spielen. — 2 vertreit, erträgt.

ein wiser gern von wisheit hört, 5
doburch sin wisheit wurt gemert.
ein sackpfif ist des narren spil,
der harpfen achtet er nit vil.
kein gůt dem narren in der welt
bas, dan sin kolb und pfif, gefelt; 10
kum lost sich strofen der verkert.
narren zal ist on end gemert.
o narr, gedenk zu aller frist,
das du ein mensch, und tötlich bist
und nůt dan leim, äsch, erd und mist. 15
und under aller creatur,
so hat vernunft in der natur,
bist du das minst, und ein bischlack,
ein abschum und ein trůsensack.
was überhebst dich dins gewalt, 20
dins adels, richtum, jugent, gstalt,
sit als, das underr sunnen ist,
unnütz ist, und dem wisheit gbrist.
wäger, das dich ein wiser strof,
dan dich anlach ein narrecht schof. 25
dan wie ein brennend distel kracht,
als ist ein narr ouch, wenn er lacht.
sellig der mensch, der in im hat
alzit ein schrecken, wo er gat.
der wisen herz truren betracht; 30
ein narr allein uf pfifen acht.
man sing und sag, man flöh und bit,
ab sin elf ougen kumt er nit,
umb kein strof, ler er etwas git.

---

10 kolb und pfif, die Attribute des Narren. Pfif vgl. 67, 11. — 14 töt=
lich, sterblich. — 15 leim, Lehm, Thon. — äsch, Asche. — 17 so, welche. —
18 minst, mindeste, geringste. — bischlack, Beischlag, Bastart. Das sie nit ein
bischlag zu dir neme; Murner, geuchm. e. Vgl. Bigenot von Darbian, Minne=
singer Hagen's, 2, 179. — 19 abschum, was abschäumt. — trůsensack, He=
fensack (unser Madensack). Murner spricht von den Kleidern, „die iede (Frau)
an dem bredsad breit"; Schwindelsheim, B. äschsad, 85, 122. — 22 sit als, da,
weil alles. — under der A. — 24 wäger, besser. — Vgl. Prediger Sal. 7 und
25. — 32 flöh, flehe. — 33 elf ougen, elf im Würfelspiel; Hartnäckigkeit;
noch jetzt: auf seinen elf Augen bestehen. Vgl. Grimm, Wörterb., 1, 800; auch
oben 30, 18. — 36 git, gibt.

Sebastian Brant. 7

55.

Wer arzeni sich niemet an
und doch kein presten heilen kan,
der ist ein güter goukelman.

Von narrechter arzni.

Der gat wol hein mit andern narrn,
wer eim dotkranken bsicht den harn
und spricht: „wart, biß ich dir verkünd,
was ich in minen büchern find."
die wil er gat zün büchern heim,   5
so fert der siech gön Dotenheim.
vil nemen arzeni sich an,
der dheiner etwas domit kan
dan was das krüterbüchlein lert,
oder von alten wibern hört;   10
die hant ein kunst, die ist so gůt,
das sie all presten heilen důt
und darf kein underscheit me han
under jung, alt, kind, frouen, man,
oder fücht, trucken, heiß und kalt;   15
ein krut das hat solch kraft und gwalt,
glich wie die salb im Alabaster,
daruß die scherer all ir plaster

---

a: Wer sich der Arzneikunde anmaßt. Des nim ich mich gar wenig an; Gengenb., Gouchm., 808. — b: presten, Gebresten, Krankheit. — 1 hein, heim; vgl. 25, 10. — 2 harn, Urin. — 5 wile A. — 6 Dotenheim; vgl. Altheim, Fastnachtsp., 245, 31; Altenhausen, Hans Sachs, 4, 3, 72; Altenjahren, unter 76, a; Lochheim, Hans Sachs, 1, 515[d]; Schwindelsheim, Murner; Bettlenhein, Brant, 63, 17; Hungersdorf, Ringw., lautre Wahrheit, 36; Stolzenau, Kirchhof, 1, 230; Grillenau, das., 1, 164; Tolpeshagen, das., 1, 164; Morenfeld, H. Bock, Trunkenheit, 124; Hungersberg, Murner, luther. Narr, 761; Straßburger hochzeit (auf der Straße), Hans Sachs, 2, 4, 2; 4, 3, 63[c]; Brunnelbach, Hans Sachs, 1, 11, und bei Brant unten 76, 20: Brunnbrut; 76, 46: Bennfeld und oben zu 28, 6. Narragonien, 91, 4; Beiteinweil, Frei, Gartenges., 44; Fisch., Garg., 456. — 8 der, deren, von denen. — dheiner, deheiner, keiner. Zu dheiner zit; Jacet, b, 1[a] und b, 2[a], und später noch sehr oft bei Brant und andern Straßburgern, wovon in Bender's Sammlungen viele Beispiele. — kan, weiß, auszurichten versteht. — 9 krüterbüchlin, Kräuterbüchlein, in dem die medicinischen Wirkungen der Pflanzen angegeben wurden. — 10 oder man hört. — 13 und es ist nicht nöthig zwischen Jungen u. s. w. einen Unterschied zu machen. — 15 füht, feucht, in Bezug auf die vier Temperamente. — 17 Alabaster, Salbenbüchse? oder ein Receptbuch dieses Namens? — 18 scherer, Bader, Wundarzt. — plaster, emplastrum, Pflaster.

machent, all wunden heilen mit,
es sigen gswär, stich, brüch und schnit; 20
der Cucule verloßt sie nit.
wer heilen wil mit eim ungent
all triesend ougen, rot, verblent,
purgieren wil on wasserglas,
der ist ein arzt, als Zübsta was. 25
dem glich ist wol ein advocat,
der in keinr sach kan geben rat;
ein bichtvater ist wol des glich,
der nit kan underrichten sich,
was under ieder malezi 30
und gschlecht der sünden mittels si
jo on vernunft gat um den bri.
durch narren mancher würt verfürt,
der e verdürbt, dan er das spürt.

56.

So groß gewalt uf erd nie kam,
der nit zů ziten end ouch nam,
wan im sin zil und stündlin kam.

Von end des gewaltes.

Noch findt man narren manigfalt
die sich verlont uf iren gwalt,
als ob er ewiklich solt ston
der doch düt, wie der schne, zergon.

---

20 sigen, seien. — 21 Cucule, Gauch, Narr. — 22 ungent, unguentum, Salbe. Decret., 1, 29, 3: collyrium; in der Glosse und den Commentatoren ist nichts zur Erläuterung Dienliches enthalten; ebenso wenig gibt Hieronymus (prooem. in epist. Joh. ad Ephesios) Aufschluß über: 25 Zubsta, der Name eines ungeschickten Arztes, der vermuthlich in Basel gelebt hatte. (Unter den ärztlichen Methoden erwähnt Fischart im Gargant., 1590, 312, eine Sufische.) — 27 kan geben, weiß zu geben. — 30 malezi, Aussat, Krankheit. — 32 um den bri: so soltu nit mit offner sprach zů heischen dir lon sin so gach, sunder verr und mit gon umb den bri, als ob du sigst ein ar obr wih (Weihe); Theomoph., 531.

c: stündlin, Stündlein, 25, 9, die bestimmte Zeit, wie Ziel. — 2 verlont, verlassen.

Juljus, der keiser, was genüg
rich, mächtig, und von sinnen klüg,
e dan er mit gewalt an sich
brocht und regiert das römsche rich.
do er den zepter an sich nam
sin sorg und angst im hufecht kam;
und was so witzig nit an rot,
er würd darum erstochen dot.
Darjus, der hat groß, mächtig land
und wer wol bliben heim on schand
und het behalten gût und er;
aber do er wolt süchen mer
und haben das, das sin was nit,
verlor er ouch das sin darmit.
Xerxes, der brocht in Kriechenland
so vil des volks, als meres sand,
das mer mit schiffen er bedeckt,
er möcht die ganz welt han erschreckt;
aber was wart im me darvon?
er greif Athenas grüslich an,
glich wie der löw angrift ein hün,
und floch doch als die hasen tûn.
der künig Nabuchodonosor
do im züfiel me glück, dan vor,
und er Arfarat überwand,
meint er erst haben alle land
und setzt ein götlich gwalt im für,
wart doch verwandelt in ein tier.
der möcht ich wol erzalen me
in alter und in nuwer e;
aber es dunkt mich nit sin not.
gar wenig sint in rûwen dot
ober die stürben an irm bett,
die man nit sunst erbötet het.
harbi merken ir gwalting all:
ir sitzen zwor in glückes fall,

---

10 hufecht, gehäuft, in Haufen. — 15 ere A. — 24 grüslich, graufig,
Graufen erregend. — 29 Arfarat, Judith 1. — 31 setzt für, trachtete nach. —
33 erzalen, aufzählen. — 34 in alter und in nuwer e, aus der Geschichte
des Alten und Neuen Testaments. — 35 sin, sein, ist der Infinitiv. — 36 in
rûwen, in Ruhe, eines ruhigen Todes gestorben; oder ist rûwen, Reue, ge-
meint? — 39 gwaltigen A. — 40 zwor, wahrlich.

sind witzig und trachtend das end,
das got das rad üch nit umbwend;
vörchten den herren, dinent im;
wo uch sin zorn ergrift und grim,
der kurzlich wurt entflammen ser, 45
würt ůwer gwalt nit bliben mer,
und werden ir mit im zergan.
Jrion blibt sin rad nit stan,
dan es louft um, von winden klein.
sellig, wer hoft in got allein! 50
er fellt und blibt nit in der höh
der stein, den walzt mit sorg und we
den berg uf Sisyphus, der tor.
glück und gwalt wert nit lange jor.
dan noch der alten spruch und sag: 55
unglück und hor, das wechst all tag.
der unrecht gwalt nimt gruntlich ab,
als Jezabel zeigt und Achab.
ob schon ein her sunst hat kein vind,
můß er besorgen doch sin gsind 60
und underwil sin nähsten fründ;
die bringen in um sin gewalt.
Zambri sins herren rich nochstalt
und bet an im mort und dotschlag
und wart ein herr uf siben tag. 65
Alexander all welt bezwank
ein diener dot in mit eim trank.
Darjus entrann und was on not,
Bessus sin diener stach in dot.
also der gwalt sich enden dut. 70
Cyrus der trank sin eigen blůt.
kein gwalt uf erd so hoch ie kam,
der nit ein end mit truren nam.
nie keiner hat so mächtig fründ,

---

42 rad, das Glücksrad. — 45 kürzlich, binnen kurzem. — 50 in got, auf Gott. — 56 hor, Haar. 109, 8. Freidank, 39, 23, hat gleichfalls in allen Handschriften hår; die niederdeutsche Ueberseßung nimmt hor in der Bedeutung von Schmuß. Mit dem täglich wachsenden haar und unglück um die wett aufwachsen; Fischart, Catalogus. — 59 vind, Feind. — 60 besorgen, befürchten. — 63 nochstalt, nachstellte; 1 Kön. 16. — 74 Vgl. 37, 7.

der im ein tag verheiſſen künd 75
und ſicher wer ein ougenblick,
das er ſolt han gewalt und glück.
was die welt acht uſs allerbeſt,
das würt verbittert doch zů leſt;
wer uberhebt ſich, das er ſtand, 80
der lůg und ſchlipf nit uf dem ſand,
das im nit werd ſchad, ſpot und ſchand.
groß narrheit iſt um groſſen gwalt,
dan man in ſelten langzit bhalt;
ſo ich durchſůch all rich do här: 85
Aſſyrjen, Meden, Perſier,
Macedonum und Kriechen land,
Carthago und der Römer ſtand;
ſo hat es als gehan ſin zil:
das römſch rich blibt, ſo lang got wil; 90
got hat im gſetzt ſin zit und moß.
der geb, das es noch werd ſo groß,
das im all erd ſi underton,
als es von recht und gſetz ſolt han.

57.

Wer on verdienſt wil han den lon,
und uf cim ſchwachen vor wil ſton,
des anſchlag wurt uf krebſen gon.

Furwiſſenheit gottes.

Man findt gar manchen narren ouch,
der ſerbet uß der gſchrift den gouch
und dunkt ſich ſtriſecht und gelert,
ſo er die bücher hat umbkert,

---

81 ſchlipf, gleite. — 88 ſtand; 98, 13; 103, 61; ſonſt braucht Brant: ſtat. Den bettler ſtand; Gengenb., 343, 18. Wie lang der dürkeſt (türkiſche) ſtand wurd ſton; Gengenb., 78, 49. Der eſel iſt in allem (jedem) ſtand, in allem rich, in allem land; Murner, Schwindelsh., J 7.
c: uf krebſen, wird rückwärts gehen. Sunſt tůt er als den krebsgang gon; Weltgattung 1539, 3 b. — d: fürwiſſenheit, Vorſehung. — 2 ſerben, betrügt; 63, 42; 85, 22. — 3 ſtriſecht, geſtreift, ſtreifig. „Geſtriflet gan" rechnet Murner zu den Eigenſchaften der Schwindelsheimer (A 3 b); nach Friſch wurden Vornehme (Weltliche) geſtreift genannt, während Geiſtliche keine geſtreiften Kleider tragen durften.

und hat den pfalter geſſen ſchier
biß an den vers: Beatus vir,
meinend, hab got eim güts beſchert,
ſo werd im das niemer entwert.
ſol er dan faren zů der hell,
ſo well er ſin ein gůt geſell
und leben recht mit andern wol,
im werd doch, was im werden ſol.
narr, loß von ſolcher fanteſi,
du gſteckſt ſunſt bald im narrenbri,
das got on arbeit blonung git.
verloß dich druf und bach du nit,
und wart, wo dir von himel kunt
ein broten tub in dinen munt.
dan ſolt es alſo ſchlecht zůgon,
ſo würd eim ieden knecht ſin lon,
got geb, er arbeit oder nit,
das doch nit iſt uf erden ſit.
warum wolt got dan ewig lon
eim geben, der wolt müſſig gon;
geben eim knecht, der ſchlafen wolt,
ſin rich und ein ſo großen ſolt?
ich ſprich, das uf erd niemans leb
dem got on gnaden etwas geb,
ober dem er ſi pflichtig üt;
dan er iſt uns ganz ſchuldig nüt.
ein frier her ſchenkt wem er wil
und gibt uß wenig oder vil,
wie im geliebt; wän gat es an?
er weiß, warum ers hat getan.
ein hafner uß eim erdkloß macht
ein erlich gſchirr, ſunſt vil veracht,

---

6 Dies ſind die Anfangsworte des 1. Pſalms. — 8 entwert, entwern, verſagen; möglicherweiſe auch: entwerden, entgehen, mit Verſtümmelung der Schlußſilbe, wie Brant ſie häufig ſich erlaubt. — 16 bach, backe, brate. — 17 kunt für kumt; vgl. 25, 10. — 18 broten tub, gebratene Taube. — 19 ſchlecht, einfach. — 21 got geb, will's Gott. — 22 ſit, Sitte, Herkommen. — 26 ſolt, Lohn. — 29 pflichtig üt, zu etwas verpflichtet. — 35 hafner, Töpfer. — erdkloß (vgl. 75, 3), Erdkloß. Vgl. Römerbrief 9. Noch das Firmament, noch der erben klot; N. Manuel, kl. Faſtnachtſp., 33. — 36 erlich, tüchtiges, ſchönes (wie: ein ehrliches Stück Arbeit).

als kachlen, häfen, wassertrüg,
do man in böß und gutes tüg.
die kachel spricht nit wider in:
„ich solt ein krüg, ein hafen sin." 40
got weiß (dem es allein zustat)
warum er all ding gordnet hat;
warum er Jacob hat erwelt
und nit Esau im glich gezelt;
warum er Nabuchodonosor, 45
der vil gesündet hatt lang jor,
stroft und zu ruw doch kumen ließ
und zu sim rich, nochdem er büßt;
und Pharao mit geißlen hart
stroft, der dovon doch böser wart. 50
ein arzeni macht einen gsund
und macht den andern mer verwund.
dan einer, nochdem er entpfand
gots strof und der gewalting hand,
bdocht er sin sünd mit sufzen vil; 55
der ander brucht sin frien wil
und merkend gots gerechtikeit,
mißbrücht er sin barmherzigkeit.
dan got nie keinen hat verlon;
er wust, warum ers hatt geton. 60
wan ers wolt als glich han eracht,
er het wol nüt dan rosen gmacht;
aber er wolt ouch distlen han,
do man sin grechtikeit säh an.
der was ein nidisch schalkhaft knecht, 65
der meint, sin herr bät im unrecht,
do er im gab sin gdingten solt
und gab eim andern was er wolt;
der wenig arbeit hat geton,
dem gab er doch ein glichen lon. 70

---

37 kachlen, Töpfe geringerer Art. Mit kachlen, häfen alten scherben; Gengenb., Gouchm., 262. — 38 tüg, thue. — 42 gordnet A. — 44 gezelt, 67, 57; 68 b; 69, 2; 99, 192; 107, 8; geschätzt. — 47 ruw, Reue. — 54 gewaltigen A. — 55 bdocht, bedachte. — 59 verlon, verlassen. — 64 gerechtikeyt A. — 65 Matth. 20.

man findt gar vil gerechter lüt,
die hie uf erd hant ubelzit,
und loßt in got zů handen gon,
als ob sie vil sünd hetten gton:
dargegen findt man narren dick, 75
die zů all sachen hant vil glück
und in irn sünden sint so fri,
als ob ir werk ganz heilig si.
das sint die urteil gots heimlich,
der ursach weiß nieman genzlich. 80
je me man die zů gründen gärt,
je minder man darvon erfärt.
ob ieman schon wänt, das ers wiß,
so ist er sin doch ungewiß.
dan all ding werdent uns gespart 85
in kunftig, unsicher hinfart.
darum loß gots fürwissenheit
und ordnung der fürsichtikeit
stan, wie sie stat, tů recht und wol!
got ist barmherzig, gnaden vol. 90
loß wissen in, als das er weiß.
dů recht! den lon ich dir verheiß.
beharr, so gib ich dir min sel
zů pfand, du kumst nit in die hell.

---

72 übelzit, üble Zeit, Trübsal; 67, 83. Und darzu täglich übelzit; Funklin,
Geburt, 683. Muß sich in übelzit ergen (ergeben); Funklin, Pallas, 351. Anders
89, 13. — 73 zů handen gon, zukommen. — 79 Iudicia dei abyssus. —
81 gründen, ergrünben. Wer in der gschrift fast gründt, der wirt zuletzt zu
einem kind; Ottenthaler, 449. — 86 unsicher, unsichere (ob in die Hölle oder
den Himmel). — hinfart, Tod. — 88 ordnung A.

58.

Wer leſchen wil eins andern für
und brennen loßt ſin eigen ſchůr,
der iſt gůt uf der narrenlůr.

Sin ſelbs vergeſſen.

Wer groß arbeit und ungemach
hat, wie er fůrdre frömde ſach
und wie eins andern nutz er ſchaff,
der iſt me, dan ein anver, aff;
ſo er nit in ſinr eignen ſach 5
lůgt, das er fliſſig ſi und wach,
der narren bůchlin billich lißt,
wer wis iſt, und ſin ſelbs vergißt.
dan der geordnete lieb wil han,
der ſoll an im ſelbſt vohen an. 10
als ouch Terencius vermant:
„ich bin mir aller nåhſt verwant";
ein ieder lůg vor ſiner ſchanz,
e er ſorg, wie ein ander danz.
der wil verderben e, dan zit, 15
der im nit ſegt, und andern ſchnit;
und wer eins andern kleid mit fliß
ſůfert, und er das ſin beſchiß;
wer leſchen wil eins andern huß,
ſo im die flamm ſchleht oben uß 20
und brennt das ſin in alle macht,
der hat uf ſin nutz wenig acht;
wer fůrdern wil eins andern karr
und hindern ſich, der iſt ein narr;
wer ſich mit frömder ſach belad 25
und ſelbſt verſumt, der hab den ſchad;

---

a—c: vgl. Liliencron, Volksl., Nr. 318, 121 (vom Jahre 1519). — a: für,
Feuer. — b: ſchůr, Scheuer. — c: narrenlůr, Narrenleiter. Selten, ſo ſie
zur Iyren ſtant; Thesmoph., 74. — 2 fůrdere, A, förderte. — 11 Anbr., 4,
1, 12. — 13 vor, vorher, zuvor. — 16 ſegt, ſået. — ſchnit, ſchneidet, måht.
— 18 ſůfert, ſäubert. — beſchiß, beſchmuze. — 21 in alle macht, aus
allen Kräften, was es kann. — 23 karr, Kahn.

wer sich des uberreden lat,
daruß im spot und schad entstat,
der mag die leng sich nit erwören,
der narr erwisch in bi dem gören, 30
mach wisheit in mit schaden leren.
dem lidt sin bot am hertsten an,
den sunst erkennet ieberman,
und er stirbt, und sin leben endt
das er sich selbst nit hat erkent.

59.

Wer bgärt, das man im dien all tag,
und er doch dank und lon versag,
ist wol, das man im bbrütschen schlag.

Von undankbarkeit.

Der ist ein narr, der vil bgärt
und er nüt düt der eren wert
und gibt eim müg und arbeit vil,
dem er doch wenig lonen wil.
wer von einr sach wil haben gwinn, 5
billich setzt er in sinen sinn,
das er ouch kosten leg dar an,
wil anders er mit eren stan.
gar selten in sim wesen blibt
ein müd roß, das man übertribt. 10
ein willig roß wirt stetig balt,
wan man das futter im vorhalt.
wer eim vil ding zumüten gtar
und lonen nit, der ist ein narr;
wer nit mag haben wol für güt, 15
was man um zimlich lon im düt,

---

30 gören, Zipfel des Gewandes. — 31 mach, mache, lasse. — leren,
lernen.
c: die brütschen A. Pritsche, Britsche. Ich muß im vor (vorher) die
prütschen schlahen; Gengenb., Gouchm., 1238. — 3 müg, Mühe. — 10 übertribt,
zu sehr anstrengt. — 12 vorhalt, vorenthält. — 13 gtar, wagt. — 16 zimlich,
geziemenden. 6, 20; 30, 5.

der soll zů ziten sich nit klagen,
ob man im arbeit důt versagen,
so soll man im die britschen schlagen.
wes einer wil, das er genieß, 20
der lůg, das er ouch widerschieß.
undankbarkeit nimt bösen lon,
sie macht den brunnen wassers on.
ein alt cistern nit wasser git,
wan man nit wasser ouch drin schit. 25
ein bürenangel gar bald kiert,
wan man in nit mit öl ouch schmiert.
der ist nit würdig grösser schenk,
wer an die kleinen nit gedenk;
dem würt billich versagt all gob, 30
der um die klein nit saget lob,
der heißt wol unvernunft und grob.
all wisen ie gehasset hant
den, der undankbar wart erkant.

60.

Des narrenbri ich nie vergaß,
do mir gefiel das spiegelglaß,
Hans Eselsor min brůder was.

Von im selbs wolgefallen.

Der rürt im wol den narrenbri,
wer wänet, das er witzig si
und gfelt allein im selber wol.
in spiegel sicht er iemertol,
und kan doch nit gemerken das, 5
das er ein narren sicht im glas.

---

17 sich klagen. Wer verlürt, derselb sich klagt; Murner, Schwindelsh., F 6.
— 20 Attraction. — 21 widerschieß, Gegenleistungen mache. — 23 brun-
nen, die Quelle. — 26 bürenangel, Thürangel. — kiert, knarrt. —
28 schenk, Geschenke. — 32 unvernunft, adjectivisch; vgl. 45, 2.
4 iemertol (iemerdol, 95, 19; lemer tol, 109, 2), immerdar.

doch wan er schweren solt ein eit
und man von wiß und hübschen seit,
so meint er doch, er werß allein,
man find sinß glich auf erden kein, 10
und schwür ouch, im gebröst ganz nüt;
sin tůn und lon gfelt im all zit.
den spiegel er nit von im lat
er sitz, lig, rit, gang, wo er stat;
glich als der keiser Otto bet, 15
der in dem strit ein spiegel het,
und schar all tag sin backen zwilch,
und wůsch sie dann mit eselsmilch.
das ist ein wibertäding gůt,
kein on den spiegel etwas důt; 20
e sie sich schleigern recht darvor
und mutzen, gat wol uß ein jor.
wem so gefelt wiß, gstalt und werk,
das ist der aff von Heidelberk.
Pygmaljon gfiel sin eigen bild, 25
des wart er in narrheit ganz wild;
het sich Narcissus gspieglet nit,
er het gelebt noch lange zit.
manches sicht stäts den spiegel an,
sieht doch nůt hübsches darin stan. 30
wer also ist ein narrecht schof,
der lid ouch nit, das man in strof,
jo gat er in sim wesen hin
und wil mit gwalt nit witzig sin.

15 Otto, Otho; Juvenal, 11, 99 fg. — 17 schar, schor, rasierte, — zwilch,
zweimal. — 19 wibertäding, Weiberbeschäftigung. — 21 den Schleier zurecht=
legen. — 22 mutzen, schmücken. — gat uß, geht zu Ende; ihr Putzen dauert
wohl ein Jahr. — 24 aff von Heidelberk, das Wahrzeichen der Stadt auf
der Neckarbrücke. — 25 bild, Gebilde, Bildsäule; Ovid. metam., 10, 243 fg. —
27 Ovid. metam., 3, 407.

61.

Das best am danzen ist, das man
nit iemerbar büt für sich gan
und ouch bi zit umkeren kan.

Von danzen.

Ich hielt nah die für narren ganz,
die freud und lust hant in dem danz
und loufen um, als werens toub,
müd süß zů machen in dem stoub;
aber so ich gedenk darbi,   5
wie danz mit sünd entsprungen si,
und ich kan merken und betracht,
das es der tüfel hat uf bracht,
do er das gulden kalb erdaht
und schůf, das got wart ganz veraht;   10
noch vil er mit zů wegen bringt.
uß danzen vil unrats entspringt:
do ist hochfart und üppikeit
und fürlouf der unluterkeit;
do schleift man Venus bi der hend;   15
do hat all erbarkeit ein end.
so weiß ich ganz uf erterich
kein schimpf, der si eim ernst so glich,
als das man danzen hat erdocht,
uf kilchwih, erste meß ouch brocht: 20
do danzen pfaffen, münch und leien,
die kutt můß sich do hinden reien;
do louft man und würft umher ein,
das man hoch sieht die bloßen bein;

---

1 nah, beinahe...aber. — 3 toub, toll. Ich scheu den krieg wie ein tau‑
ber hund; Fisch., Garg., 407. — 12 unrat, Unheil. Hab des unrats acht, wel‑
cher folgt aus der zwitracht, als unwil, zoren und unfur, zwispaltung, kriege
und aufrur; Hans Sachs, 1, 476ᵃ; 2, 4, 112ᵇ; 121ᵇ; 4, 3, 54ᵈ. Uß reden vil
unrat entspringt; Cato, 106. — Hab was zuerst vom
Faß fließt (vgl. ußlouf, 108, 26). — 15 aus dem Tanze folgt Liederlichkeit. —
17 · erterich, hier wie unser: Erdball; auch Boden, Erdgrund, 24, 12; 64, 65.
Vgl. Grimm, Wörterb., 3, 776 fg. — 18 schimpf, Scherz. — 20 kilchwih,
Kirchweih. — erste meß, Primiz. — 23 ein, eine.

ich will der ander schand geschwigen. 25
der danz schmeckt bas, dan essen figen.
wan Kunz mit Mätzen danzen mag,
in hungert nit ein ganzen dag;
so werden sie des loufes eins,
wie man ein bock geb um ein geiß. 30
soll das ein kurzwil sin genant,
so hab ich narrheit vil erkant.
vil warten uf den danz lang zit,
die doch der danz ersettigt nit.

62.

Wer vil lust hat, wie er hofier
nachts uf der gassen vor der tür,
den glust, das er wachend ersrür.

Von nachtes hofieren.

Jez wer schier uß der narrendanz;
aber das spiel wer nit all ganz,
wan nit hie weren ouch die löffel,
die gassentreter und die göffel,
die durch die nacht kein rů went han, 5
wan sie nit uf der gassen gan
und schlagent luten vor der tür,
ob gucken well die mätz harfür?
und kumen uß der gassen nit,
biß man ein kammerloug in git, 10

---

a: hofieren, den Hof machen, Ständchen bringen. — 3 löffel, Liebhaber.
— 4 gassentreter, Pflastertreter, besonders die Ständchenbringer, deren
Sitte gassaten, gassatin gan, grassieren genannt wurde. — göffel, von
gaffen, gäflen, die nur gaffen, nur Augen für die Weiber haben; 32, 8. Geffels
müller, grobe narren; Murner, Schwindelsh., E 6. — 5 rům went han, Ruhe
haben wollen. Eine anschauliche Beschreibung dieser nächtlichen Ruhestörungen
gibt Murner, Schwindelsh., A 6. — 7 schlagent luten, schlagen die Laute.
— 8 mätz, das Mädchen. Vorrede, 114. — 10 kammerloug, Kammerlauge,
das Nachtgeschirr über sie ausschüttet. — in git, ihnen gibt.

oder sie würfet mit eim stein.
es ist die freud in warheit klein:
in wintersnächt also erfrüren,
so sie der gouchin bünt hofieren
mit seitenspiel, mit pfifen, singen,   15
am holzmarkt über d'blöcher springen
das bünt studenten, pfaffen, leien,
die pfifen zü dem narrenreien
einer schrigt, juchzet, bröllt und blört
als ob er iezend würd ermört.   20
je ein narr do dem andern seit,
wo er muß warten uf bescheit,
do muß man im dan hofrecht machen:
als heimlich haltet er sin sachen,
das ieberman davon müß sagen,   25
die vischers uf den küblen schlagen.
mancher sin frow loßt an dem bet,
die lieber kurzwil mit im het,
und danzt er an dem narrenseil.
nimt das güt end, so darf es heil;   30
ich schwig der, den dasselb git freud,
das sie loufen im narrenkleid;
wan man ein narren giene hieß,
mancher sich an den namen stieß.

---

16 d'blöcher, die blöcher A. Bloch, Baumstamm, Bauholz. — 19 schrigt, schreit. — juchzet, jauchzt. Schreiet und juchzt in allen gassen; Almusen, 10. Vom Heulen der Hunde; Hans Sachs, 4, 3, 103ᶜ. Doch auch im bessern Sinn: o wol dem volk das juchzgen mag; Junklin, Geburt, 829. — bröllt, brüllt. — blört, blärrt. — 20 iezend, jezund, jezt. — 21 seit, sagt. — 22 uf bescheit, auf Bestellung, wo er hinbeschieben ist. — 23 hofrecht, Musik, Nachtmusik. — 26 vischers, Fischer es. Uf küblen schlagen, trommeln, daß es die Fischer auf dem Markt austrommeln. — 29 und, zu gleicher Zeit, während dessen. 63, 24; 77, 24; 105, 3. — 30 darf, bedarf, ist nöthig. — 31 der, derjenigen. — 33 giene (gyene A), von gienen, das Maul aufsperren, 77, 20; 91, 34. Weshalb dieser Ausdruck anstößiger gewesen wäre, als der eines Narren, weiß ich nicht. Zarncke's Deutung gyene auf jene (illos) ist ganz unannehmbar, da bei Brant nimals gy für j vorkommt. Die übrigen dort 282ᵇ unter 2 erwähnten Fälle zeigen nur, daß y für i steht, was ohnehin nicht zweifelhaft war.

63.

Jch vorcht, mir ging an narren ab
und han durchsůcht den bättelstab;
klein wisheit ich do funden hab.

Von bettleren.

Der bättel hat ouch narren vil
all welt die riecht sich ietz uf gil
und wil mit bätlen neren sich;
pfaffen, münchsörden sint vast rich
und klagent sich, als werents arm.   5
hů bättel, das es got erbarm!
du bist zů notturft uferdocht,
und hast groß hufen zamenbrocht;
noch schrigt der prior: „trag her plus."
dem sack, dem ist der boden uß.   10
des glichen dunt die heiltůmfürer
stürnenstößer, stazionierer,
die nienant kein kirchwih verligen,
uf der sie nit öfflich ußschrigen,
wie das sie süren in dem sack   15
das heu, das tief vergraben lak
under der kripf zů Bettlehein,
das si von Balams eselsbein,
ein säber von sant Michels flügel,
ouch von sant Jörgen roß ein zügel,   20

---

2 riecht (rychgt A), bereichert. — gil, Bettel. — 4 mynchs A. — 5 werent
sie A. — 6 hů, der Ton des Weinenden. 67, 16: heu! — 7 uferdocht, aus-
gedacht. — zů, für die. — notturft, Bedürftigkeit. — 8 hufen, Haufen. —
zamenbrocht, zusammengebracht. — 9 schrigt, schreit. — 10 der Sack ist
bodenlos, nicht zu füllen. — 11 heiltůmfürer, Reliquienträger. — 12 stür-
nenstößer, Stirnenstoßer (die eigentliche Bedeutung ist unklar; Beter, die sich
vor die Stirn stoßen, schlagen?). Sieht wie ein stirnenstößer, ligt stets uf den
stationen; Röhrich, Mittheil., 3, 100. Fischart, Garg., 179, nennt den Wein: o
tragenspülerle, stirnstoßerle, zungenbäblein. — stazionierer, die mit Re-
liquien ausstehen und heilige Bilder verkaufen; Hans Sachs, 2, 4, 33 b, 99 d.
Ein stationierer zeigt dem volk kolen für heiltum; Beglürzer, Nr. 107. Ich
schweig des großen stationieren, dar mit man ietzund stellt nach gut; Welsch-
gattung, G 7 a. — 13 nienant, nirgend. 24, 31. — kirchwih, Kirchweihe. —
verliegen, versäumen. — 17 Bettelheim, Betlehem, mit Anspielung auf
den Bettel; 55, 6. (Mit Anspielung auf Bett: Zimmern, 3, 233, 26.)

Sebastian Brant.   8

oder die buntschuh von sant Claren.
mancher dut bättlen bi den joren,
so er wol werken möht und kund
und er jung, stark ist und gesund;
wan das er sich nit wol mag bucken,   25
im stäckt ein schelmenbein im rucken;
sin kind die müssent jung daran,
on underloß züm bättel gan
und leren wol das bättel gschrei,
er bräch in e ein arm entzwei,   30
oder etzt in vil blätzer, bülen,
do mit sie künden schrigen, hülen;
der sitzen vierundzwenzig noch
zü Straspurg in dem dummenloch,
on die man setzt in weisenkasten.   35
aber bättler dünt selten vasten.
zü Basel uf dem Kolenberk,
do triben sie vil bubenwerk;
ir rotwelsch sie im terich bant,
ir gfüge narung durch die lant.   40
jeder stabil ein hornlüten hat
die voppen, ferben, ditzent gat,
wie sie dem predger gelt gewinn;
der lüg, wo si der joham grim;
durch alle schöchelboß er loust,   45
mit rübling junen ist sin kouf,
biß er besevelt hie und do,
so schwänzt er sich dann anderswo,

---

21 buntschuh, Schuh mit Riemen zu binden. — 23 werken, arbeiten. — möcht und kund, vermöchte und verstände. — 25 wan, nur. — 26 schelmenbein, Todtenknochen; 85, 122. Schelm ist der todte Körper; hier für Faulheit. Den rückknochen er in (Gregorius den Knaben) auch lemt (lähmt), das jeder sich der arbeit schemt; Waldis, päbst. Reich, 3, 13. — 31 etzt, ätze. — blätzer, bletz, Wunde. — bülen, Beulen. — 32 hülen, heulen. — 33 der, derer, solcher. — 34 dummenloch, eine enge Straße (etwa bei der Thomaskirche), in welcher die Blatterkranken lagen. — 35 weisenkasten, Waisenhaus; Gengenb., 344, 49. — 37 Kolenberk, eine verrufene Vorstadt Basels; Gengenb., 344, 680. — 39 rotwelsch, fremde Bettlersprache; Gengenb., 678. — terich, Lande; vgl. Gengenb., 367 fg. — 40 gfüge, bequem, mühelos. — narung, Ernährung, Erwerbszweig. — 41 stabil, Brotbettler. — hornlüten, Zuhälterin. — 42 voppen, lügen. — ferben, betrügen; 85, 22. — ditzend gan, sich krank stellend. Gengenb., 347: Dützer. — 43 predger, breger, Bettler; Gengenb., 346. — 44 joham, Wein, grim, gut. — 45 schöchelboß, Wirthshäuser. — 46 rübling, Würfeln. — junen, spielen. — 47 besevelt, betrügt. — 48 schwänzt sich, geht.

veralchend uber den breithart
stielt er all breitfüß und flughart, 50
der sie flößlet, und lüßling abschnit;
grantner, klant=veßer füren mit.
ein wild begangenschaft der welt
ist, wie man stelt ieß uf das gelt.
herolden, sprecher, parzifant, 55
die stroften etwan öfflich schant
und hatten dardurch eren vil;
ein ieder narr ieß sprechen wil
und tragen stäblin ruch und glatt,
das er werd von dem bättel satt, 60
eim wer leib, das ganz wer sin gwand.
bätler beschissen alle land.
einer ein silberin kelch müß han,
do all tag siben moß in gan.
der gat uf kruden, so mans sicht; 65
wan er allein ist, darf ers nicht.
diser kan fallen vor den lüten,
das ieberman tüg uf in düten.
der kehnt andern ir kinder ab,
das er ein großen busen hab, 70
mit körb ein esel düt bewaren,
als wolt er zu sant Jacob faren.
der ein gat hinken, der gat buden,
der bindet ein bein uf ein kruden

---

49 veralchend, wandernd. — breithart, Weite. — 50 breitfüß,
Gänse. — flughart, Hühner. — 51 flößlet, ertränkt; tödtet. — lüßling,
Ohr, Kragen des Geflügels, Hals. — 52 grantner, Heischer, Bettler. Gengenb.,
348, 170; granten, heischen. — klantveßer, veßer, Arbeiter, die auf dem
klant, Kirchweih, ihrer Nahrung nachgehen; Gengenb., 679. — 53 wild be=
gangenschaft, wunderliche Lebensweise. Der bettel ist ein wild gesert;
Gengenb., 344. Was sin (des Bettlers) bgangenschaft hie ist; ebendas., 345, 74.
— 54 stellen auf etwas, nachgehen, nachtrachten. — 55 sprecher, Spruch=
sprecher, Dichter. — parzifant, Herolde ohne Wappenrock, persevant,
Rührner, der Verfasser des Turnierbuchs wird als solcher genannt bei Zimmern,
1, 15, wo 1, 17 mehr mitgetheilt und 2, 362 ein Glaser von Riedlingen, Ulrich
Gropp, erwähnt wird. Duo turnierverkündiger, qui se heraldos, persevanten
oder herolden nannten; Wender, Coll. arch. jur., 259 (1485). — 59 stäblin
ruch und glatt, Stäbe wie die Herolde und Persevanten zu führen pflegten.
— 61 ganz, unzerrissen. — 66 darf ers, bedarf er dessen. — 67 kan fal=
len, versteht es, sich epileptisch zu stellen. — 71 bewaren, beladen (vielleicht:
bewarn für bewarnen, ausrüsten, versehen?). — 72 sant Jakob von Compo=
stella, als fernster Wallfahrtsort. — faren (farn?), reisen. — 73 ein fehlt A,
wo der Vers mangelhaft erscheint. — buden gehn, gebückt gehen?

8*

oder ein gernerbein in bschlucken; 75
wan man im recht lugt zů der wunden,
so säh man, wie er wer gebunden.
zům bättel loß ich mir der wil
dan es sint leider bättler vil
und werden stäts ie me und me, 80
dann bättlen das bůt nieman we,
on dem, der es zů not můß triben,
sunst ist gar gůt ein bättler bliben;
dan bättlen des verdürbt man nit;
vil bgont sich wol zů wißbrot mit, 85
die drinken nit den schlähten win,
es můß Reinfal, Elsasser sin.
mancher verloßt uf bättlen sich,
der spielt, bůbt, halt sich üppeklich;
dan so er schon verschlemt sin hab, 90
schlecht man im bättlen doch nit ab;
im ist erloubt der bättelstab.
vil neren uß dem bättel sich,
die me gelts hant, dan du und ich.

64.

Mancher der ritt gern spat und frů,
kůnd er vor frouen kumen zů,
die lont dem esel selten rů.

Von bosen wibern.

In miner vorred hab ich gton
ein bzügniß, protestacion,

---

75 gernerbein, Todtenbein, Knochen. — in die schlucken (A), in den Kittel. — 78 wile A. — 84 des, davon. — 85 begont, begehen, helfen fort, ernähren; 19, 43; 79, 3. — mit, damit, mit dieser Begangenschaft. — 86 schlechten, gewöhnlichen. — 87 reinfal, Wein von Rivoglio. Zweien legeln Reinfahl oder eins andern kostlichen welschen getranks; Zimmern, 1, 424. Reinfal, Malvasier oder ander starke welsche weine; ebend., 3, 534. Zu diesen welschen Weinen gehörte auch Curs, Corsikaner: Waldis, Esop., 4, 24. Hutten, Feber das erst. — Elsasser, als besonders feurig berühmt. Elsasser wein in großen flaschen; Waldis, päbst. R., 2, 11, D 3. Andere Weine s. Zimmern, 4, 772. — 89 buben, huren.

1 vorred, P. 123 fg. — 2 bzügnis, Erklärung.

ich well der gůten frouen nicht
mit arg gedenken in mim gdicht;
aber man würt bald von mir klagen, 5
folt ich nůt von den böſen ſagen.
ein frou, die gern von wißheit hört,
die würt nit licht in ſchand verkört.
ein gůt frou ſenft des mannes zorn.
Aſſverus hatt ein eid geſchworn, 10
noch macht in Heſter weich und lind;
Abigail ſenft David gſchwind;
aber böß frouen gänt böß rät,
als Ochoſyas můter det:
Herodias ir dochter hieß, 15
das man den tönfer köpfen ließ;
Salmon durch frouen rät verkert
wart, das er die abgötter ert.
ein frou iſt worden bald ein häß,
wan in ſunſt wol iſt mit geſchwäß 20
und liplep ſchnädern tag und nacht.
Pyeris hat vil jungen gmacht,
den iſt gelůpt die zung ſo wol,
das ſie dick brennet wie ein kol:
diß klagt, die klappert, diſe lügt, 25
die richt uß als das ſtůbt und flůgt;
die ander kiflet an dem bett,
der eman ſelten frid do het,
můß hören prebig ouch gar oft,
ſo manch barfůſſer lit und ſchloft. 30
es zůht die kräbkaß mancher man,
der doch das merteil noch můß lan;

---

9 ſenft, beſänftigt. — 11 lind, geſchmeidig. — 13 gänt, geben. —
14 Athalia. 2 Kön. 11. — 19 häß, Elſter, Schwäßerin. — 20 in, ihnen, den
Frauen. — 21 liplep ſchnädern, ſchnattern wie die Gänſe: Schnatern wie
die lieben gäns bikel bekel, bikel bekel, plib plab, plib plab, dreckſack; Raßipori,
Nr. 58. Libbe labbe dochterman; Liliencron, Volksl., Nr. 166, 228. Liplap bilbap,
liplap tebing u. ſ. w. — 22 gmacht, geboren. Ovid., 5, 295. — 23 gelůpt,
vergiftet. (Die Pieriden, von den Muſen beſiegt, ſchimpften.) — 25 klappert,
klatſcht. — 26 ußrichten, durchnehmen, Böſes nachſagen. Tun nit frum biderb
lüt ußrichten; Gengenb., Gouchm., 910. — 26 ſtůbt, ſtiebt. — flůgt, fliegt
(was lebt und webt). Man ſagt: ein haſelhun das fleugt, ein rech das ſteubt;
Fiſchart, Garg., 74. Lichtfertiger dan ſtob und flug; Funkelin, Pallas, 719. —
27 kiflet, zankt. — an, in. — 31 kräbkaß iſt wol daſſelbe wie Streblaß
(das die ſtreblaß wir zugen; Hans Sachs, 4, 3, 35ᵇ. So wil ik de ſtrere-
katte mit di teen; Omichius, Damon und Pythias, 5, 2. Das luder ziehen;

manch frou ist frum und bschid genüg
und ist dem man allein zů klůg,
das sie nit von im liden mag, 35
das er sie etwas ler und sag.
gar dick ein man in unglück kunt
allein durch siner frouen munt,
als Amphion zů Theba gschach,
do er sin kind all sterben sach. 40
wan frouen solten reden vil,
Calphurnia kem bald ins spil.
ein böß frou stäts ir bosheit eügt:
die frou, der Joseph dient, das zeigt.
kein größern zorn man ienant spürt, 45
dan so ein wibsbild zornig würt;
die wütet, wie ein löwin stůbt,
der man die jungen nämen důt,
oder ein bärin, die do seigt:
Medea das, und Progne, zeigt. 50
wan man die wisheit ganz durchgründt
kein bittrer krut uf erd man findt,
dan frouen, der herz ist ein garn
und strick, darin vil doren farn.
durch dri ding würt die erd erschütt, 55
das vierd das mag sie tragen nit;
ein knecht, der worden ist ein her;
ein narr, der sich hat gfüllet ser;

Claus bůr, 501. Dedekind, miles christianus, 4, 8; Römoldt, 4, 8; Neues
vaterl. Archiv 1826, 2, 405; 4, 102; 1838, 421). Es wurden die Köpfe der Strei‐
tenden mit einem Tuch zusammengebunden und eins hatte das andere mit dem
Nacken wegzuziehen. Hans Sachs, 1, 476ᶜ, hat: der mit seim weib zeucht die
streblatz, und 1, 450ᵈ. Vgl. Gengenbach, S. 663. — 32 noch můß lon, nach‐
lassen, nachgeben muß. — 33 beschid (nicht bescheiden), erfahren, verständig. —
39 Ovid. metam., 6, 146 (Niobe). — 42 Calphurnia, die sich (nach den
Rechtsbüchern) vor Gericht unwürdig benahm und in den alten Ausgaben
(vor Brant z. B. Nic. Jenson) der Digesten (3, 1 tit. de postulando) diesen
Namen führt, während Valerius Maximus, 8, 3, sie Gaja Afrania nennt. —
43 eugt, bringt vor Augen, gibt zu erkennen. Und es bisher sich hat gerugt;
Gengenb., 78, 35. Vgl. zougt, 38, 14. — 47 stůbt, Stute, Weibchen? Aber das
Geschlecht ist schon in Löwin angezeigt, also stůt, selbst wenn es Weibchen heißen
könnte, überflüssig. Ohne einen Buchstaben zu ändern, ist zu lesen: wie ein
löwins tůt, wie es eine Löwin thut, wogegen auch dasselbe Reimwort nicht
streitet. Stůbt vgl. 99, 145. — 49 seigt, säugt. — 51 fg. Pred. Sal. 7. —
52 bitterer A. — 55—78 Spr. Sal. 30.

ein nidisch böß und giftig wib,
wer die vermählet sinem lib; 60
das vierd all früntschaft ganz verderbt:
ein dienstmagt, die ir frouen erbt.
dri ding man nit erfüllen mag,
das vierd schrigt stäts: „harzühar trag!"
ein frou, die hell, das erterich, 65
das schluckt all wassers güß in sich,
das für spricht niemer: „hör uf nu!
ich hab genüg, trag nim barzü."
dri ding ich nit erkennen kan,
des vierden weiß ich ganz nüy von: 70
wan in dem luft ein adler flüht;
ein schlang, die uf eim velsen trücht,
ein schiff, das mitten gat im mer,
ein man, der noch hat kindesch ler.
des glich der weg einr frouen ist, 75
die sich zům ebruch hat gerüst:
die schleckt und wüscht den munt gar schon
und spricht: „ich hab nüt böß geton".
eim rinnend tach zů winters frist
ist glich ein frou, die zänkisch ist, 80
hell und vägtüfel hat genůg,
wer mit einr solchen zůht im pflůg.
Vaschy hat vil nochkumen glan,
die wenig achten uf ir man.
des wibs wil ich geschwigen gar, 85
die zůrichten ein süpplin gtar,
als Poncja und Agrippina,
Belides und Clytymnestra,
die ir mann stochen an dem bett
als Phereo sin hußfrou det. 90

---

62 erbt, beerbt, ihr in der Ehe folgt. — 65 erterich. Vgl. 61, 17. —
67 für, Feuer. — 70 von ganz nichts des vierten weiß ich; quartum penitus
ignoro. — 77 schleckt, genießt die guten Bissen, buhlt. 100, 3. — wüscht, wischt.
Er wischt das maul und ist gut mon; Ottenthaler, Schmorotzertrost, 448. —
79—80 Spr. Sal. 19. — tach, Dach. — 81 vägtüfel, Plagegeist; fegen,
plagen. Grimm, Wörterb., 3, 1414. — 82 Vgl. 32, 23. — 86 süpplin, Gift=
trank. Das im ein süpplin werd gemacht; Gengenb., 269, 262. — gtar, wagt.
— 87 Pontia, Juven., 6, 638. — Agrippina, Juven., 6, 620. — 88 Belides
(Danaiden), Juv., 6, 655. Die Belides hant ir funfzig man Jn einer nacht lib=
los geton; Murner, Geuchm., s 4ᵃ. — 90 Pheraeus. Ovid. in Ibin., 321.

gar selzen ist Lucrecia,
oder Catonis Porcia.
üppiger frouen findt man vil;
dan Thais ist in allem spil.

———

65.

Vil abergloub man ietz erdicht,
was kunftig man an sternen sicht
ein ieder narr sich daruf richt.

Von achtung des gstirns.

Der ist ein narr, der me verheißt,
dan er in sim vermögen weißt
oder dan er zů tůn hat můt;
verheißen ist den ärzten gůt,
aber ein narr verheißt ein tag 5
me, dan all welt geleisten mag.
uf kunftig ding man ietz vast lendt,
was das gestirn und firmament
und der planeten louf uns sag
oder got in sim rot anschlag, 10
und meinent, das man wissen söll
alls, das got mit uns wirken wöll;
als ob das gstirn ein notturft bring
und im noch müsten gan all ding,
und got nit her und meister wer, 15
der eins licht macht, das ander swär
und laßt, das vil Saturnus kind,
dannacht gerecht, frumm, heilig sind;
dargegen Sunn und Jupiter
hant kind, die nit sint bosheit lär. 20

———

94 Thais, die bekannte Buhlerin Alexander's des Großen. Vgl. Murner, Geuchmat, l 3.
  b: kunftig ist, kommen soll. — d: achtung, Beobachtung. — 5 ein tag, an einem Tage. — 7 lenden, sich hin wenden. 107, 44 u. 94. — 10 rot, Rath. — anschlag, beabsichtige. — 13 notturft, Nothwendigkeit. — 17 Saturnuskind, Kinder unter diesem (unglückskündenden) Zeichen geboren.

eim kristen menschen nit zustat,
das er mit heidenkünst umbgat
und merk uf der planeten louf,
ob diser tag si gůt zům kouf,
zů buwen, krieg, machung der e, 25
zů früntschaft, und des glichen me.
all unser wort, werk, tůn und lon
uß got, in got allein sol gon.
darum gloubt der nit recht in got,
der uf das gstirn solch glouben hat, 30
das ein stund, monet, tag und jor
so glücklich si, das man darvor
und nach, sol großs anfohen nůt,
wan es nit gschicht dieselbe zit,
das es dan nim geschehen mag, 35
dan es si ein verworfen tag,
und wer nit etwas nuwes hat
und um das nuw jor singen gat
und grün tannriß steckt in sin huß,
der meint, er leb das jor nit uß: 40
als die Egyptjer hielten vor.
des glichen zů dem nuwen jor
wem man nit etwas schenken důt,
der meint, das ganz jor werd nit gůt;
und des glich ungloub allerlei 45
mit worsagen und vogelgschrei
mit caracter, sägen, treumerbůch
und das man bi dem monschin sůch
ober der schwarzen kunst nochstell;
nůt ist das man nit wissen well. 50
so ieber schwür, es falt im nit,
so falt es um ein burenschrit.

---
27 lon, lassen. — 31 monet, Monat. — 33 großs, gen. von nůt abhängig. — 36 verworfner, unglücklicher Tag. Die verworfnen tag sind mir bekant; Gengenb., Gouchm., 817. — 39 tannenris, von dem Zieren der Häuser mit Tannenzweigen zu Neujahr (Advent), sagt Walbis im päbst. Reiche nichts. — 43 schenk, Walbis, päbst. Reich, 4, 7: da schickt ein freund dem andern bar ein geschenklin zum neuen jar und wünschet, das in got hiebei ein seligs neue jar verleih u. s. w. — 47 caracter, Amulet, Zauberformel. — sägen, Segen, Besprechung. — 52 burenschritt, Bauernschritt, sehr groß. Wo irs glaubt, kommt ir bei vilen baurenschritten nit zu meiner meinung; Fischart, Garg., 1590, 34. Sonst: baurenschů: so felts wol um ain burenschů; Zimmern, 4, 311; Murner, Schwindelsh., B 3. Bim burenschů kan ichs ußmessen; Gengenb., Gouchm., 806.

nit, das der sternen louf allein
sie sagen, jo ein iedes klein
und aller minst im fliegenhirn 55
will man ietz sagen uß dem gstirn,
und was man reden, roten werd,
wie der werd glück han, was geberd,
was willen, zufall der krankheit
frävlich man uß dem gstirn ietz seit. 60
in narrheit ist all welt ertoubt;
eim iedem narren man iez gloubt.
viel practick und wissagend kunst
gat ietz vast uß der drucker gunst;
die drucken alles, das man bringt, 65
was man von schanden sagt und singt,
das got nun als on straf dohin.
die welt, die wil betrogen sin.
wan man solch kunst ietz trib und lert,
und das nit in vil bosheit kert 70
oder das sunst brächt schad der sel,
als Moyses kund und Daniel,
so wer es nit ein böse kunst,
jo wer sie würdig rums und gunst;
aber man wissagt, das vieh sterb, 75
oder wie korn und win verderb,
oder wen es schnig oder reg,
wan es schön si, oder wint weg.
buren fragen noch solcher gschrift,
dan es in zů gewinn antrift, 80
das sie korn hinderfich und win
halten, biß es werd dürer sin.
do Abraham laß solche büch
und in Chaldea sternen sücht,
was er der gsicht und trostes an 85
die im got sandt in Chanaan;

---

55 fliegenhirn, andere Stellen der Art kenne ich nicht. — 60 frävelich
A. — 61 ertoubt, sinnlos geworden. — 63 practick, Kalenderprophezeiungen. — 66 von schanden, schändlicherweise. — 67 got, geht. — 77 schnig,
schneie. — reg, regne. — 78 weg, wehe. — 80 antreffen zu, gereichen? Die
Redensart ist nicht weiter als aus dieser Stelle belegt bei Grimm, Wörterbuch,
1, 505. — 81 hinderfich halten, zurückhalten. — 82 dürer, theurer. —
85 an, ohne, ermangelnd.

dan es ist ein lichtferikeit,
wo man von solchen dingen feit,
als ob man got wolt zwingen mit,
das es must sin und anders nit.   90
gots lieb verloschen ist und gunst,
des sücht man ietz des tüfels kunst.
do Saul der kunig was verlan
von got, rüft er den tüfel an.

66.

Wer ußmißt himel, erd und mer
und darin sücht lust, freüd und ler,
der lüg, das er dem narren wer.

Von erfarung aller land.

Ich halt den ouch nit itel wiß
der all sin sinn leit und sin fliß,
wie er erkund all stett und lant
und nimt den zirkel in die hant,
das er darburch berichtet werd,   5
wie breit, wie lang, wie wit die erd,
wie dief und verr sich zieh das mer,
und was enthalt den letsten spör;
wie sich das mer zů end der welt
halt, das es nit zů tal abfelt;   10
ob man hab um die ganz welt für;
was volks won under ieder schnůr,
ob under unsern füssen lüt
ouch sigen, oder do si nüt,
und wie sie sich enthalten uf   15
das sie nit fallen in den luft;

---

94 rüft, rief.
1 itel, eitel, durchaus. 85, 143. — 7 verr, fern. — 8 enthalt, halte,
fest halte. — spör, Sphäre, Kreis (um die als Scheibe gedachte Erde). —
11 für, Gelegenheit zu fahren, Möglichkeit der Fahrt. 99, 197; 108, 102; 109, 19.
— 12 wone A, wohne. — schnur, die Linien über die alten Karten, Grade.
— 14 sigen, seien. — 15 ufenthalten, aufrecht erhalten. — 16 luft masc.

wie man uß mit eim städlin räch,
das man die ganze welt durchsäch.
Archimenides, der wuſt des vil
der macht im pulver kreiß und zil, 20
do mit er vil ußrächen kunt,
und wolt nit uftůn ſinen munt;
er vorcht es ging ein plaſt darvon,
das im an kreißen ab wurd gon,
und e er reden wolt ein wort, 25
ließ er e, das er wurt ermort.
der meſſenkunſt was er behend,
kund doch ußecken nit ſin end.
Dicearchus, der fleiß ſich des,
das er die höh der berg ußmeß, 30
und fandt das Peljon höher was,
dan alle berg, die er ie maß;
doch maß er nit mit ſiner hand
die Alpen hoch im Schwizer land,
maß ouch nit, wie tief wer das loch, 35
do hin er můſt, und ſitzet noch.
Ptolomeus rechnet uß mit grat,
was leng und breit das ertrich hat,
die leng zücht er von orient
und endt die ſelb in occident, 40
das hundert achtzig grad er acht:
ſechzig und drig gen mitternacht,
die breit vom equinoctial;
gen mittemtag iſt ſie me ſchmal;
zwenzig und fünf er findet grat 45
des lands, ſo man erkundet hat.
Plinjus rächt das mit ſchritten uß,
ſo machet Strabo milen druß.
noch hat man ſithar funden vile
lant, hinder Norwegen und Thyle: 50

---

17 räch, rechne. — 20 pulver, Staube, Sande. — zil, Zielpunkte, Zeichen.
— 23 plaſt, blaſt, Hauch. — 24 abgehen, einem an etwas, Abbruch erleiden.
— 26 ließ er, ließ er zu. — 27 der meſſen kunſt, der Kunſt zu meſſen,
Meßkunſt, Geometrie. — 28 ußecken, ergründen, erforſchen. — 29 fleiß ſich
des, befliß ſich darauf. — 35 loch, die Hölle. „Der pfarrer im loch"; Faſt-
nachtſp., 1272; unten 92, 88. — 36 noch, bis jetzt (da die Nichtchriſten nicht ſelig
werden ſollten). — 50 Thyle, Thule.

als Jßlant und Phlappenlant,
das vorhin alls nit was erkant.
ouch hat man sit in Portigal
und in Hispanjen uberal
goltinseln funden und nackt lüt, 55
von den man vor wust sagen nüt.
Marinus noch dem mer die welt
rächt, und hat bran gar wüst gefält.
Plinjus, der wise meister, seit,
das es si ein unsinnikeit, 60
wellen die größ der welt verston
und usser der bi wilen gon
und rächnen biß hinder das mer;
darin menschlich vernunft irrt ser,
das si solchem nochrächn alzit 65
und kan sich selb ußrächnen nit,
und meint, das er die ding verstat,
das die welt selbs nit in ir hat.
Hercules setzte in das mer
zwo sülen (als man seit) von er: 70
die ein die endet Affricam,
die ander vocht an Europam,
und hat groß acht uf end der ert,
wust nit, was end im was beschert;
dan der all wunderwerk veracht, 75
der wart durch frouenlist umbracht.
Bacchus zog um mit grossem her
durch alle lant der welt und mer,
und was allein der anschlag sin,
das ieberman lert trinken win; 80
wo man nit win und reben het,
do lert er machen bier und met.
Silenus, der verlag sich nit
im narrenschif für er ouch mit

---

51 Pylappenlant; 89, 11. Lappland; woher das Py genommen, ist nicht
zu ermitteln gewesen. — 55 nacket A. — 57 Marinus, von Ptolemäus be-
richtigt. — 58 rächnt A. — wüst, arg. — fälen, fehlen, sich irren. — 62 bi
wilen, zeitig, vor der Zeit. — 70 ere A, Erz. — 72 vocht, fäht, fängt an.
— 75 veracht, verachtete, geringschätzte. — 79 anschlag sin, seine Absicht. —
80 lert, lernte. — 82 lert, lehrte. 105, 46. — 83 verlag sich nicht, war
auch nicht faul, blieb nicht zurück. Daheim bleiben oder verliegen; Zimmern,
I, 318, 16. Vgl. 104, 46.

und sunst justind und metzen vil 85
mit grosser freüd und seitenspil;
er ist ein drunkner schelm gesin,
das im so wol was mit dem win;
er dürst nit arbeit han ankert,
man hett sunst drinken wol gelert. 90
man tribt mit prassen noch vil schand,
jetz fart er erst recht um im land
und macht manchen im praß verrücht,
des vatter nie kein win versücht.
aber was wart Baccho darvon? 95
er müst zů letst von gsellen gon
und faren hien, do er ietz drinkt,
das im me durst, dan wollust bringt;
wie wol die heiden in darnoch
erten als got, und hielten hoch, 100
von denen kumen ist sithar,
das man im lant um bächten far,
und düt dem er noch sinem dot,
der uns vil übels hat ufbrocht.
die böß gwonheiten wärent lang, 105
was unrecht ist nimt überhang;
dan darzů stäts der tüfel blost,
das man sin dienstbarkeit nit loßt.
domit ich ouch ietz widerum
uf min materj und fürnem kum. 110
was not wont doch ein menschen bi,
das er sůch grössers dan er sij?
und weißt nit, was im nutz entspring,
wan er erfart schon hohe ding,

---

85 justind (67, 8), liederliches Gesindel. Hieß sie mich bald ein justind; Novella, 869. — metzen, Menscher. — 87 trunkner schelm, Kerl (eigentlich der todte Körper, 63, 26), Klotz. Trunkenbold. — 89 arbeit ankeren, arbeiten. — 93 verrucht, erpicht. — 97 hien vgl. 48, 19, in die Hölle. — 102 um bächten far, umfahre zu bächten, Berchtentag feiern (6. Januar). Vgl. Grimm, Wörterb., 1, 1214; Scheffer's Haltaus, 75; H. Runge, Der Berchtoldstag in der Schweiz, eine mythol. Skizze (Zürich 1857). — 103 ere A, man könnte auch ere lassen und sinem in sim synkopieren. — 104 brocht, gebracht; war wol brobt geschrieben, auf bot reimend, wie eins: geiß, 61, 29; eins: freiß, 85, 105; uf: luft, 68, 15; bůch: sücht, 65, 83; gebrest: tesch, 83, 120; oft: kouft, 74, 17; kouft: stroft, 83, 19; smehen: legen: neigen, 110ᵇ, 18; böst: löst: heißt, 108, 81. — 106 überhang vgl. 38, 12. — 113 weißt, 20, 13.

und nit die zit sins todes kennt, 115
die wie ein schätt von hinnan rennt.
ob schon dis kunst ist gwiß und wor,
so ist doch das ein grosser tor,
der in sim sinn wigt so gering:
das er well wissen frömde ding 120
und die erkennen eigentlich,
und kan doch nit erkennen sich,
ouch gdenkt nit wie er das erler;
er sůcht allein rům, weltlich er
und gdenkt nit an das ewig rich, 125
wie das wit ist, schön, wunderlich,
darin dan ouch vil wonung sint.
uf irdeschs ieder narr erblindt
und sůcht sin freüd und lust darin,
des er me schad hat dan gewin. 130
vil hant erkundt verr frömde lant,
do keiner nie sich selbs erkant.
wer wis würd, als Ulysses wart,
do er lang zit fůr uf der fart
und sach vil lant, lüt, stett und mer, 135
und mert sich stät in güter ler;
oder als det Pythagoras,
der uß Memphis geboren was;
ouch Plato durch Egypten zoch,
kam, in Italiam darnoch, 140
domit er ie mer täglich lert,
das sin kunst, wisheit würd gemert;
Appollonjus durchzoch all ort,
wo er von glerten sagen hort,
den stelt und zoch er täglich noch, 145
das er in künsten würd me hoch,
fandt allenthalb, das er me lert
und das er vor nit hatt gehört.
wer ietz solch reiß und lantfar dät,
das er zůnem in wisheit stät, 150

---

116 Pr. Sal., 7, 1; Ps. 144, 4. — schätt, Schatte. — hinnan, hinnen, hinweg. — 119 gering, leicht. — 121 eigentlich, nach ihren Eigenschaften. — 123 erler, erlerne. — 124 ere A. — 126 wunderlich, voll Wunder. — 128 erblinden auf, nur hier nachgewiesen, gleichbedeutend mit erblinden in, durch. — 149 lantfar, Befahrung der Lande. — 150 weisheit A.

dem wer zů uberfehen baß,
wie wol doch nit genůg wer das;
dan wem sin sinn zů wandeln stot,
der mag nit genzlich dienen got.

67.

Der narr Marsyas, der verlor,
das man im abzoch hut und hor,
hielt doch die sackpsif noch als vor.

Nit wellen ein narr sin.

Die eigenschaft hat ieder narr,
das er nit kan genemen war,
das man sin spott; darum verlor
der narr Marsyas hut und hor.
aber narrheit ist so verblänt, 5
ein narr zů allen ziten wänt,
er si witzig, so man sin lach
und ein justäbing uß im mach,
stelt er sich ernstlich zů der sach,
das man in ouch für witzig halt 10
biß im die pfif ußm ermel fallt.
wer vil gůt hat, der hat vil fründ,
dem hilft man reblich ouch zů sünd,
ein ieder lügt, wie er in schind;
so lang das wärt, biß er würt arm, 15
so spricht er: „heu! das got erbarm!
wie hat ich vor nochlouf so vil!
kein fründ ist, der mich trösten wil!
hett ich das vor bi zit betraht,
ich wer noch rich und nit veraht." 20

---

153 wandeln, wandern, reisen.
a: verlor im Wettkampf mit Apollo. — b: das, so baß. — hut und
hor, Haut und Haar. — c: noch als vor, später wie früher. — 8 justä-
bing (66, 85), Possen. — 11 pfif, Pfeife, 41, 16; 54, 10. — uß dem A.-
ermel, man trug im Aermel. — 16 heu! wie 63, 6: hü. — 17 nochlouf,
Nachlauf; wie viele liefen mir nach!

ein groß torheit ist das für wor,
welcher verbůt in einem jor,
do er sin tag solt leben mit,
das er das üppeklich ußgit
und meint zitlich füroben han,   25
das er mög noch dem båttel gan.
so im dan stoßt under sin hend
armůt, verachtung, spot, ellend,
und er zerrissen louft und bloß,
so kumt im dan der ruwen stoß.   30
wol dem, der im frůnd machen kan
uß gůt, daß er doch hie můß lan,
die in trösten und bi im ston,
so er ist allenthalb verlon.
dargegen ist manch narr uf erd,   35
der sich annimt närrscher geberd,
und wan man in joch schůnd und hůt,
so kund er doch ganz nütz darmit,
dan das er etwan d'oren schütt;
wil närrisch sin mit allem fliß,   40
doch niemans gselt sin narrenwis;
wie wol er glich eim narren důt
nimbt doch sin schimpf niemans für gůt;
ouch sprechen von im etlich gsellen:
„der narr wolt sich gern närrisch stellen,   45
so kan er weder wis, noch gberd."
er ist ein narr, und niemans wert.
und ist ein selzen ding uf ert;
mancher wil sin ein witzig man,
der sich doch nimt der dorheit an,   50

---

25 für oben A, er meint (beabsichtigt) bald Feierabend zu haben (zu Ende zu kommen), daß er nur rasch dem Bettel nachgehe. Brant setzt die Folgen iro= nisch als Absicht. Die Apokope des d in oben, abend, ist nicht anstößig: der (Verschwender) het sich warlich nit versumt und warlich bald seyr aben gemacht; Murner, Schwindelsh., Bij^b. Feyraben bald im geltli machen; ebend., E 4^b. — 26 noch gan, nachgehen. — 30 der ruwen stoß, der Stoß (wie die Armuth, V. 27, stößt) der Reue. — 36 sich annemen einer Sache, diese annehmen. — geberd, Sitte, äußere Erscheinung. — 37 hůt, abhäutete. — 38 so kund er doch ganz nütz darmit, so verstände er doch nichts davon. — 39 die oren A. — 43 für gut, im Guten auf, 42, 18; 92, 79. Vgl. vergut 110^a, 201. — 48 selzen, seltsam.

Sebastian Brant.   9

und meint, das man in růmen sol,
wan man spricht: „der kan narrheit wol."
dargegen sint vil narren ouch,
die ußgebrütet hat ein gouch;
die wellen von der wißheit sagen, 55
es sі gehouen ober gschlagen;
so went sie witzig sin gezelt,
so man sie doch für narren helt.
wan man ein narren knütschet klein,
als man den pfeffer bůt im stein, 60
und stieß in darin joch lang jor,
so blib er doch ein narr als vor.
dan iedem narren das gebrist,
das Wonolf Btriegolfs brůder ist.
mancher der ließ sich halber schinden 65
und im all viere mit seilen binden,
das im allein ging gelt baruß
und er vil golds hett in sim huß;
der litt ouch, das er lâg zů bett
und er der richen siechtag hett, 70
und man in wie ein bůben schilt,
echt er dar von hett zins und gült.
mit zimlich nieman bnůgen wil;
wer vil hat, der wil han zů vil.
uß richtum übermůt entspringt, 75
richtum gar selten bemůt bringt.
was soll ein dreck, wan er nit stinkt?
vil sint allein, die hant kein kind,
kein brůder, noch sunst nohe frůnd,
und hörn nit uf arbeiten doch, 80
ir ougen fůlt kein richtum ouch;
noch gbenken nit: „wem werk ich vor?

---

52 kan, versteht sich barauf. — 56 gehouen oder gschlagen, gehauen oder gestochen. — 57 gezelt, geschützt, 57, 44. — 59 knütschen klein, zer-
knirscht, klein stoßen. Si contuderis stultum in pila, quasi ptisanas; Spr. Sal.
27, 22. Quetschen; 108, 33. — 63 gebrist, das ist der Fehler jedes Narren.
— 64 Wonolf Btriegolfs bruder, der Wahn ist des Betruges Bruder.
Vgl. Boner, 80, 23: Wonolf Trugolfs bruoder. Reinmar v. Zw. (MSH 2, 213):
her Liegat Triegat trumpfator. — 66 alle (A) viere, Hände und Füße. —
67 das im allein ging gelt baruß, daß, wenn es ihm nur Geld einbrächte.
— 71 schilt, schölte. — 72 echt, wenn nur, 48, 37. — zins und gült, for-
melhaft verbunden; gülte sind Gefälle von andern dingen als von Geld. —
73 zimlich, Mäßigem. — 74 zů vil, zu dem vielen. — 80 hören A.

hab übelzit ich gouch und tor?"
got gibt manchem richtum und er,
und gbrist sinr sel nüt anders mer,　　　85
dan das im got nit darzů git,
das er das bruch zů rechter zit,
ouch das nit niessen zimlich gtar,
so es eim frömden füller spar.
Tantalus sitzt in wassers lust.　　　90
und hat an wasser doch gbrust,
wie wol er sicht die öpfel an,
hat er doch wenig freüd darvon. —
das schafft, das er im selbs nit gan.

68.

Wer kind und narren sich nimt an,
der sol ir schimpf für gůt ouch han,
er můß sunst mit den narren gan.

Schimpf nit verston.

Der ist ein narr, der nit verstöt,
wan er mit einem narren redt;
der ist ein narr, der widerbillt
und sich mit einem trunknen schilt,
mit kind, und narren schimpfen wil　　　5
und nit ufnämen narrenspil.
wer wil mit jägern gon, der hetz;
wer keiglen wil, der selb ufsetz;
der hül, der bi den wolfen ist;
der, sprech ich, lieg, dem nützt gebrist.　　　10
wort gänt um wort, ist narren wis;
gůts gänt um böß, hat hohen pris.

---

83 übelzit, 57, 72; anders ist übelzit, 89, 13. — 84 ere A. — 94 er
der Geizige. — gan, gönnt.

b: für gůt, 57, 44. — d: Schimpf, Scherz. — 3 widerbillt, widerbellt, erwidert (einem Hunde?). — 7 hetz, hetze, treibe mit. — 8 keiglen,
kegeln. — ufsetz, setze ein (Geld einsetzen), 77, 86. — 9 hül, heule. — 11 gänt,
geben.

wer gibt das bös um gutes uß,
dem kumt bös niemer uß sim huß;
wer lachet, das ein anber weint, 15
dem kumt des glich, so ers nit meint.
ein wiser gern bin wisen stat,
ein narr mit narren gern umgat;
das niemans liben mag ein narr,
das kumt uß sinem hochmüt dar. 20
me leid geschicht eim narren dran,
das er sicht etlich vor im gan,
dan er hab freüd, das im sunst all
nochgangen, und zün füssen fall.
und das du merkst, wie ich es mein, 25
ein stolzer wer gern herr allein.
Aman hatt nit so grossen glust
das iederman in anbet sust,
als er hatt leid, das in ein man
nit betet, Mardocheus, an. 30
nit not, das man narren ufmerk,
man spürt ein narren an sim werk.
wer wis wolt sin (als ieder sol),
der ging der narren müssig wol.

69.

Der würfet in die höh den ball
und wartet nit des widerfall,
wer wil die lüt erzürnen all.

Bos dun und nit warten.

Der ist ein narr, der andern düt,
das er von keim mag han für gut.
lüg ieder, was er andern tüg,
das in domit ouch wol benüg.

---

24 fall, fallen. — 27 Esther 5, 13.

a—c: Wer alle erzürnen will, der wirft den Ball und erwartet nicht, des
widerfall, des Herabfalls. Wann die ding still sint und glücklich, So hüt vor
widerfall ouch dich. Dargegen gbenk in widermüt, das man sol hoffen uf des
gut; Cato, 573. — tüg, thue. — 4 benüg, daß er damit auch zufrieden sei.

wie ieder vor dem wald inbillt, 5
des glich im alzit widerhillt;
wer andre stoffen wil in sack,
der wart ouch selbs des backenschlack;
wer vilen seit, was iedem gbrist,
der hört gar oft ouch, wer er ist. 10
wie Adonisedech hatt gton
vil andern, als wart im der lon;
Berillus sang selb in der kü,
die er het andern grüstet zů;
des glich geschach ouch Busiris, 15
Diomedi und Phalaris;
mancher eim andern macht ein loch,
darin er selber fallet doch.
ein galg eim andern macht Aman,
do er wart selbst gehenket an. 20
tru iedem wol, lůg doch für dich
dan worlich, tru ist ietz mislich.
lůg vor, was hinder iedem steck,
wol truen ritt vil pferd hinweck.
nit iß mit eim nidischen man, 25
noch wellst mit im zů dische gan;
dan er von stund an überschlacht,
das du nie hast in dir gedacht:
er spricht zů dir: „fründ iß und trink."
doch ist sin herz an dir ganz link, 30
als ob er sprech: „wol günd ichs dir,
als hets ein dieb gestolen mir."
mancher der lacht dich an in scherz,
der dir doch heimlich äß bin herz.

---

5 inbillt, hineinbellt, ruft. — 6 widerhillt, widerhallt. — 7 andere A. — stoffen wil in sack, in den Sack stoßen, Gewalt anthun. — 11 Adonisedech, Richt. 1. — 12 als, ebenso. — 13 Berillus (der in dem Marterochsen von Phalaris gebraten wurde). Vgl. Pauli, 116, und Oesterley mit meinen Nachweisungen. — 15 Busiris, Ovid. art. am., 1, 645 fg. — 16 Diomedes von Thracien. Serv. ad Aeneid, 8, 300. — Phalaris. Vgl. B. 13 und 104, 16. — 17—18 Spr. Sal. 26, 27. — 19 Esther 7, 10. — 23 fg. stäck: wägk A. — 24 Fides nimia equum abegit. Bebel und ein vorher schon verbreitetes Sprichwort: „Der Trauwol ritt mir das pferd dahin"; Hans Sachs, 1, 478ᵇ. — 25—30 Spr. Sal. 23. — 27 überschlacht, überschlägt, denkt an Dinge, die; in similitudinem arioli et conjectoris aestimat, quod ignorat. — 30 link, fremd, weit weg von dir; non est tecum.

70.

Wer nit im summer gabeln kan,
der muß im winter mangel han,
den berenbanz dick seben an.

Nit fursehen bi zit.

Man findt gar manch nochgültig mensch,
das ist so gar ein wättertrentsch,
das er sich nienan schicken kan
zů allem, das es vohet an;
kein ding bi ziten er bestelt; 5
nüt übernächtigs er bebelt,
dan das er sunst so hinläß ist,
das er nit gdenkt, was im gebrist
und was er haben můß zůr not;
dan so es an ein treffen gat, 10
nit witer gdenkt er, uf all stund,
dan von der nasen biß in mund.
wer in dem summer samelen kan,
das er den winter mög bestan,
den nenn ich wol ein wisen fůn; 15
und wer im summer nůt wil důn,
dan schlofen alzit an der sunnen,
der muß han gůt, das vor ist gwunnen,
oder muß durch den winter sich
behelfen etwan schläbteklich 20
und an dem dopen sugen bert,
biß er des hungers sich erwert.

---

a : gabeln, mit der Heugabel umzugehen weiß; wer nicht erntet. — c : be=
renbanz, Hungerpfoten saugen. — bid, oft. — 1 nochgültig, nachgültig,
geringfügig: Wan alles liden ist nochgültig gegen fröuben dort in seligkeit;
Wackernagel, Kirchenl., 2, 1336, 14. — 2 wättertrentsch, von trenzen, zögernd
thun, vertröbeln; wetterlaunisch. — 3 nienan, nirgend. — 6 übernächtigs,
über die Nacht hinaus, über Nacht. Vgl. 94, 25. — 7 hinläß, gleichgültig,
hinläßig. Unfleißig und hinläßig; Brant, Naienſp., 31[b]. Zu vil hinläßig nach=
gebig; Fischart, Garg., 528. Hinläßigkeit; Brant, Laienſp., 29[b]. — 10 treffen,
wenn es darauf ankommt. — 21 dopen, Fingerspitzen. Wil mein frau lassen
die finger sugen: (Gengenb., 129, 464. Die finger saugen; ebendas., 61, 259. Hat
man nichts, so saugt man die tapen; Fischart, Garg., 140. Sonst müß wir abr
an klauen saugen; Hans Sachs, 5, 3, 339.

wer nit im summer machet heu,
der louft im winter mit geschrei
und hat zůsamengbunden seil,   25
růfend, das man im heu geb feil.
der träg im winter ungern ert,
im summer bättlens er sich nert
und můß liden manch übel zit
und heischt vil; wenig man im git.   30
(er, narr, und würd der omeiß glich!
in gůter zit versorg du dich,
das du nit müssest mangel han,
wan ander lüt zů freüden gan.

71.

Gar dick der hächlen er entpfint,
wer stätes zanket, wie ein kint
und meint die worheit machen blint.

Zanken und zuo gericht gon.

Von den narren will ich ouch sagen,
die in einr ieden sach went tagen
und nüt mit lieb (ont kumen ab,
do man nit vor ein zank um hab;
domit die sach sich lang verziech   5
und man der gerechtikeit entfliech,
(ont sie sich bitten, triben, manen,
echten, verlüten und verbannen,
verlossend sich, das sie das recht
wol bügen, das es nit blib schlecht,   10

---

27 ert, ackert. Spr. Sal. 20, 4. — 31 omeiß, Ameise. Spr. Sal. 6, 6.

Vgl. zu diesem Abschnitte die Welschgattung, F 3, und Fischart, Garg., 1590, 307. — a: hächlen, Hechel. B. 34 Kletten. — 2 went, wellent, wollen. — tagen, processiren. — 3 mit lieb, in Güte. — abkommen, Vergleich treffen — 5 verziech, verziehe, hinziehe. — 8 echten, in die Acht erklären, ausstoßen. — verlüten, ausläuten. — verbannen, in Bann thun. Zum ersten mal verbann ichs gricht, das niemant hie red frevenlich, zum andern und zum dritten auch; S. Birk, Susanna, 11ᵇ. — 10 bügen, biegen. — schlecht, einfach, gerade.

als ob es wer ein wächsin naß.
nit denkend, das sie sint der has,
der in der schriber pfeffer kunt;
der vogt, gwalthaber und fürmunt
und advocat müß zů sim disch 15
darvon ouch han ein ˸ schlägle visch.
die künnent dan die sach wol breiten
und ir garn noch dem wiltbrät spreiten
das uß ein sächle wurt ein sach
und uß ein rünsli werd ein bach. 20
man müß ietz köstlich redner dingen
und sie von verren landen bringen,
das sie die sachen wol verklügen
und mit geschwätz ein richter btrügen.
so müß man dan vil tag anstellen, 25
domit der tagsolt mög usschwällen
und wert verritten und verzert
me, dan der houbtsach zůgehört.
mancher verzert in petterle me,
dan im uß sinem tag entste, 30
noch meint er worheit also blenden,
so er die sach nit bald loßt enden.
ich wolt, wem wol mit zanken wär,
das er am ars hett hächlen schwär.

---

11 wächsin, von Wachs (wegen der weichen Bildsamkeit). — 13 pfeffer, Brühe. — kunt, kommt. Vgl. 3, 7. — 14 fürmund, Fürsprech, Procurator. — 16 schlägle, ein kleiner Schlag, Zuber. — 17 breiten, bereiten (oder breiter machen?). — 19 sächle, Lappalie. — sach, Rechtsstreit, actio, res judicanda; daß aus nichts etwas Großes werde. — 20 rünsli, kleine Quellwasser. — 23 verklügen, 101, 15, drehen und wenden. — 25 tag, Termine. — 26 tagsolt, Tagelohn; Gebühren. — 29 petterle, Peterſilie, oder: in petitorio, Proceßform.

72.

Wüst, schamper wort anreizung git
und stört gar oft die güten sit,
so man zů vast die juglock schütt.

Von groben narren.

Ein nuer heilig heißt Grobian,
den will ietz füren ieberman
und eren in an allem ort
mit schäntlich wüst werk, wiß und wort
und went das ziehen in ein schimpf,   5
wie wol der gürtel hat klein glimpf.
herr Glimpfius ist leider bot!
der narr die su bin oren hat,
schütt sie, das ir die juglock kling
und sie den Moringer im sing.   10
die su hat ietz allein den danz,
sie halt das narrenschiff bim schwanz,

---

a: wüst, häßliche, garstige. — schamper, schandbar. — c: juglock, Sauglocke, unsaubere Gespräche führen. — schütt, schüttelt, rührt. — 1 Grobian. B. 49. Diesen wunderlichen Heiligen erfand wohl Brant. Sus, sau, Grobians heißt ein schwein, der nüt kan den ein unflat sein; Murner, Schelmenzunft, 1512, T 5. Ueber die betr. Literatur vgl. Grundriß, §. 158. Alse otlike Gravianen nt erlogen geisterie hebben geropen; Bugenhagen, christl. Kerkenordnung im lande Brunschwig (Wittenb. 1543). Von seinem heilling Grobian; Hans Sachs, 2, 4, 74 b. Ein ordensman in dem kloster sant Grobian; ebendas., 4, 3, 96 a. Andere wunderliche Heilige: Um hilf anrufen sant Kolbman (Kolbe, Stock); Hans Sachs, 2, 4, 17 c. Auf das nit heint sant Kolbman kum; ebendas., 2, 4, 23 b. So hat der heilig Stolprian in unser pfarr vil zeichen than; Hans Sachs, 4, 3, 47. St. Peter (von beiten) langer borgen muß; Hans Sachs, 4, 3, 68 b. Sant Schweinharbus; Fischart, Garg., 85. Die Bildung Grobian ist wie Dummerian, Schlendrian; unten 110 a, 163. Darbian; M. S. Hagen, 2, 179. Bullerian, Poltrian. — 6 gürtel, die Corbe der Geistlichen. — glimpf, Anhängsel, pendix; daher man übertragen, feines Betragen. — 7 her Glimpfius, die Personificirung des Glimpfes. Aehnlich: Klinghart, Reichart, Gebhart seind weder vil dann Abelhart; Agricol., 500 Sprichw., Nr. 395. — 10 Moringer. Das Lied vom Möringer hier in ironischer Bedeutung, mor, Sau (nit suf es uß glich wie ein mor; Thesmoph., 304), moringer, Saulied. In ähnlicher Weise werden andere Lieder fingirt: Die primzit ist ein eselston; B. 48. Du findest vil in Diebolts ton, das heißt man etliche ortn gstoln; Fastnachtsp., 886. Hans Worst must Ulrich singen und lachen übern bart (oomieren); Liliencron, Hist. Lieder, Nr. 513 (1545). Ich wil dir den Peter Puff singen (Püffe geben); Hans Sachs, 4, 3, 19 b. Und singen stets den wemmerweh; ebendas., 2, 4, 114 a und 5 a. Kanst solches alles nit erschwingen, must im versetzten ton du singen (Sachen versetzen); ebendas., 1, 441 c. Das lied im narren bon; Brant, 108, 153.

das es nit undergang von schwär,
das doch groß schad uf erden wär;
dan wo narren nit drunken win 15
er gült ietz kaum ein örtelin;
aber die su macht ietz vil jungen;
die wüst rot hat wißheit vertrungen
und laßt sie nieman zů dem bret,
die su allein die kron ufhet. 20
wer wol die fuglock lüten kan,
der můß ietz sin do vornan dran.
wer ietz kan triben sollich werk,
als treib der pfaff vom Kalenberk
oder münch Eilsam mit sim bart, 25
der meint, er tůg ein gůte fart;
mancher, der tribt solch wis und wort,
wan die Horestes säh und hort,
der doch was aller sinnen on,
er sprech, es hets kein sinniger gton. 30
Suferinsdorf ist worden blint;
das schafft, das buren drunken sint.
herr Ellerkunz den vordanz hat
mit Wüstgenůg und Seltensatt.
ein ieder narr will fuerk triben, 35
das man im loß die büchsen bliben,
die man umfürt mit esels schmer;
die esels büchs würt selten ler,
wie wol ein ieder drin wil grifen
und domit schmieren sin sackpfifen. 40
die grobheit ist ietz kumen uß
und wont gar noh in iedem huß,

---

13 schwär, Schwere. — 16 gylt A. — örtelein, Heller, kleine Münze. — 17 macht, gebiert. Vgl. 49, 10. — 18 rot, Rotte. — vertrungen, verdrängt. — 19 bret, Bretspiel, zum Spiel kommen wie 64, 42: ins spil; in allgemeinerer Bedeutung: erhoben werden. — 22 vornan dran vgl. 17, 9. — 24 treib, trieb. — Kalenberg, der angeblich unter Otto dem Fröhlichen in und um Wien sein Wesen getrieben haben soll. Die Schwänke in Hagen's Narrenbuch gedruckt. Vgl. Grundriß, §. 105, 6. — 25 Eilsam, Ilsan, aus dem Rosengarten. — 29 on, ohne, beraubt. — 31 Suferinsdorf, hier eine Art Personification des feinern Betragens der heimkehrenden Bauern; sonst sprichwörtliche Warnung, Mahnung zur Behutsamkeit. — 33 Ellerkunz, ein grober Klotz, aus Ellern, Erlen gebauen, ein halbbüchner Kerl. — 34 Wüstgenůg, personificirte Garstigkeit. — Seltensatt, Gefräßigkeit, Nimmersatt. Vgl. Uebelleb, Wolleb, Seltenreich bei Seb. Frank, Sprichw., 2, 76^b. — 37 esels schmer, 14, 1 und 72, 48. — 42 gar noh, beinahe.

das man nit vil vernunft me tribt.
was man ietz redet oder schribt,
das ist als uß der büchsen gnomen, 45
voruß, wan prasser zamenkumen;
so hebt die su die metten an,
die primzit ist im eselton,
die terz ist von sant Grobian;
hůtmacherknecht singen die sext, 50
von groben filzen ist der text;
die wüst rot sitzet in der non,
schlemmer und demmer darzů gon;
darnoch die su zůr vesper klingt,
unflot und schamperion dan singt; 55
dan würt sich machen die complet
wan man „all vol" gesungen het.
das eselsschmalz unmüssig ist,
mit bergemschmär ist es vermischt;
das stricht ein gsell dem andern an, 60
den er wil in der gsellschaft han,
der wüst wil sin und das nit kan.
man schont nit got noch erberkeit;
von allem wüstem ding man seit;
wer kan der aller schamperst sin 65
dem bütet man ein glas mit win
und lacht sin, das das hus erwag;
man bitt in, das er noch eins sag;
man spricht: „das ist ein gůter schwank,
domit würt uns die wil nit lank." 70
ein narr den andern schriget an:
„bis gůt gesell und frölich man!
feti gran schier, e belli schier!
was freůd uf erden hant sunst wir,

---

46 zamen, zusammen. — 47 metten u. s. w., die sieben Tagzeiten des Gebets Mette, Prim, Terz, Sext, None, Vesper, Complet. — 50 fg. hůtmacherknecht, Hutmachergesellen, weil sie mit groben Filzen umgehen; Filze wurden die Bauern genannt; Grimm, Wörterb., 3, 1632. Muß seiner grobheit halber als ein grober filz und vülz vom bisch weichen; Zimmern, 2, 526, 8. — 57 und singen alzeit: all voll all voa; Ain strafred u. s. w., B 3[b]. — 58 eselsschmalz, 14, 2. — 59 bergemschmär, Schweinefett.· — 66 bütet, bietet. — 67 erwag, erzittere. — 70 wile A. — 72 bis, sei. — 73 feti gran schier, e belli schier! faites grande chière et belle chière, macht fröhliche Gesichter; S. Frank, 2, 145 [b]. Trink, mein cumpan, courasche boneschere; Fischart, Garg., 1590. 192. Er vermocht sich nicht des bellischierens und lappenruckens; ebendas., 79.

wan wir nit gůt gesellen sigen? 75
lont uns sin frölich, prassen, schrigen!
wir hant noch klein zit hie uf erd,
das uns dasselb zů lieb doch werd;
dan wer mit bot abstirbt, der lit
und hat dar noch kein frölich zit. 80
wir hant von keim noch nie vernomen,
der von der hell sig wider kumen,
der uns doch seit, wie es do stůnd?
gůt gsellschaft triben, ist nit sünd!
die pfaffen reden was sie went, 85
und das sie diß und jens geschend!
wer es so sünd, als sie uns schriben,
sie däten es nit selber triben.
wan nit der pfaff vom tüfel seit,
der hirt von wolfen klagt sin leit, 90
so hetten sie beib nüt darvon."
mit solcher red narren umgon
und dünt mit irer groben rot
all welt geschenden und ouch got,
doch werden sie zů letst zů spot. 95

73.

Mancher der stelt noch geistlicheit,
der anbůt pfaffen, klosterkleit
den es berüt, und würt im leit.

Von geistlich werden.

Noch hat man anders ietz gelert,
das ouch ins narrenschiff gehört,

---

75 sigen, seien, wären. — 76 schrigen, schreien. — 79 lit, liegt (und
steht nicht wieder auf). — 82 sig, sei. — 85 went, wollen. — 86 und das
sie diß und jens geschend! und dies und jenes mögen sie, die Pfaffen,
schänden; sie mögen verflucht sein. — 91 hetten, gewännen.

a: stelt noch, trachtet nach. — geistlicheit, geistlichem Stande. — c: be-
rüt, gereut. — 1 gelert, gelernt.

des būt sich bruchen ieberman;
jeder bur will ein pfaffen han,
der sich mit müssiggan erner,
on arbeit leb und sig ein her;
nit, das er das tūg von anbacht
oder uf selen heil hab acht,
sunder das er mōg han ein hern,
der all sin gschwister mōg ernern,
und loßt in wenig darzū lern.
man spricht: „er mag licht darzū künnen,
er darf noch grösser kunst nit sinnen
echt er ein pfründen kan gewinnen";
und wigt priesterschaft so gering,
als ob es si ein lichtes ding.
des findt man ietz vil junger pfaffen,
die als vil künnen als die affen
und nement doch selsorg uf sich,
do man kum eim vertrut ein vich;
wissen als vil von kirch regieren
alls müllers esel kan quintieren;
die bischōf, die sint schuldig dran,
sie soltens nit zūm orben lan
und zū selsorgen voruß nūt,
es werent ban ganz bapferlūt,
das einer wer ein wiser hirt,
der nit sin schof mit im verfūrt.
aber ietz wānen djungen lassen,
wan sie allein ouch werent pfaffen,
so hett ir ieder was er wolt;
es ist für war nit alles golt,
das an dem sattel etwan glißt;
mancher die henb dar an beschißt
und loßt sich jung zū priester wihen,
der ban sich selb būt malebien,

---

4 jeder bur will ein pfaffen han, jeder Bauer will einen der Seinen
Pfaff werden lassen. — 6 sig, sei. — 7 tūg, thue. — 9—10 herren : erneren:
leren A. — 12 darzū künnen, dafür genug wissen. — 13 noch, nach. —
15 wigt, hält im Werthe, schätzt. 18 als .. als, ebenso viel .. wie. —
20 vich, Vieh. — 22 quintieren, auf der Quint.rne (Laute) spielen. —
24 soltens, sollten sie. — 26 bapferlūt (wie biderlūt), tüchtige Männer. —
28 verfūrt, zu Gr·nde richtet. 46, 36; 108, 127. — 29 die jungen A. —
34 beschißt, beschmuzt

das er nit lenger gbeitet hat;
der selben mancher bättlen gat.
hett er ein rechte pfrund geban,
e er die priesterschaft nam an, 40
es wer im darzů kumen nit.
vil wiht man, durch der herren bit
oder uf diß und jenes disch,
darab er doch ist wenig visch.
man lehnet brief einander ab 45
domit, das man ein titel hab,
und wänen den bischof betriegen,
so si mit irm verderben liegen.
kein ärmer vich uf erden ist
dan priesterschaft, den narung gbrist; 50
sie hant sunst abzüg überal,
bischof, vicari und fiscal,
den lähenherrn, sin eigen fründ,
die kellerin und kleine kind,
die geben im erst rechte büff, 55
das er kum in das narrenschiff
und domit aller freüd vergeß.
ach got, es haltet mancher meß,
do weger wer er ließ darvon
und rürt den alter niemer an; 60
dan got acht unsers opfers nicht
das in sünden mit sünden gschicht.
zů Moysi sprach got der herr:
„ein iedes tier, das mach sich verr
und rür den heiligen berg nit an, 65
das es nit grosse plag müß han."
Oza, der angerüret het
die arch, des starb er an der stet;
Chore das wihrouchvaß rürt an,
und starb, Dathan und Abyron. 70
das gwihte fleisch schmeckt manchem wol;
der wermt sich gern bi klosterkol,

---

37 gebeitet, gewartet. — 48 liegen, lügen. — 50 gebrist, mangelt. —
54 kellerin, Wirthschafterin. — 55 büff, Püffe, Stöße. — 59 weger, besser.
— 60 alter, Altar. — 63 2 Mos. 19, 12—13; 23. — 67 Oza, Usa, Usta.
2 Sam. 6, 7. — 69—70 4 Mos. 16. — 72 klosterkol, Klosterkohlen, im Kloster.
Denn pfaffenkolen riechent wol; Murner, Schwindelsh., D ª.

dem doch zů letst würt für und glůt.
verstanden lůten ist predigen gůt.
man stoßt manch kind ietz in ein orden; 75
e es ist zů eim menschen worden
und es verstand, ob das im sy
gůt oder schad, städt es im bri.
wie wol gůt gwonheit bringet vil,
rut es doch manches underwil, 80
die dan verflůchen all ir frünt,
die ursach solches ordens sint.
gar wenig ietz in klöster gont
in solcher ält, das sies verstont,
oder die durch gots willen dar 85
kumen, und nit mer durch ir nar
und hant der geistlicheit nit acht.
all ding dünt sie dan on andacht,
voruß in allen örden ganz,
do man nit haltet observanz. 90
solch klosterkatzen sint gar geil,
das schafft, man bindt si nit an seil.
doch lichter wer, kein orden han,
dan nit recht důn, eim ordens man.

74.

Mancher vil kost uf jagen leit,
das im doch wenig ußbreit,
wie wol er dick ein weidspruch seit.

Von unnutzem jagen.

Jagen ist ouch on narrheit nit,
vil zit vertribt man on nutz mit;

---

74 verstanden, verstehenden. — 80 rut, reut. — wile A. — 84 ält, Alter (ohne den Begriff des höhern Alters). — 85 burch, um. — 86 nar, Nahrung, Unterhalt, um ihrer Versorgung willen. 79, 3. — 87 geistlicheit, des geistlichen Standes und der damit verbundenen Pflichten. — 91 geil, übermüthig.

b: ußbreit, austrägt, abwirft. — c: weidespruch, Jägerschrei. Die alten Jägerschreie bei Grimm (Altd. Wälder, 3, 131; Schnurr, Kunstbuch, 1666, S. 422; Fischart-Sellt, Feldbau, 1580, S. 565) sind aus Non Meurer's Jag- und Forstrecht, das unter Friedrich III. im 15. Jahrhundert verfaßt wurde.

wie wol es sin sol ein kurzwil,
so darf es dannaht kostens vil;
dan leithund, wind, rüben und bracken
on kosten füllen nit ir backen,
des glich hundvogel, väderspil
bringt als kein nuß und kostet vil.
kein hasen, rephûn vohet man,
es stat ein pfund den jäger an;
darzů darf man vil herter zit,
wie man im nochlouf, gang und rit,
und sůcht all berg, tal, wäld und heck,
do man verhag, wart und versteck
mancher verscheicht me, dan er jagt,
das schafft er hat nit recht gehagt;
der ander voht ein hasen oft
den er hat uf dem kornmarkt kouft;
mancher der wil gar freibig sin
wogt sich an löwen, beren, schwin
oder stigt sunst den gämpsen noch,
dem wûrt der lon zů letsten doch.
die buren jagen in dem schne;
der abel hat kein vorteil me,
wan er dem wiltpret lang nochlouft,
so hats der bur heimlich verkouft.
Nembroht zům erst fing jagen an,
dan er von got was ganz verlan;
Esau der jagt, um das er was
ein sünder und der gots vergaß.
wenig jäger als Humpertus
findt man ietz und Eustachius;

---

4 darf, bedarf. — bannaht, dennoch. — 5 leithund, Spürhund. —
Wind, Windhunde zum Jagen, Hetzen. — rüben, Hühnerhund, Vorstehhunde. —
bracken, kleine Hunde. — 7 hund, vogel A (aber als ein Wort zu nehmen,
44, a), Jagdvögel wie Falken u. s. w. — väderspil, Federspiel. Vgl. Grimm,
Wörterb., 3, 1407 fg. Federspil ist Kampf des Geflügels. — 10 anstehen,
kosten, zu stehen kommen; den jäger scheint dat. plur. sein zu sollen. —
11 herter, harter, anstrengender. — 13 heck, Hagen, Gebüsch. — 14 verhag,
verborgen (oder: sich verberge?) warte. — versteck, Schlupfwinkel (von wart
abhängig (oder: sich verstecke). Oder: verhage, hege, wart schone und ver-
steck bege und schone. — 16 hagen, hegen. — 17 voht, fängt. — 19 freibig,
muthig. Wenig getruw rothfüchs man findt, Den wißen freibikeit gebrist; Facet.,
c 2^b. — 24 vorteil, etwas voraus, Vorzug. 83, 47. — 31 Humpertus,
Hubertus, Schutpatron der Jäger, wie Eustachius-Placibus auf der Jagd bekehrt
Bischof von Lüttich.

die ließen doch den jäger stot,
just truten sie nit dienen got.

75.

Wer schieſſen wil, der lůg und trif,
dan důt er nit die rechten grif,
so schüßt er zů dem narrenschif.

Von bosen schutzen.

Wolt es die schützen nit vertrießen
ich richt ouch zů ein narrenschießen
und macht ein schützrein an dem staben
des mancher fält, nit on sin schaden.
darzů sint goben ouch bestelt,   5
der nähſt bim zil, der selb der helt;
zům minst er zů verstechen kumt;
doch lůg er und heb nit in grunt
noch in die höh, sunder ins zil,
wan er den zwäck sunst rüren wil   10
und bůg sin anschlag nit zur il.
vil sint die schieſſen über uß,
eim bricht der bogen, senn und nuß,
der důt am anschlag manchen schlipf;
dem ist verrückt stůl oder schipf;   15

---

d: Vgl. Grob's Ausreden der Schützen in Haupt's Zeitschr., 3, 262 fg., und Fischart, Garg., 1590, 351 fg. — 3 schützrein (soll heißen schůß — schießrein, vgl. B. 20), Schießplatz, Schießstand. — staben, Ufer. 108, 12. — 4 bes..fält, das .. verfehlt. — 5 goben, Gaben, Preise. — 6 helt, hält, ist der erste, der beste Mann. — 7 zum minst, wenigstens. — verstochen, das wiederholte Schießen zweier Schützen, die gleich nahe zum Ziel geschoſſen (engere Wahl), wo einer den andern ausſticht, überſticht. Stächen, waar um waar, permutare pretio vel merce; Maaler, 382. Erſt tetens auf einander ſtechen (sich überbieten); Hans Sachs, 2, 4, 86 d. — 8 heb, halte, ziele. — in grunt, auf die Erde, zu niedrig. — 10 zwäck, der Stift inmitten der Scheibe, niederd. pinne. — sunſt, anders. — rüren, treffen. — 11 bůg zur il, thue nicht zur Eile, eile nicht. 48, 49. — 12 über uß, drüber hinaus (oder: überaus, außerordentlich gut?). — 13 senn A, Sehne, Senne. — nuß, der Drücker an der Armbruſt. Hans Sachs, 4, 3, 94 d. — 14 schlipf, abgleiten, beim Spannen der Sehne. — 15 stůl oder schipf, der Pflock, worauf die Armbrust beim Anlegen ruht.

dem loßt das armbruſt, ſo ers rürt,
das ſchafft, der windfad iſt geſchmiert;
dem ſtädt das zil nit glich als e,
und kan. ſin gmerk nit haben me;
der hat gemacht gar vil der ſchütz, 20
die im doch ſint ganz wenig nütz,
das ſchafft, im würt die ſu kum wol,
wan man zů letſt verſchieſſen ſol;
kein ſchütz ſo wol ſich iemer rüſt,
er findt alzit das im gebrüſt, 25
dan diß, dan jens, do mit er hett
ein wörwort, das ſin glimpf errett;
wan er nit hett gefälet dran
ſo hett er fri die gob behan.
voruß weiß ich noch ſchützen mer, 30
wan die ein ſchieſſen hören verr,
do hin von allen landen lůt
zů ziechen uf beſtimte zit
die beſten die man fünden kan,
der einr die gob kum vor wolt han, 35
dan er all ſchůß halt an dem zwäck,
das einer dan iſt ſo ein gäck,
der weiſt, das er nůt gwinnet gar
und dannacht dohin ziehen tar
und do verſůchen ouch ſin heil, 40
ich nem ſin zerung für ſin teil;

---

16 loßt, läßt, geht los. — 17 windfab, Windfaden, Bindfaden, Schnur,
Sehne. — 20 ſchütz, Schüſſe, denn elſäſſiſch und ſchweizeriſch geht ß häufig in ſ
über: erdfloz, 57, 35; berutzen, 110 [b], 5; bitzhar; Wenker, Glevenbürger, 36.
Was gruz iſt das, den ich hie hör; Junkklin, Geburt, 101. Seiſt gegrüßt; ebendaſ.,
93. Entbloßt in gar von ſeiner hab; Daniel, R 2ª. Das ſanctiſſimus reit ſo
latz (: platz); Bileamseſel, 444. Der ußſchutz; Röhrich, Mittheil., 3, 99. —
22 ſchafft, hat die Folge daß. — ſu, Sau, d. h. nichts. Vgl. 43. 62. — kum,
kommen, zu Theil. (Zarncke ſcheint kum, kaum, zu deuten, und die Sau als
einen wirklichen Gewinn anzuſehen, vielleicht weil er ſchafft als erklärenden,
nicht als wirkenden Grund auffaßt.) — 23 verſchießen wie verſtochen, V. 7. —
27 wörwort, Entſchuldigung, Ausrede. 2, 17. — glimpf, Geſchicklichkeit. —
29 fri, freilich. — behan, behalten, erhalten. — 30—39 es gibt Narren, die
zu fernen Schießen ziehen, wo ſich die beſten Schützen ſammeln, ſo daß jene vor-
aus wiſſen können, für ſie werde nichts abfallen. — 35 der einr, keiner würde. — 36 dan er all
ſchůß halt an dem zwäck, denn alle ſeine Schüſſe treffen ans Centrum. —
37 gäck, Geck, Eitler. 76, 1. Die Reinländer nennt man die jeden; Hans Sachs,
4, 3, 92 [b]. — 39 tar, ſich unterſteht. — 40 heil, Glück. — 41 ich nem ſin
zerung für ſin teil, er verzehrt mehr als er gewinnt.

ich will des gelts in doppel gschwigen,
die su würt im in ermel schrigen.
zůr wisheit mancher schiessen wil
und wenig treffen doch das zil, 45
das schafft, man seigt nit reht darnoch;
der halt zů nider, der zů hoch,
der loßt sich bringen uß dem gseig,
dem bricht sin anschlag ganz entzwei,
der bůt als Jonathas ein schuß, 50
dem sert sin anschlag hinden uß;
wer wisheit eben treffen wil
der durst, das er hett solche pfil,
der Hercules hatt me dan vil,
mit den er traf alls das er gert, 55
und was er traf, fiel dot zůr ert.
wer recht zůr wisheit schiessen wil,
der lůg das er halt moß und zil;
dan fält er, oder hebt nit dran,
so můß er mit den narren gan. 60
wer schiessen wil und fält des rein,
der dreit die su im ermel hein;
wer jagen, stechen, schiessen wil,
der hat klein nutz und kosten vil.

---

42 **doppel** (Würfelspiel), Glückstopf. Frember gäst, der hat man vil zu disem toppel eingelon; Welschgattung, K 3 [b]. — 43 er wird verlieren. B. 62. — 46 **seigen**, zielen, visteren. — 48 **gseig**, vgl. 46. — 50 1 Sam. 20, 36. — 54 Serv. ad Vigil., 3, 402; Virgil. ed. Brant, cxcviii [b]. — 56 **viel** A. — 59 **fält**, fehlt. — **hebt**, hält, trifft. — **dran** (am Zweck, Centrum). — 61 **rein**, Schießbahn. — 62 vgl. 22 und 43. Und muß der herr die sau heimtragen; Hans Sachs, 4, 3, 20 [a]. Die sau davon tragen; Zimmern, 3, 233, 16. — 63 **stechen**, turnieren. 110, b, 76.

76.

Ritter Peter von Altenjoren,
ich muß uch grifen an die oren;
mir gdenkt, das wir beid narren woren,
wiewol ir füren ritters sporen.

Von grossem ruemen.

Die gäckennarren ich ouch bring,
die sich berümen hoher ding
und wellent sin, das sie nit sint,
und wänen, das all welt si erblindt,
man kenn sie nit und frag nit noch. 5
mancher will edel sin und hoch
des vater doch macht bumble bum
und mit dem küfer werk ging um,
oder hat sich also begangen,
das er vacht mit einr stählen stangen, 10
oder rant mit eim judenspieß,
das er gar vil zů boden stieß
und wil, das man in junker nenn,
als ob man nit sin vatter kenn,
das man sprech: meister Hans von Menz 15
und ouch sin sün junker Vincenz.
vil rümen hoher sachen sich
und bochen stäts zů widerstich

---

a: Ritter Peter von Altenjahren, eine fingierte Persönlichkeit; alter Prahler. Vgl. 55, 6. — c: mir gedenkt, mich dünkt, schwebt in Gedanken vor. Mir gdenkt das wol in unsern tagen Karl v. Burgund zu grund ging; Murner, Narrenb., g. Vgl. Grimm, Wörterb., 2, 938. — d: ritterssporen, die Sporen der Ritter waren golden. — 1 gäcken, narren A, auch hier ist das Komma Bindestrich. Es sind die eitlen, prahlerischen Narren. 75, 36. — 4 wänen, vielleicht zu contrahieren wän, und dann fig für si zu lesen, um den Hiatus zu beseitigen, den Brant jedoch nicht scheut. — 5 noch, nach. — 7 bumble bum, Nachahmung des Tons der Trommel, des Fasses. Pumerleypumb; Hans Sachs, 4, 3, 58[b]. Bumberlibum; Geiler. Bumerle bum; Bileamsesel, 880. Bumerlein pum; Uhland, Volksl., 521. Vgl. zu Gengenbach, 673. — 9 begehen, sich ernährt sich. 19, 43. — 10 vacht, focht. — stäheln stange, hasta, dies bei Versteigerungen, subhastatio, gebrauchte Symbol der Unterwerfung; Unterdrückung der Armen. — 11 judenspieß, Wuchertreiben. 93, 25. — 15 Menz, Mainz. Die Mainzer galten für Lügner. — 16 Vincenz, mit Anspielung auf vincere, siegen. — 18 bochen, prahlen. — zů widerstich, wie oben 19, 68, zů widerstrit; um die Wette, Schlag um Schlag. Eins ums ander, stich um stich; Murner, Narrenb., g.

<pre>
        und sint doch narren in der hut,
        als ritter Peter von Brundrut,   20
        der wil das man im ritter sprech,
        dan er zů Murten in dem gstech
        gewesen si, do im so not
        zů fliechen was, das im der kot
        so hoch sin hosen hat beschlemt,   25
        das man im weschen müst das hemb,
        und hat doch schilt und helm darvon
        brocht, das er si ein edel man:
        ein hapich hat farb wie ein reiger
        und uf dem helm ein nest mit eiger,   30
        darbi ein han sitzt in der muß,
        der wil die eiger brüten uß.
        der selben narren findt man mer,
        die des went haben gar groß er,
        das sie sint vornan gwesen dran;   35
        da es wolt an ein fliehen gan,
        lůgten sie hinder sich langzit,
        ob in nochkämen ouch me lüt?
        mancher seit von sim vächten groß,
        wie er den stach und jenen schoß,   40
        der doch von im was wol als wit,
        er bät im mit einr hantbüchß nüt.
        vil stellen ietz noch edeln woppen,
        wie sie füren vil löwendoppen,
        ein krönten helm und gulbin feld,   45
        die sint des adels von Bennfeld;
</pre>

19 hut, Haut. — 20 Brundrut, Pruntrut, dessen Bewohner seit dem burgundischen Kriege in Basel übel angeschrieben waren; hier in obscöner Bedeutung wie Brundelbach zu 55, 6 und Conniget 92, 18. Vgl. zu B. 72. — 21 im sprech, B. 80 und 38, 91, ihn anrede; und spricht zu im alsbald gnobher; Gengenb., 65. — 22 Murten.. gstech, die Schlacht bei Murten 1476. — 23 do im so not was, wo er's so eilig hatte. — 24 kot, der eigne Roth. — 25 beschlemt, besudelt. — 26 weschen, waschen. — 27 schilt und helm, Zeichen des Adels. Das Wappen ist natürlich bloßer Spott, dieser aber dunkel. — 29 hapich, Habicht. — reiger, Reiher. — 30 eiger, Eiern. — 31 muß, Mause. — 34 ere A. — 35 vornan bran 17, 9. — 44 doppen, Tappen, Tatzen. Die jung ich doch lieber netz, als ein katz die tapen; Fischart, Garg., 170. Da die buben mit beiden tapen in den pratpfann liegen; ebendas., 151. — 46 die sint, die da sind. — Bennfeld, ein Dorf bei Straßburg, das hier wegen des Anklanges an benne, Bauerkarren (Grimm, Wörterbuch, 1, 1473), gewählt ist; Brant sagt: sie sind aus dem abligen Hause derer von Wagenfeld, Ackerpflug u. dgl. Vgl. 55, 6.

ein teil sint edel von den frouen,
des vater saß in Ruprechtouen;
sinr muter schilt gar mancher fürt, 50
das er villicht am vater irrt.
vil hant des brief und sigel gůt,
wie das sie sint von edelm blůt,
sie went die ersten sin von reht,
die edel sint in irm gschlecht,
wiewol ichs nit ganz straf noch acht; 55
uß tugent ist all adel gmacht.
wer noch gůt sit, er, tugent kan,
den halt ich für ein edel man;
aber wer het kein tugent nit,
kein zucht, scham, er, noch gůte sit, 60
den halt ich alles adels lår,
ob joch ein fürst sin vater wer.
adel allein bi tugent stat,
uß tugent aller adel gat.
des glich wil mancher doctor sin, 65
der nie gesach Sext, Clementin,
Decret, Digest, ald Jnstitut,
dan das er hat ein pirmenthůt,
do stat sin recht geschriben an;
der selb brief wißt als, das er kan, 70
und das er gůt si uf der pfif.
darum so stot hie doctor Grif,
der ist ein glert und witzig man,
er grift eim ieben d'oren an

---

48 Ruprechtouen, Vergnügungsort bei Strasburg; hier mit bösem Nebensinn: „farent in Ruprechtsau, das man die nerrin aneschau. wiltu die frouen mit verlieren, was darfstu dann sie käuflich fleren"; Murner, Narrenbeschw. — 50 das, weil. — 55 acht, achte, weder strafe noch lobe. acht, als ächten, tadeln, zu fassen, scheint unzulässig, da keine Belege vorhanden sind. — 56 gemacht, erzeugt, entsprungen. — 57 ere A. — kan, versteht. — 60 ere A. — 66 Sert u. f. w., die römischen Rechtsquellen. — 67 ald, oder; nur an dieser Stelle im Narrenschiff; sonst sehr üblich. — 68 pirmenthůt, Pergament wurde von Eselshaut gemacht, die hier natürlich des Narren eigene Haut ist; er documentirt sich selbst. — 72 doctor Grif, fingierte Persönlichkeit, der den Namen durch die That hat (zugreifen, Kunstgriffe). Dasselbig ist sein (Murner's) rechte schůl, in welcher man lernt, wer Uli von Stauffen sei, doctor Greif von Basel und ritter Peter von Runtziglori; Stysel, Antwort, 1523, A 9[b]. Aber so er (Murner) uns vergleicht dem Uli von Stauffen und doctor Greifen von Basel, bedunkt in, er hab eine große weisheit hie erzeigt; ebendas., C 1[a]. — 74 die oren A.

und kan me, dan manch doctor kan; 75
der ist doch in vil schůlen gstanden,
in nohen und in ferren landen,
do doch die göuch nie kamen hin,
die mit gwalt went doctores sin;
man můß in ouch her doctor sagen, 80
darum das si rot röck antragen
und das ein aff ir můter ist.
ich weiß noch einen heißt Hans Mist,
der wil all welt des überreden,
er si zů Norwegen und Schweden, 85
zů Alkeir gsin und zů Granat
und do der pfeffer wechst und stat,
der doch nie kam so verr hinuß.
hett sin můter doheim zů huß
ein pfannkůch oder würst gebachen, 90
er hets geschmeckt und hören krachen.
des rümens ist uf erd so vil,
das es zů zälen näm groß wil.
dan iedem narren das gebrist,
das er wil sin, das er nit ist. 95

77.

Vil hant zů spil so grossen glust,
das sie keinr kurzwil achten sust
und merkent nit kunftig verlust.

Von spilern.

Sunst sind ich närrscher narren vil,
die all ir freüd hant in dem spil,
meinend, sie möchten leben nit,
solten sie nit umgon domit,

---

75 kan, weiß. — 77 nohen, nahen. — 81 antragen, tragen, anhaben. — 83 Die niederdeutsche Uebersetzung (Lübeck 1497) hat hier: Hans Worst, den Luther durch seine Streitschrift gegen Heinz von Wolfenbüttel populär machte. Mein gsell Wurst Hans; Hans Sachs (1559), 2, 4, 122 fg. Hans Mist schon in den Fastnachtspielen, 342. — 90 gebachen, gebraten. — 93 wille A.

und tag, und nacht spielen, und raffen 5
mit karten, würflen und mit braffen;
die ganz nacht, uß und uß, sie fässen,
das sie nit schliefen oder ässen;
aber man muß gedrunken han,
dan spiel das zündt die leber an, 10
das man würt bürr und durstes vol.
des morgens so entpfindt man wol:
einer sicht wie die guten bieren
der ander spüwet hinder d'türen
der drit ein varb hat an sich gnomen, 15
als wer er uß dem grab erst kumen,
oder glißt in sim angesicht
glich als vor tag ein schmidtknecht sicht;
den kopf hat er also gebient,
das er den ganzen tag usgient, 20
als ob er fliegen vohen wolt;
keiner verdienen möcht groß golt,
das er an einer predig säß
ein stund, und er des schlofs vergäß;
er würd den kopf schlagen in gören, 25
als ob der prediger uf solt hören.
aber im spil gar lange zit
sitzen, acht man des schlofes nüt.
vil frouen, die sint euch so blint,
das sie vergessen wer sie sint, 30
und das verbieten alle recht
solich vermischung beider gschlecht,
die mit den mannen sitzen zamen,
ir zucht und gschlechtes sich nit schamen
und spilen, rasslen spat und frü, 35
das doch den frouen nit stat zů.

---

5 raſſen, 35. würfeln. — 13 bieren, Birnen; 94, 8 (ſind die guten Birnen zeitige, welke oder getrocknete). — 14 ſpüwet, ſpeit, bricht. — die türen A. — 19 gebient, gebühnt. „Er hat ſich Kopf ſo grundiert, eingenommen, daß er"; Grimm, Wörterbuch, 2, 510. Ein nůw ſaß, womit man es zu dem erſten binet, do nach ſchmackt es ewiglichen; Geiler, Bilger, 151 [a]. Dieſer ſtauf mag die bin netzen; Fiſchart, Garg., 1590, 163. Auch ſeinen heiligen athem wol verbinet, vernitet und antidotirt mit ſtarkem weinelenden ſirup; ebend., 314. Bauchgetäfer und barmgebün; ebendaſ., 107. bühnen, aufräumen. — 20 uſgient, aufgähnt. — 25 gören, Gewand, Schoß. — 33 zamen, zuſammen. — 35 raſſeln, was raſſen B. 5.

sie solten an der kunkel läcken
und nit im spil bin mannen stäcken;
wan ieber spilt mit sinem glich
durst er dest minder schamen sich. 40
do Alexanders vater wolt,
das er um gaben loufen solt,
dan er zů loufen vast geng was,
sprach er zů sinem vater das:
„billich wär, das ich alles bät, 45
das mich min vater hieß und bät,
on zwifel ich gern loufen wolt,
wan ich mit küngen loufen solt;
man durst darzů nit beten mich,
wan ich het iemans minen glich." 50
aber es ist ietz darzů kumen
das pfaffen, adel, burger, frumen
setzen an köppelsknaben sich,
die in nit sint an eren glich;
voruß die pfaffen mit den leigen 55
solten ir spil lon underwegen
wan sie echt wol betrachten das
ir ufsatz und den alten haß.
der Nithart ist sunst under in,
der rögt sich mit verlust und gwin, 60
und ouch das in verboten ist
kein spil zů tůn zů aller frist;
wer mit im selber spielen kan,
dem gwinnt gar selten iemans an
und ist on sorg, das er verlier 65
oder das man im flůch böß schwůr.
die wil ich aber sagen sol,
was stand eim rechten spieler wol,

---

37 kunkel, Spinnroden. — läcken, den Faden netzen. Min fraw laß ich and kunkel schmecken; Gengenb., 64, 286. — 43 geng, behende. Vgl. 100 b. Und machet geng zur red die zung; Thesmoph., 671. — 49 beten, bitten; nur hier nachgewiesen. — 53 köppelsknaben, Baderknechte. 17, 30. — 55 leigen, Laien. — 57 echt, wenn nur. — betrachten, betrachteten. — 58 ufsatz, Aufsatz, Feindschaft. Die alte Feindschaft zwischen Pfaffen und Laien nahm Brant aus Poggio's Facetien 261 in seine Fabeln (Basel 1501), Bl. E, auf. — 59 Nithart, der personificierte Haß. — 64 angewinnen, abgewinnen. — 67 wile A.

wil ich Virgilium har bringen,
der also redt von selben dingen: 70
„veracht das spil zů aller zit
das dich nit btrůb der schántlich git
dan spiel ist ein unsinnig bgir,
die all vernunft zerstört in dir.
ir dapfern, hůten ůer er, 75
das uch das spil die nit verser!
ein spiler můß han gelt und můt,
ob er verlürt, das han für gůt;
kein zorn, flůch, schwůr, ußstoßen ganz.
wer gelt bringt, der lůg wol der schanz, 80
dan mancher zů dem spil kumt schwår,
der doch zůr důren ußgat lår.
wer spilt allein durch grossen gwin,
dem gat es selten noch sim sin.
der hat gůt frid, wer spilet nit; 85
wer spilt, der můß uffeßen mit.
wer all ůrten besitzen wil
und sůchen glůck uf iedem spiel,
der můß wol ufzůsetzen han
oder gar dick on gelt heim gan. 90
wer drig sůcht hat und stelt noch mir,
so werden unser schwestern vier."
spiel mag gar selten sin on sünd,
ein spieler ist nit gottes frůnd
die spieler sint des tüfels kind. 95

---

69 Virgilius; das ihm beigelegte Gedicht de ludo. — 72 git, Gelbgier.
— 75 dapfern, Tüchtigen. — ere A. — 78 han, zu haben. — für gůt 42, 19.
— 82 düren, Thür. — 83 durch, um . . willen. — 86 uffeßen, einseßen.
Vgl. 68, 8. — 87 ürten, Zechen; wer im allen Schenken seßen will. — 91 drig,
drei. — sůcht, Seuchen. In dem lateinischen Gedichte sagt ludus: Initio furlis
ego sum tribus addita quarta.

78.

Vil narren sint in disem druck,
die doren sint in manchem stuck,
den sitzt der esel uf dem ruck.

Von gdruckten narren.

So vil sint in dem narrenorden,
das ich schier wer verseſſen worden
und het des schiffes mich versumt,
hett mir der esel nit gerumt.
ich bin der, den all ding dünt drucken, 5
wil mich recht in ein winkel schmucken,
ob mich der esel wolt verlon
und nit stäts uf mim rucken stan;
wan ich allein gbult darzů hab,
hoff ich, des esels kumen ab; 10
doch hab ich sunst vil giellen gůt
die druckt alls, das mich drucken důt:
als der nit volget gůtem rot;
wer zůrnet, so es nicht ist not;
wer unglück kouft; wer trurt on sach; 15
wer lieber krieg hat, dan gemach;
wer gern sicht mutwil siner kind;
wer halt sin nochbur nit zů fründ;
wer libet, das in druck sin schůch
und in sin frou im winhus sůch, 20
der ghört wol in das narrenbůch;
wer me verzert, dan er gewinnt,
und borget vil, so im zerrinnt;
wer zůcht sin frou eim andern vor,
der ist ein narr, gouch, esel, tor; 25

---

2 verſeſſen, sitzen geblieben wäre. — 4 gerumt, geschrien. —
6 schmucken, drücken, schmiegen. — 10 abkommen, frei werden von. —
15 sach, Ursache. — 16 gemach, Ruhe, Gemächlichkeit. — 19 drückt sie schůch,
heimlich leidet. Vgl. die Anekdote von Paul. Aemilius bei Plutarch, die durch
das ganze Mittelalter bekannt war. — 20 im winhus sůch, im Weinhause
aufsuche, um ihn heimzuholen, was als Zeichen Simons (Siemans, Hans
Sachs, 1, 481ᶜ) des Pantoffelregiments galt. — 24 vorziehen, vorführt, zeigt
(um mit ihrer Schönheit zu prahlen, wie Candaules, 33, 71). — 26 vile A, Menge.

wer gdenkt die vil der sünden sin
und was er drum müß liden pin
und mag doch frölich sin darmit,
der ghöret uf den esel nit,
sunder der esel uf sin ruck, 30
das er in ganz zů boden truck.
der ist ein narr, der sicht das gůt
und noch dem bösen stellen důt.
hie mit sint narren vil gerürt,
die diser esel mit im fürt. 35

79.

Wenn rüter, schriber grifen an
ein feisten, schlechten, bürschen man,
der můß die leber gessen han.

Ruter und schriber.

Schriber und rüter man ouch spott,
die sigen in der narrenrott;
sie bgont sich noh mit glicher nar;
der schindt heimlich, der offenbar;
der wogt sin lib in druck und naß, 5
der setzt sin sel ins dinktenfaß.
der rüter stoßt vil schüren an,
der schriber můß ein buren han,
der feist sig und mög triefen wol,
domit er riechen mach sin kol. 10
wan ieder dät, als er tůn sol,

---

29 gehöret A.

b: bürschen, bäuerischen, einen Geringen. — c: leber gessen han, der
muß die Leber gegessen haben, der Schuldige sein. Vgl. Hans Sachs, Lieder,
144; Grimm, Kinderm., Nr. 81; 3, 129. Wa bwelt eim menschen übel wil, Er
red dann oder schweig gar stil, So ist es alles unrecht tan, Er muß das leberlin
gessen han; Weltgattung, 1539, 3 b. — 2 sigen, seien. — 3 begont, ernähren
sich. 19, 43. — noh, nahezu. — nar, Erwerbszweig. 73, 86. Die ander
narung, die man hat, ist vast wers recht iez hinken lat; Welschgattung, A 6ª. —
5 druck, trocknem. — 6 dinktenfaß, Tintenfaß. — 7 anstoßen, anzünden.
86, 6. — 10 sin kohl, seinen Kohl. Vgl. dagegen 73, 72.

so weren sie beid geltes wert:
diser mit fädern, der mit schwert
möht man ir beid entberen nit,
wan ob der hant nit wer ir schnit 15
und durch sie würt das recht verjert,
man uß dem stägenreif sich nert.
die wil aber uf eigen gwinn
ein ieder stelt sin müt und sinn,
so wöllen sie verzihen mir, 20
das ichs im narrenschiff ouch für.
ich hab sie des gebeten nit,
ir ieder selb den fürlon git
und will sich uf ein nüs verdingen
sunst kunden vil ins schiff zu bringen. 25
schriber und glißner sint noch vil,
die triben ietz wild rüterspil
und neren sich kurz vor der hand,
glich wie die reißknecht, uf dem land.
es ist worlich ein grosse schand, 30
das man die strossen nit il frien,
das bilger, koufl üt sicher sigen,
aber ich weiß wol, was es düt —
man spricht, es mach das gleit vast güt.

---

15 ob der hant, oberhalb der Hand. — schnitt, Ernte; wenn sie nicht die Ernte über der Hand nähmen. — 17 stägenreif, wer Straßenraub treibt. Du nörst im stegraff dich; Hans Sachs, 1, 482ᶜ; 4, 3, 63ᶜ. — 18 wile A. — 23 fürlon, Lohn für die Fuhre im Narrenschiff. — 25 sunst kunden, andere Bekannte, Genossen. — 26 glißner, Gleißner. — 27 rüterspil, Reiterspiel. Vgl. Murner, Narrenbeschw. (Sattelnarung). — 28 kurz vor der hant, von dem, was ihnen vor die Hand kommt. — 29 reißknecht, reisige, Kriegsknechte. Gengenb., 544 fg. — 31 il frien, eile, frei zu machen. Doch schreibt Brant sonst yl (hier il) und den infin. mit zu 86, 59. — 34 geleit, Geleit durch das Gebiet für Geld.

80.

Ich bin geloufen ferr und wit,
nie lår das fleschlin was alzit,
biß ich diß brief den narren büt.

Narrehte botschaft.

Ob ich der boten nůn vergäß
und in nit dorheit ouch zůmäß,
sie manten mich e selber dran;
narren müssen ein boten han,
der trag im mund, und sig nit laß, 5
ein brieflein, das es nit werd naß,
und süferlich gang uf dem dach,
do mit der ziegelhuf nit krach;
lůg ouch das es in nit bevilt
me enden, dan man im entpfilt, 10
und, was er tůn soll und man heißt,
das er, vor win, darum nit weißt,
und langzit uf der straß sich sum,
domit das im vil lüt bekum,
und lůg, das er zår an der näh 15
und dri stund vor die brief besäh,
ob er künd wissen, was er trag,
und was er weiß, bald witer sag,
und leg sin däsch nachts uf ein bank,
so er nimt von dem win ein schwank, 20
und kum on antwůrt wider hein, —
das sint die narren die ich mein.
dem narrenschiff loufen sie noch,
sie finden es hie zwischen Ach;

---

7 süferlich, säuberlich. — gang, gehe. — dach, was dies Dachlaufen und Ziegelkrachen sagen soll, verstehe ich nicht. — 8 ziegelhuf, Ziegelhaufe. — 9 beviln, zu viel, lästig werden. Lug, wann du großes heischen wilt, das dich des kleinen nit bevilt; Cato, 196. Der kosten dich ganz nit besielt; Eirt Birk, Beel, A 3. — 10 me enden, mehr auszurichten. — 13 sum, säume. — 14 bekum, begegnen. 107, 5. Bekum ist das synkopierte bekumen. — 15 zår, zehre, herberge. — 16 bri stunt, dreimal. — vor, vorher. — 19 däsch, Tasche. — 20 schwank, kleiner Rausch. — 21 hein, heim A. Vgl. 3, 7; 34, 33; 36, 7; 85, 121; 105, 16. — 24 hie zwischen Ach, zwischen hier und Achen (als weite Entfernung. 103, 33). Zwischen dem britten thurn war der schießrein; Fischart, Garg., 1590, 551.

doch sollen sie sich des vermessen, 25
das sie des fläschlins nit vergessen,
dan in ir leber und geschirr
von loufen, liegen würt ganz dürr.
wie gůt der schne erkülung git,
wan man in findt in summers zit, 30
also ergetzt ein truer bot
den, der in ußgesendet hat.
der bot ist lob und eren wert,
der bald kan werben, das man bgert.

81.

Hie kumen keller, köch, ehalten,
all, die des hůses sorg důnt walten,
die redlich in dem schiff důnt schalten.

Von kochen und keller.

Ein bötlin erst vor uns hin lief,
das froget noch dem narrenschiff,
dem goben wir versalzen suppen,
das er dem fläschlin wol möcht luppen;
im was zů loufen also goch, 5
das fläschlin es on buren zoch;
wir wolten im brief geben han,
wolt es doch nit so lang still stan;
des kumen wir die straß hie schlecht:
keller und köch, megde, ehalt, knecht, 10
die mit der kuchen sint beschaft;
wir tragen all uf noch kuntschaft,

---

27 geschirr, Gemächt. — 28 liegen, lügen. — 29—32 Spr. Sal. 25. —
34 werben, bestellen, verrichten.

a: keller, Kellermeister. — ehalten, Dienstboten. — b: sorg ist gen. —
2 noch, nach. — 4 luppen (lupfen, heben), zusprechen. Die teten der bier=
flützen luppen; Hans Sachs, 4, 3, 73ᶜ. Darauf bu möchtst bein fleschlein luppen;
ebendas., 5, 3, 339. Darzu das fleschlein luppen; ebendas., 1, 5, 333. — 5 goch,
gäh, eilig. — 6 on buren, 13, ohne dauern, häufig. — 12 noch kuntschaft,
nachdem die Kunden sind. 16, 61. (Lab etwan on sünd bin kuntgest und die
guten fründ; Cato, 217.)

daruß kein buren uns bestat,
uß unserm seckel es nit gat,
voruß, wan unser herschaft nicht 15
zů huß ist und es nieman sicht,
so schlemmen wir, und tabernieren,
frömd prasser wir mit uns heim füren
und geben do gar manchen stoß
der kannen, krusen, fleschen groß; 20
wan nachts die herschaft schlofen gat
und rigeltor beschlossen hat,
so brinken wir dan nit den bösten;
wir lossen uß dem vaß, dem grösten,
do mag man es nit wol an spüren; 25
ans bett wir dan einander füren,
doch dünt wir vor zwen socken an,
das uns die herschaft nit hör gan.
und ob man schon hört etwas krachen,
man wänt die katzen dünt das machen. 30
und wen ein klein zit umhar gat,
so wänt der herr, das er noch hat
in sim fäßlin ein gůten drunk,
so macht der zapf dan glunk, glunk, glunk.
das ist ein zeichen darzů, das 35
gar wenig ist me in dem faß.
darzů wir daruf flißlich achten,
wie wir zůrichten vil der trachten,
domit den glust und magen reizen
mit kochen, sieden, broten, schweizen, 40
mit rösten, bachen, pfefferbri,
voll zucker, wurz und spezeri
geben wir eim ein oximell,
der bi der stägen leit gewell,
oder můß das von im purgieren 45
mit siropen und mit klistieren; [1]

---

13 bestehen, einen, antreten, ankommen. — 17 tabernieren, sitzen in der Taberne, Wirthshaus. — 18 frömde A. — 20 krusen, Kruge. Leren becher und krausen; Hans Sachs, 1, 470. Die im krausen und gläser leren; ebendas., 4, 3, 87[n]. — 22 riegel, tor A. — 23 bösten, bösesten, schlechtesten. — 38 trachten, Schüsseln mit Speisen. — 40 schweizen, schmoren. — 41 pfefferbri, Pfefferbrei, Sauce. — 42 wurz, Gewürz. — 43 oximel, Getränk von den 42 angegebenen Dingen. Vgl. Krünitz, Encyklopädie, 25, 37. — 44 stägen, Treppe. — leibt gewell, sich erbricht. 84, 34.

des achten wir ganz nüß zůmol,
dan wir ouch werden darbi vol.
unser selbes wir nit vergessen,
das best wir ab dem hafen essen; 50
dan ob wir hungers sturben schon,
man sprech, es wer von völl geton.
der keller spricht: „brot mir ein wurst,
herr koch, so lesch ich dir den durst."
der keller ist des wins verräter, 55
der koch der ist des tüfels bräter;
hie důt er gwonen bi dem für,
das im dort kumen würt zů stür.
keller und köch sint selten lär,
sie tragen uf alls bi der schwär, 60
ins narrenschif stat al ir bgär.
do Joseph in Egypten kam,
der fürst der köch in zů im nam,
Jherusalem gwan Nabursadam.

82.

Ich het vergessen nach in mir,
das ich nit noch ein schif infůr
do ich der buren narrheit růr.

Von burschem ufgang.

Die buren einfalt etwan woren
nůlich in kurz vergangenen joren;
gerechtikeit was bi den buren;
do sie floch uß den stet und muren,
wolt sie in strößen hüttlin sin, 5
e dan die buren drunken win,

---

47 ganz nüß (nicht: ganz nüßlich, sondern:) gar nichts. — 50 hafen, Kochts f.
52 völl, Völlerei. — 57 gewonen, gewohnt werden. — 58 zu stůr, zu statten,
zu Hülfe. — 60 bi der schwär, nach der Schwerlichkeit, vollauf. —
64 2 Kön. 25.
a: nach, beinahe. — d: ufgang, Aufwand (Draufgehenlassen). — 1 ein-
falt, 45, 2, einfach.

Sebastian Brant.   11

den sie ouch ietz wol mögen tulden;
sie stecken sich in große schulden,
wie wol in korn und win gilt vil,
nämen sie doch uf borg und zil 10
und went bezalen nit bi ziten,
man müß sie bannen und verlüten.
in schmeckt der zwilch nit wol als e.
die buren went kein gippen me,
es müß sin lündsch und mechelsch kleit, 15
und ganz zerhacket und gespreit
mit aller varb, wild über wild,
und uf dem ermel ein gouchsbild;
das stattvolck ietz von buren lert,
wie es in bosheit werd gemert; 20
all bschiß ietz von den buren kunt,
all tag hant sie ein nuen funt;
kein einfalt ist me in der welt;
die buren stecken ganz voll gelt;
korn und win haltens hinder sich 25
und anders, das sie werden rich,
und machen selber in ein dür,
biß das der tunder kumt mit für,
so würt verbrennt dan korn und schür.
des glich bi unsern ziten ouch 30
ist uf gestanden mancher gouch,
der vor ein burger, koufman was,
wil edel sin und rittergnaß;
der edelman gert sin ein fri,
der grof, das er gefürstet si, 35
der fürst die kron des künigs gert,
vil werden ritter, die kein schwert
dünt bruchen für gerechtikeit.
die buren tragen siden kleit
und gulden ketten an dem lib; 40

---

7 tulben, dulden, ertragen. — 9 gilt, abwirft. — 12 bannen, verlüten
71, 6. — 13 zwilch, Zwillich, grobes Tuch. — 14 gippen, Jacke. Ein alte
lüp solt tragen an; Gengenb., Gouchm., 503. — 15 lündisch, aus Leyden. —
mechelsch, aus Mecheln. — 16 zerhackt, geschlitzt. — gespreit, unterzogen,
daß es durch die Schlitze hervorblickt. — 27 dür, Theuerung. — 28 tunder,
Donner. 86 a. — 33 rittergnaß, Rittergenoß, vom Ritterstande. 85, 130. —
34 gert, begehrt. — fri, Freiherr.

es kunt da har ein burgerswib
vil stölzer dan ein gräfin dut;
wo ietz gelt ist, do ist hochmût;
was ein ganß von der andern sicht,
daruf on underloß sie dicht, 45
das mûß man han, es dût sunst we.
der adel hat kein vorteil me.
man findt eins hantwerksmannes wib,
die bessers wert dreit an dem lib
von röck, ring, mäntel, borten schmal, 50
dan sie im huß hat uberal;
do mit verdirbt manch biderman,
der mit sim wib mûß bättlen gan,
im winter drinken uß ein krûg,
das er sim wib mög tûn genûg; 55
wan si hût hat alls das sie gelangt,
gar bald es vor dem köufler hangt.
wer frouen glust will hengen noch,
den frürt gar dick, so er spricht: schoch!
in allen landen ist groß schand, 60
keinen benûgt me mit sim stand,
niemans denkt, wer sin vorderen woren;
des ist die welt ietz ganz voll doren,
das ich das worlich sagen mack:
der drispitz, der mûß in den sack. 65

---

42 stölzer, prächtiger gekleidet. — 47 vorteil, Vorzug. 74, 24. —
49 breit, trägt. — 56 hût, heute. — das si gelangt, wonach sie Verlangen
hat. — 57 köufler, Trödler. — hangt, hienge. — 59 schoch! Interjection
bei Hitze. Durch ir gebet fahrst du drein (ins ewige Leben) ocha schoch wie ein
fuß in ein mausloch; Röhrich, Mittheilungen, 3, 96. Schoch wie heiß! Fischart,
Garg., 477. — 64 worlich, in Wahrheit. — 65 drispitz, Dreispitz, Dreifuß,
auf dem die Töpfe über dem Feuer standen, tridens, nb. striddeo; dann Fuß-
angel: eisen wie man sie wirft, daß sie allweg ein spitz ob sich (nach oben) habend;
Maaler, 94 d. Man will das Unmögliche durchsetzen, denn die Fußangel läßt
sich nicht in einen engen Sack stecken; Grimm, Wörterb., 2, 1392. Diese Erklärun-
gen genügen nicht völlig. Bei trisultischer treispitzstraliger Bannung; Fischart,
Garg., 493.

83.

Diſ narren freut nüt in der welt,
es ſi. dan, das es ſchmeck noch gelt,
ſie ghören ouch ins narrenfelt.

Von verachtung armut.

Geltnarren ſint ouch über al
ſo vil, das man nit findt ir zal,
die lieber haben gelt, dan er;
noch armůt fragt ieʒ nieman mer,
gar tum uf erd ieʒ kumen uß   5
die tugent hant, ſunſt nüt im huß.
man bůt wisheit kein er me an,
erberkeit můß verr hinden ſtan
und kumt gar tum uf grünen ʒwig,
man wil ieʒ, das man ir geſchwig,   10
und wer uf richtům fliſſet ſich,
der lügt ouch, das er bald werd rich,
und acht kein ſünd, mort, wůcher, ſchand,
des glich verreteri der land,
das ieʒ gemein iſt in der welt.   15
all bosheit findt man ieʒ um gelt;
gerechtikeit um gelt iſt feil;
durch gelt kem mancher an ein ſeil,
wan er mit gelt ſich nit abkouft
um gelt vil ſünd blibt ungeſtroft;   20
und ſag bir tütſch, wie ich das mein;
man henkt die kleinen dieb allein;
ein bräm nit in dem ſpinnwep kläbt,
die kleinen mücklin es bebebt.
Achab ließ nit benůgen ſich   25
mit ſinem ganʒen künigrich,

---

3 ere A. — 5 kum, kaum. — ußkumen, beſtehen können. — 7 ere A. —
9 ʒwig, Zweig. Welcher ieʒt l ůgt, Ranzt und betrůgt. Treibt meiterei, Ramt
auf grün ʒwei; Weltgattung, 1539, 8ᵇ. — 18 an ein ſeil, wů·be gehängt. —
21 tütſch, ehrlich und offen. Wilt, das ichs teutſcher ſagen ſoll; Hans Sachs,
1, 479ᶜ (Keller, 5, 57, 21); Grimm, Wörterb., 2, 1046. Rita! das was gut
teutſch; Brant, Einreiten, 295. Das Grippepmalt von Strobeldorn im gut rund
teutſch unter die naſen ſagt: herr u. ſ. w.; Fiſchart, Garg. 517. — 23 bräm,
Bremſe. — 24 bebebt, behält, hält feſt. — 25 Achab. 1 Kön. 21.

er wolt ouch Nabuhts garten han,
des starb on recht der arm frum man.
allein der arm muß in den sack,
was gelt git, das hat güten gschmack; 30
armût, die ietz ist ganz unwert,
was etwan liep, und hoch uf ert
und was genem der gulden welt;
do was niemans, der achtet gelt
oder der etwas hatt allein, 35
all ding die woren do gemein,
und ließ man des benügen sich,
was on arbeit das erterich
und die natur on sorgen trüg.
noch den man bruchen wart den pflüg, 40
do fing man an, ouch gitig sin,
do stund ouch uf: „wer min das bin!"
all tugent werent noch uf ert,
do man nût dan zimlichs begert;
armût die ist ein gob von got, 45
wie wol sie ietz ist der welt spot;
das schafft allein das nieman ist,
der gdenkt, das armût nüt gebrüst,
und das der nüt verlieren mack,
der vor nüt hat in sinem sack, 50
und das der licht mag schwimmen mit,
wer nacket ist und an hat nût.
ein armer singt fri durch den walt,
dem armen selten üt entpfalt;
di friheit hat ein armer man, 55
das man in doch loßt bättlen gan,
ob man in schon sicht übel an,
und ob man im joch gar nüt git,
so hat er doch deßt minder nit.
bi armût fand man beßern rat, 60
dan richtûm ie gegeben hat,
das wiset Quintus Curius
und der berümbt Fabricius,
der nit wolt haben güt noch gelt,

---
38 erterich 24, 12. — 41 gitig, gierig. — 44 zimlichs, Mäßiges. —
54 üt, etwas. 19, 51.

sunder er, tugent er erwelt; 65
armůt hett geben fundament
und anfang allem regiment,
armůt hat gbuen alle stett,
all kunst armůt erfunden hett,
alls übels arumt ist wol on, 70
all er uß armůt mag erston;
bi allen völkern uf der ert
ist armůt langzit gwesen wert,
voruß die Kriechen darburch hant
vil stett bezwungen, lůt und lant: 75
Aristides was arm, gerecht,
Epaminundas streng und schlecht,
Homerus was arm und gelert,
in wisheit Socrates geert,
Phocion in milt übertrift. 80
das lob hat armůt in der gschrift,
das nüt uf ert ie warb so groß,
das nit von erst uß armůt floß.
das römsch rich und sin hoher nam
anfänglich uß armůt barkam. 85
dan wer merkt und gedenkt dobi,
das Rom von hirten gbuen si,
von armen buren lang regiert,
der noch durch richtům ganz verfůrt,
der mag wol merken das armůt 90
Rom baß hat gton, dan grosses gůt;
wer Cresus arm und wis gesin,
er hett behalten wol das sin;
do man frogt Solon um bescheit,
ob er hett rechte sälikeit? 95
dan er was mächtig, rich und wert,
sprach Solon, man solt hie uf ert
kein heissen sellig vor sim tot,
man weißt nit was hernoher gat.
wer meint das er vest stand noch bůt, 100
der weißt doch nit die kunftig zit.
der her sprach! „ůch si we und leib,

---

65 ere A. — 80 übertreffen, nicht seinesgleichen haben. — 89 ver=
fůrt, zu Grunde gegangen. 43, 36; 73, 28. — 102 Marc. 10, 24.

ir richen, hant hie ûer freüd,
ergetzlicheit in üerm gût,
sellig der arm mit friem mût!" 105
wer samlet gût durch liegens kraft,
der ist unnütz und ganz zaghaft
und macht sich feist mit sim unglück
das er erwürg an todes strick.
wer einem armen unrecht bût 110
und do mit houfen wil sin gût,
der findt ein richern, dem er gibt
sin gût, so er in armût blibt.
nit richt din ougen uf das gût,
das alzit von dir fliehen bût, 115
dan es, glich wie der adler, gwinnt,
fädern und flügt bald durch den wint.
wer gût uf erden rich hie sin,
Christus wer nit der ärmst gsin.
wer spricht, das im sunst nüt gebrest, 120
dan das on pfenning si sin täsch,
der selb ist aller wisheit on;]
im gbrüst me, dan er sagen kan,
und voruß, das er nit erkennt;
das er si ärmer, dan er wänt. 125

84.

Vil grifen den pflûg an gar resch
und enden übel doch zü lest,
das bût, der gouch der blibt im nest.

Von beharren in gutem.

Vil legen ir handt an den pflûg
und sint von erst inbrünstig gnüg

---

104 **ergetzlicheit**, Genuß. Spr. Sal. 10, 15. — 105 Matth. 5, 3. —
106—109 Spr. Sal. 21, 6. Lingua mendacii. — 107 vanus et excors est. —
108—109 et impinguetur ad laqueos mortis. — 110—113 Spr. Sal. 22, 16. —
111 **houfen**, mehren. Ut augeat. — 114 Spr. Sal. 23.
a: **resch**, rasch. Hurtig, munder, rasch und gschwind; Hans Sachs, 4, 3, 77 c.
— 1 Luc. 9, 62.

zů wisheit und zů gůtem werk,
stigent doch nit vol uf den berk,
der sie fůr zů dem himelrich, 5
sunder sehen sie hinder sich,
und gfelt in wol Egyptenlant,
do sie ir fleischhäf glossen hant,
und loufen zů den sünden groß,
glich wie der hunt zů sinem aß, 10
das er ietz dickmal gessen hat,
die hant fůr wor ein sörglich stat.
gar kum ein wund wider genist,
die me dan einst ufbrochen ist;
wan sich der siech nit haltet recht, 15
das wider um sin krankheit schlecht,
so ist vast sörglich, das er mag
genäsen nit in langem tag.
vil wäger wer, nit vohen an,
dan noch dem anfang doch abstan. 20
got spricht: „ich wolt, du hetst gestalt,
das du werst warm oder ganz kalt;
aber die wil du läw wilt sin,
so unwillst du der selen min."
ob einer joch vil gůts hat gton, 25
so würt im doch nit der recht lon,
wan er nit bharret in das end.
uß grossem übel kam behend
und wart erlößt die hußfrou Lot,
aber do sie nit hielt das gbot 30
und wider umsach hinder sich,
bleib sie do stan ganz wunderlich.
ein narr louft wider zů sinr schäll,
glich wie ein hund zů sim gewäll.

9—10 Spr. Sal. 26, 11. — aß, vomitus. — 11 dickmal, oftmals. — 16 umbschlecht, umschlägt, sich ändert. — 17 vast sörglich, sehr zu befürchten. — 18 in langem tag, in langer Zeit. — 19—20 vgl. 15, 29—30. — 21—24 Offenb. 3, 15. — 23 läw, lau, tepidus. — 24 unwillen, Uebelkeit erregen, incipiam te evomere ex ore meo. — 34 gewäll, das Ausgebrochene.

85.

Mag abel, gút, sterk, jugentzier
han frid und rú, o todt vor dir?
alls das, das leben ie gewan
und tötlich ist, das múß darvon.

Nit fursehen den tod.

Wir werden btrogen, lieben frúnt,
all die uf erden leben sint,
das wir fürsehen nit bi zit
den dot, der unser doch schont nút.
wir wissen, und ist uns wol kunt,   5
das uns gesetzet ist die stunt,
und wissen nit wo, wenn und wie?
der dot der ließ nie keinen hie.
wir sterben all und fliessen hin,
dem wasser glich, zur erden in,   10
darum sint wir groß narreht doren,
das wir nit gdenken in vil joren,
die uns got darum leben lot,
das wir uns rüsten zú dem dot
und leren, das wir müssen künnen   15
und mögen in kein weg entrinnen.
der winkouf ist gedrunken schon,
wir mögen nit dem kouf abston.
die erste stund die lest ouch bracht,
und der den ersten hat gemacht,   20
der wust ouch, wie der lest würd sterben.
aber die narrheit dút uns ferben,
das wir gedenken nit daran,
das uns der dot nit hie wurt lan
und unsers hübschen hors nit schonen,   25
noch unser grúnen krenz und kronen.

---

a: **jugentzier**, Jugendschönheit, wie **bichtswis**, 7, 11, gebildet. —
d: **tötlich**, sterblich. — 17 **winkouf**, Weinkauf, zur Bestätigung des Handels
getrunkner Wein: der Contractsschluß. — 20 **gemacht**, erzeugt. — 22 **ferben**,
verblenden, betrügen. 63, 42.

er heißt worlich Hans=acht=sin=nit;
dan wellen er begrift und schütt,
er si wie stark, schon ober jung,
den lert er gar ein selzen sprung, 30
den ich billich den dotsprung heiß,
das eim ußdringt kalt, grim und sweiß,
und streckt und krimt sich, wie ein wurm,
dan do dut man den rechten sturm.
o dot, wie stark ist din gewalt, 35
sit du hinnimst beid jung und alt!
o dot, wie gar hert ist din nam
dem adel, gwalt und hohem stam,
voruß dem, der sin freüd und müt
allein setzt uf das zitlich güt! 40
der dot mit glichem füß zerschütt
der kunig säl und hirten hüt;
er acht kein pomp, gewalt und güt,
dem babst er wie dem buren düt;
darum ein dor ist, wer all tag 45
flücht, dem er nit entrinnen mag,
und meint, wenn er sin schellen schütt,
das in der dot darum säh nit.
uf solich gding ein ieder har
kunt, das er ouch von hinnen far 50
und er erloubet si dem dot,
wan von dem lib die sel ußgot.
mit glichem gsatz, der dot hinfürt
allz das, das leben ie berürt:
du stürbst, der blibt noch lenger hie, 55
und bleib die leng doch keiner nie.
die tusent jor erlebten schon,
die müsten doch zuletst ouch gon;

---

27 Hans acht sein nit kan ich berauben; Murner, Schwindelsh., Cij. —
28 wellen, welchen. 10, 33; 92, 23. — schütt, schüttelt. V. 42. — 30 sel-
zen, seltenen, seltsamen. — 31 dotsprung, Sprung in den Tod. Damals
waren die Todtentänze (V. 89) beliebte Gegenstände der Malerei. — 32 grim
und sweiß, Angst und Schweiß; kalt, grim scheint Ein Wort (durch das
Komma verbunden) zu sein. Derselb bekomme den grimmen, der mir einschenkt
den schlimmen; Fischart, Garg., 106. — 33 trombt A, trümmt (auch sonst y für
u, z. B. mynch 61, 21, synden 20, 21 u. s. w.). — 34 sturm, Sturm und Streit,
Kampf. — 36 sit, weil. — 41 Horat. Od., 1, 4. — 42 pauperum tabernas. —
43 fg. Die Gewalt des Todes. Vgl. Gengenb., S. 156. — 49 gding (Hoffnung
hier) Bedingung. — har, her. — 50 kunt, kommt. 25, 10.

eẑ iſt kum um ein rock zů tůn,
daẑ noch dem vater leb der ſůn, 60
der vor dem vater ſtirbt zů zit;
dan man findt ouch vil kelberhüt.
je einer fert dem andern noch
wer nit wol ſtirbt, der findt ſin roch;
deẑ glich ir narrheit ouch erſcheinen, 65
die um ein boten truren, weinen,
und im vergůnnen ſiner rů,
do wir doch all begeren zů;
dan keiner fert zů frůg dohin,
do er můß ewikklichen ſin. 70
jo gſchicht gar manchem wol daran,
daẑ got im rüſt zitlich hindan.
der dot iſt manchem nütz geſin
daẑ er on wart trüpſal und pin.
vil hant den dot ouch ſelb begert; 75
der dot vil dankẑ an den bewert,
zů den er kam, e man im rüf;
vil gfangen er in friheit ſchůf;
vil hat er uß dem kerker bracht,
den der waẑ ewikklich eracht. 80
daẑ glück deilt unglich gůt und rich,
aber der dot macht eẑ allẑ glich;
der iſt ein richter, der ganz nit
etwaẑ ablößt, durch iemanẑ bit;
der iſt allein, der all ding lont; 85
der iſt, der nie keim ie hat gſchont,
nie keim gehorſam er ie wart,
ſie můſten all uf ſine fart
und bantzen im noch ſinen reien,
bābſt, keiſer, künig, biſchöf, leien, 90

---

59 rock, kaum lebt der Sohn nach ſeinem Vater länger alẑ die Dauer ſeineẑ
Rockeẑ. — 62 kelberhüt, Kalbẑhäute. 94, 14. Unter den Häuten gibt eẑ auch
Kalbẑfelle, eẑ ſterben auch junge Geſchöpfe. Eẑ iſt ein gmein und war ſag, man
verkouft me kelber, dann kuoſell; Wackernagel, Kirchenlied, 2, 1336, 3. — 64 roch,
Rache, Vergeltung. — 65 erſcheinen, erſcheinen laſſen, zeigen. Denen er-
ſcheintendẑ (die Boten) den offnen mandbrief; Tſchudi, 1, 618. — 67 vergünnen,
miẑgönnen, 53, a. Ober vergant ine der eren; Brant, Einreiten, 291. O wie
vergönſtig leut, die den würmen ire ſpeiẑ vergonnen; Fiſch., Garg., 458. —
69 frůg, früh. — 74 on wart, entledigt wurde. — 78 gefangen A. —
ſchaffen, in friheit ſchaffen, befreien. — 80 ewikklich, für Lebenẑzeit. —
eracht, zuerkannt.

der mancher noch nit hat gedacht,
das man den vordanz im hat bracht,
das er muß danzen an dem gzotter
den Westerwelder und den drotter;
hett er sich vor darzů gerůst, — 95
er wer nit so stümpfling erwüst.
dan manch groß narr ist ietz dohin,
der sorg hatt uf die grebniß sin,
und leit daran so grosses gůt,
das es noch manchen wundern důt. 100
als Mausoleum, das irm man
Artemisja hatt gmachen lan
und so vil kosten dran geleit,
mit grosser gzierd und rilicheit,
das es der siben wunder eins 105
ist, die man findt im erdenkreiß.
ouch gräber in Egypten lant,
die man Pyramides hat gnant,
voruß, als Chemnis macht ein grab,
daran er henkt sin gůt und hab, 110
do dri mol hundert tusent man
und sechzig tusent werkten an,
dan er um krut gab also vil
(der ander kost ich schwigen wil)
kein fürsten ich so rich ietz halt, 115
der das allein möcht han bezalt.
des glich ouch Amasis im macht
wie Rhodope hatt eins volbracht,
das was ein groß dorheit der welt,
das man leit ein so mähtig gelt 120
an gräber, do man würfet hein
den äschsack und die schelmenbein;

---

93 ge zotter, Nachschlepperei, zotten, nachhängen, Zotthosen, so die
kriegsleut tragen; die zobern; Kirchhof, I, 44 (Oesterley, 1, 53). Bei Fischart,
Garg., 291: füget sich in die herberg hindennach mit eim gezott und nachtrab. —
94 Westerwelder, vom Westerwald. — drotter, Traber, etwa Hopfer; zwei
Tänze. — 96 stümpfling, plötzlich. — erwüst, erwischt. — 98 grebniß,
Begräbniß. — 99 leit, legte. — 101 Mausolum A. — 104 rilicheit, Frei-
gebigkeit. — 121 bein (hyen A) für hin. In dise zwickgabel kam die junkfrau
mit dem haupt, blib darin hangen, das roß gieng unter ir hein; Zimmern, 2,
339, 33. Ueber hin, hien, 48, 19. — 122 äschsack, Aschenfack, Leib. Vgl. 54, 19.
— schelmenbein, Todtengebeine. Vgl. 63, 26.

und gab fo groſſen koſten uß,
das man den würmen macht ein hus
und durch der ſelen willen nüt 125
dût, die doch leben müß alzit.
die ſel hilft nüt ein koſtlich grab
ober das man groß marmel hab
und ufhenk ſchilt, helm, banner groß,
„hie lit ein herr, iſt woppensgnoß", 130
hout man im dan in einen ſtein;
der recht ſchilt iſt ein dotenbein,
daran würm, ſchlangen, krotten nagen;
das woppen keiſer, buren tragen;
und wer hie zücht ein feiſten wangſt, 135
der ſpist ſin wäpner aller langſt;
do iſt ein dähten, riſſen, brechen,
die fründ ſich um das gût erſtechen,
welcher es ganz behalten well —
die tüfel ſint gewiß der ſel 140
und dúnt mit der wüſt triumphieren,
von eim bad in das ander füren,
von itel kelt in itel hitz.
wir menſchen leben ganz on witz,
das wir der ſel nit nämen war, 145
des libs wir ſorgen iemerdar.
all erd die iſt geſägnet got,
wol lit der, der do wol iſt dot.
der himel manchen doten deckt,
der under keinem ſtein ſich ſtreckt. 150
wie kund der han ein ſchöner grab,
dem das geſtirn lücht oben ab?
got findt die bein zû ſiner zit,
das grab der ſel kein wolluſt git.
wer wol ſtirbt, des grab iſt des höhſt; 155
der ſünder dot, der iſt der böſt.

---

127 helfen, c. acc. — 128 ober A. — 130 woppensgnoß, Ritter.
Vgl. 82, 33. Zimmern, 2, 517, 12: ſol das vogtrecht iedesmals durch ain vom
adel ober der ungefarlich wappensgenoß ſin, als lehentrager empfangen werden.
— 131 hout, haut. — 135 wangſt, Wanſt. Vgl. 110, a, 70. — 136 wäpner,
der ſein Wappen trägt, Gefolge. — 143 itel (eitel), vollſtändig, lauter. In frib
und eitel gut; Hans Sachs, 1, 481°. Vgl. 66, 1. — 153 bein, Gebeine. —
154 wolluſt, Freude. 37, 18. — 155 des höhſt, des höchſten, um ſo, deſto
höher; ſpätere Drucke haben geändert: das höchſt.

86.

Wer meint, got well in strofen nit
darum, das er beit lange zit,
den schlecht der tunder dick noch hüt.

Von verachtung gottes.

Der ist ein narr, der got veracht
und wider in richt tag und nacht
und meint, er si den menschen glich,
das er schwig und loß satzen sich;
dan mancher sich daruf verloßt 5
(so im der tunder nit anstoßt
sin buß so bald und schlecht in det,
so er sin boshheit hat volbrocht
oder nit stirbet gähelich),
das er nit me durf vörchten sich; 10
dan got hab sin vergessen doch,
das er so lang jor beitet noch,
er werd im darzů lonen ouch.
do mit versündt sich mancher gouch
der erst in sinen sünden verhart; 15
darum, das im got etwan spart,
meint er im grifen an den bart,
als ob er mit im schimpfen wolt
und got vertragen solches solt,
hör zů, o dor! würd witzig, narr! 20
verloß dich nit uf solche harr!
es ist worlich ein grusam band
welcher got fallet in sin hand;
dan ob er joch lang zit bin schont,
dir würt des beitens wol gelont. 25
manchen loßt sünden got der her,

---

c: tunder, 82, 28. Vgl. 23, c. — 4 satzen, 98, 33, spotten, zum Narren
haben. Grimm, Wörterb., 3, 1363. — 6 anstoßen, anzünden. 79, 7. —
12 beitet, wartet. — 15 fünden, etwa sündn? — verhart, verharrt. 98, 3.
16 im spart, ihm aufschiebt. 5, 19; 105, 11. — 17 bart, vgl. 40, d. —
18 schimpfen, Scherz treiben. — 19 vertragen, ertragen. 25, 6; 87, 29.
Dagegen vertragen, entzweien, 101, c. — 21 harr, Aufschub. Vgl. 14, 17
25, 2; 108, 127.

das er in darnoch stroft dest mer
und im bezal das und das ein,
(man spricht, es mach den sddel rein)
mancher der stirbt in sünden klein, 30
dem dut got solche gnad daran,
das er in zitlich nimt von dan,
domit er nit vil sünd uflad
und grösser werd der selen schad.
got hat all ruern zůgeseit 35
ablaß und sin barmherzikeit.
keim sünder er doch ie verhieß,
das er in so lang leben ließ,
biß er rüt und näm besserung an,
oder das er rü würd entpfan. 40
got geb eim dick sin gnad noch hůt
und wil im doch morn geben nůt.
Ezechias von got erwarb,
das uf sin gsazt zil er nit starb,
sunder lebt noch dan funfzehen jor; 45
Balthesar durch sünd sim zil kam vor,
die handt, von aller freüd in treib,
die Mane, Phares, Thetel schreib;
er was zu licht an dem gewiecht,
darum wart im entzuckt sin liecht, 50
und merkt nit das sin vater vor
durch got gestroft vor manchem jor
zů besserung und bůß sich kert;
darum wart er von got erhört,
das er in viehes gstalt nit starb 55
durch rü er gnad und zil erwarb.
eim ieden ist gesetzt sin zit
und zal der sünd, darüber nüt;
darum zů sünden nieman il,
wer vil sündt, der ist bald zům zil. 60
vil sint dot ietz in disem jor,
hetten sie sich gebessert vor

---

28 ein, zusammen, auf einmal, — 30 in sünden klein, in kleinen, wenigen Sünden. — 32 zitlich, zeitig. — 35 ruern, Reuigen. — 39 besserung A. — 42 morn, morgen. — 43 2 Kön. 20, Hiskia. — 46 Dan. 5. — kam vor (vgl. 45, 25), kam zuvor, beschleunigte. — 48 mene tekel upharsin. — 50 entjudt, weggezudt, entzogen. — 56 zil, Frist. — 59 il, eile. 79, 31.

und ir ſtundglas umbkört bi zit,
der ſand wer ußgeloſſen nit,
ſie lebten noch on zwifel hût. 65

87.

Wer läſtert got mit flůchen, ſchweren,
der lebt mit ſchand, und ſtirbt on eren,
we dem, der ſolchs ouch nit důt weren!

Von gotteslcſtern.

Die größten narren ich ouch kenn,
die ich nit weiß wie man ſie nenn,
die nit benügt an aller ſünd
und das ſie ſint des tüfels kind;
ſie müſſen öfflich zougen das, 5
wie ſie ſigen in gottes haß,
und haben im ganz widerſeit;
der hebt got ſin onmächtikeit,
der ander im ſin marter für,
ſin milz, ſin hirn, ſin kröß und nier; 10
wer ietz kan ungewonlich ſchwůr,
die dan verbieten dünt all recht,
den halt man für ein friſchen knecht.
der můß ein ſpieß, ein armbruſt han,
der gtar allein wol vier beſtan 15
und uß der fläſchen freůdig ſin.
mörtlich ſchwůr důt man bi dem win

---

3 benügt, benen es nicht genug iſt, genügt. 24, 11; 94, 16. — 5 zougen,
38, 14, vor Augen bringen. — 6 ſigen, ſeien. — 7 widerſeit, widerſagt,
abgeſagt; wie in der Taufformel dem Teufel widerſagt wurde. — 8 fürheben,
vorhalten. Viele dieſer Fluch- und Schwurformeln ſ. bei Barack zu Zimmern,
4, 732 fg.; ſtatt Gottes wurde boß, poß, geſagt, ſo kommt vor: boß angſt, bruſt,
blater, bluts, druſen, bules, feifel, veil, flam, glut, herz, kirchenknopf, kraft,
krais, kräß, kraut, leichnam, leiben, lung, macht, marte, marter, met, milz, mxſiga,
muß, můsbreck, natter, rem, ſchweiß, teuj, unden, welt, werder, willen, wunden.
— 13 friſch, tapfer. — knecht, Knaben, Helden. — 15 gtar, getraut ſich. —
16 freůdig, freidig, kühn.

und bi dem spil umb wenig gelt;
nit wunder wer, ob got die welt
durch solche schwůr ließ undergon 20
oder der himel bräch darvon,
so lästert, und geschmächt man got.
all erberkeit ist leider bot
und gat mit recht kein straf darnoch;
des liden wir vil plag und roch, 25
dan es so öfflich ietz geschicht,
das es all welt merkt, hört und sicht;
nit wunder, ob got selber richt.
got mags die leng vertragen nicht,
dan er entpfalh, das man solt důn 30
versteinen der Israheliten sůn.
Sennacherib, der flůchet got
und wart geplagt mit schand und spot
Lycaon und Mezencius
entpfand das und Antiochus. 35

88.

Wer meint, das uns got stroft zů vil,
das er uns plaget under wil,
des plag ist nit ein viertel mil.

Von plag und strof gots.

Ein narr ist, wer für wunder helt,
das got der herr ietz straft die welt
und ein plag schickt der andern noch,
die wil vil kristen sigen doch
und under den vil geistlich lůt, 5
von den vil vasten, gbet alzit
geschähen stäts on underloß;
doch hör, es ist kein wunder groß

---

24 mit recht, im Wege Rechtens. — 25 roch, Vergeltung. — 28 richt, richtet. — 29 vertragen 86, 19. — 31 versteinen A, steinigen. 3 Mos. 24, 16. — 32 2 Kön. 19. — 34 Lycaon. Ovid. metam., 1, 198. — Mezentius. Virg. Aen., 7, 648. — 35 Makkab. 2, 9.
3 noch, nach. — 4 wile A. — sigen, seien.

dan du nit findest einen stat,
in dem es ietz nit übel gat,   10
do nit abnäm sig und gebruch;
darzü so ist des wisen spruch:
„wan du zerbrichst das ich dir bu,
so würt uns beiden nüt dan ru,
und das wir arbeit hant verlorn",   15
so spricht ouch sunst der herr mit zorn:
„wan ir nit halten min gebot
wil ich uch geben plag und dot,
krieg, hunger, pestilenz und dür,
hitz, rif, kelt, hagel, tundersfür   20
und meren das von tag zü tag
und nit erhören bät noch klag.
ob joch Moyses und Samuel
mich bät, so bin ich doch der sel
so vindt, die nit von sünden lat   25
sie müß han plag, wil ich bin got."
man säh allein an jüdisch lant,
was sie durch sünd verloren hant
wie dick sie got vertriben hat
durch sünden uß der heiling stat.   30
die kristen hant das ouch verlorn,
do sie verdienten gottes zorn.
min sorg ist, wir verlieren me
und das es uns noch übler ge.

---

9 stat, Stand. — 11 abnäm, sig, Abnahme, Verfall sei (das ä steht
für A. Vgl. schnäbern 64, 21). — gebruch, Gebrechen, Mangel. — 12 wisen.
Pr. Sal. 34, 28. — 14 ru, Reue. — 16 spricht Ez. 14, 13. — 19 dür,
Theuerung. 93, 9. — 20 rif, Reif. — tundersfür, Donnersfeuer, Blitz. —
22 fg. Jerem. 14, 1. — 26 wile, weil, die Weile, so lange. — 29 dick, oft. —
30 durch sünden, um der Sünde willen. — heiligen A. — 31 das, das
Heilige Land. — 34 gee A.

89.

Wer sin mul um ein sackpfiff git,
der selb sins tuschens gnüsset nit
und müß oft gan, so er gern rit.

Von dorechtem wechsel.

Vil grösser arbeit hat ein narr,
wie das sin sel zur hellen far,
dan kein einsidel vor je hatt
in aller wüst und heimlich statt,
do er dient vastend, betend got.   5
man sicht was hochfart arbeit hat,
wie man sich mutz, schmier, nestel, briß
und herte drück lib, in manch wis.
der git tribt manchen über se
durch ungewitter, räg und schne,   10
in Norwegen, Pylappen lant.
kein rü noch rast die buler hant;
die spiler haben übel zit;
vil mer der schnapphan der do rit,
uf dem halsacker wogend sich,   15
des prassers wil gschwigen ich
der alzit voll ist um sin herz,
was drück der lib und heimlich schmerz;
des ifers zit ist nit die best,
er vörcht ein andern gouch im nest;   20
sin eigen glider kocht der nid;
niemans durch gottes er sich lib,
der in gedult ansäh sin sel,
als Noe, Job und Daniel.

---

a: mul, Maulthier. In dem üblichen Sprichworte gewöhnlich esel, vgl. 34.
— b: tuschens, Tauschens. — 7 mutz, putzen, schmücken. — schmier,
schminken. — nestel, die Nestel, Bänder, zubinden. — briß, einschnüren. 40, 8.
— 8 manche wise A. — 9 git, Gier, Habsucht. — 11 Pylappenlant 66, 51. —
13 übel, wenig, selten. Anders übelzit, 57, 72. — 14 schnapphan, ritter-
licher Wegelagerer, Räuber; sehr oft bei Zimmern, 4, 725. — 15 halsacker,
Acker, Gebiet, wo es um den Hals geht. — sich wagen, sich versuchen, ein
Wagniß bestehen. — 18 lib, leibe. — 19 ifer, Eifer, Eiferer. — 22 ere A.
— sich lib, sich schickt, geduldet.

gar vil sint, den das böß gefelt, 25
gar selten, der das güt erwelt.
erwölen güts ein wiser sol,
das böß kunt all tags selber wol.
wer gibt das himelrich um mist,
der ist ein narr, so vil sin ist; 30
sin buschen der genüsset nit,
wer ewigs um zergenglichs git;
und das ichs kurz mit worten bgrif,
gibt er ein esel um ein pfif.

90.

Er vater und müter alzit
do mit dir got lang leben git
und würdst gsetzt in schanden nit.

Ere vater und muter.

Der ist ein narr der kinden git,
do er sin zit solt leben mit,
verlossend sich uf güten won,
das in sin kind nit sollen lon
und im ouch helfen in der not; 5
dem wünscht man allen tag den bot
und wurt gar bald ein überlast
den kinden sin, ein unwert gast.
doch im geschicht wol halber recht
worlich ist er an witzen schlecht, 10
das er mit worten im loßt klusen,
des soll man im mit kolben lusen;

---

31 buschen, tauschen, wechseln. — 33 begrif A. — 34 = 89, a.

a: ere A. — 1 Die Lehre wird vielfach erörtert in den Stellen, die zu Pauli 435 angeführt sind. — 4 lon, lassen, vorlassen. — 6 allen, jeden. Grimm, Wörterb., 1, 209. — 7 überlast, zum Uebermaße lästig. Fastnachtsp., 255; 1048; 1051; Zimmern, 3, 142, 8. Im alter bist ein überlast; Turner, geuchm., u 4 ᵇ sprechen: ich tu in (ihnen) überlast. Wild, Esel, 1, 42. — 10 schlecht, einfältig. — 11 klusen, klausen, im Haar krauen, schmeicheln. — 12 des, deswegen, dafür. — mit kolben lusen, mit Keulen lausen, schlagen.

doch lebt der selb nit lang uf ert,
wem vater, muter sint unwert;
in mit der vinster lescht das liecht, 15
wer vater und muter ert nicht.
an sim vater bschuldt Absolon,
das in solt unglück jung angon;
des glichen wart verflüchet Cham,
do er entblößt sins vaters scham; 20
Balthesar hatt nit vil gelück,
das er sin vater hüw in stück;
Sennacherib von sin sünen starb,
ir keiner doch das rich erwarb;
Tobias gab sim sün die ler, 25
er solt sin muter han in er;
darum stund künig Salomon
sinr muter uf von sinem tron;
als Corylaus ouch hat geton;
die sün Rechab lobt selber got, 30
das sie hielten irs vaters gbot;
wer leben wil, spricht got der her,
der büt vater und muter er,
so würt er alt und richen ser.

91.

Im chor gar mancher narr ouch stat,
der unnütz schwetzt und hilft und rat,
das schiff und wag von land bald gat.

Von schwetzen im chor.

Vil stant in kirchen und im chor,
die schwetzen, roten durch das jor

---

15 Spr. Sal. 20, 20. — in mit, mitten in. — vinster, Finsterniß. —
18 angon, angehen, betreffen. — 20 glück A. — 22 huw, hieb. — 26 ere A. —
28 sinr, vor seiner. — 29 Coriolanus. — 30 got, durch Jerem. 35, 18. —
32 fg. herr : ere : sere A. — 34 richen, reich werden.
 a: chor, Kirchstuhl, Kirche. Ob ieman sitzet oder stat In einem chor, so ist
min rat, Das er läs, opfer oder sing, oder mach sich hinus gering; Brant,
Facetus, 2ᵇ. — b: rat, räth. — c: wag, Wagen. Vgl. V. 3.

wie sie zůrichten schif und karr,
das man gon Naragonjen far;
do seit man von dem welschen krieg, 5
do lûgt man, das man redlich lieg
und etwas nüs bring uf die ban;
als wurt die mettin gfangen an
und wert dick zů der vesper zit.
vil kämen nit, trib nit der git, 10
und das man gelt geb in dem chor,
sunst weren si on b'kirch vil jor.
es wer besser und weger eim,
er blib ganz über all do heim
und richt das klapperbenkli zů 15
und sinen gensmerkt anderswo,
dan das er in der kirchen wil
sich irren und sunst ander vil;
was mancher nit ußrichten kan,
das schlecht er in der kirchen an, 20
wie er ufrüst schiff und geschir
und bring vil nüer mer harfür
und hat groß fliß und ernstlich gberd,
do mit das schiff nit wendig werd;
er ging e uß dem chor spazieren, 25
das er den wagen recht möcht schmieren;
aber von den dar ich nit drucken,
die in den chor allein bünt gucken

---

3 karr (Vorrede 17) ist ein kleines Schiff. Grimm, Wörterb., 5, 203. Vgl. 103, 56 und 110 a, 70. — 4 Naragonien vgl. (55, 6) 108, 8. An Arragon anklingend; Montflaskun, 108, 7; Narbon, 108, 6. — 5 seit, sagt, redet. — 6 lügt .. lieg, steht darauf .. lüge. — redlich, wacker, kräftig. Ich stand am Steuerruder und fuhr redlich hin; Schiller, Tell, 249 (14, 375). Er stund am Steuerruder und fuhr redlich dahin; Tschudi, 1, 14. — 7 ban, auf die Bahn bringen. Vgl. Grimm, Wörterb., 1, 1077, 6. — 8 als, also. — 10 git, Habsucht; in den Kirchen wurden auch Geschäfte abgeschlossen. — 12 die kirch A. — 15 klapperbenkli, Schwatzbänkchen: steht am klappermarkt; Hans Sachs, 4, 3, 33ᶜ. Die schwetzer brachtens für den grafen, erschrak, wolts nit glauben, aber die klapperleut prachten in den ring; Zimmern, 1, 337, 24. Auf lügenbenken der leut in allem argen gbenken; Waldis, p. Reich, 4, 33. — 16 gensmerkt, Gänsemarkt, wegens des Schwatzens. — 18 sich irren, stören, irre machen im Glauben. 44, 6. — 21 ufrüsten, ausrüsten. Ziergarten, welcher nach bester ordnung zu allem lust aufgerüst war; Fischart, Ismen., 1594, 16a. — geschir, Fuhrwerk. — 23 gberd A, Ansehen. 9, a; 32, 25. — 24 wendig, rückgängig. — 27 dar, darf, wage. — 28 gucken, 9, b; 110, a, 89, einen Blick werfen. Und durch die kleinen fensterlin gucken; Gengenb., 151.

und zeigen sich mit presentiren,
treffen doch bald wider die türen. 30
das ist andechtig gbet und gůt,
do man solch ding ußrichten tůt;
do werden pfründen wol verdient,
so man dem roraffen zůgient.

92.

Wer hochfart ist und důt sich loben
und setzen wil allein vast oben,
den setzt der tůfel uf sin kloben.

Ueberhebung der hochfart.

Der furet uf eim stroen dach,
der uf der welt rům setzt sin sach
und all ding důt uf zitlich er,
dem würt zůletst nüt anders mer,
ban das sin won in hat betrogen, 5
so er but uf ein rägenbogen.
wer wölbet uf ein dännin sul,
dem würt, e zit, sin anschlag ful;
wer rům und weltlich er hie bgert,
der wart nit, das im bort me wert; 10

---

31 gebet A. — 34 roraff, eine durch ein Gebläse an der Orgel im straß=
burger Münster bewegte bärtige Figur; doch scheint dies Wahrzeichen in Stras=
burg nicht allein, sondern auch in Orleans gewesen zu sein, 92, 17. Vgl. Stöber's
Alsatia, 1852, 189. Kampf des roraffen under der orgeln im münster zu Straß=
burg; in C. Dasypodius' Urwerk, 1580, S. 57 fg. — zugient, gegen ihn das
Maul aufsperrt. Einmaul; Hans Sachs, 1, 478 [d]. Gient am markt hin und wi=
der; ebendas., 2, 4, 126 [d]. Die gassen und mein haus anglent; ebendas., 4, 3, 30 a.
Und gienten an den galgen nauf; ebendas., 4, 3, 25 [b]. Ginöffel; Fastnachtsp.,
213; 284. Ginlöffel; ebendas., 372; 525; 790. Vgl. 62, 34.
a: hochfart (als adj. hoffertig), 45, 2. — b: vast oben, hoch hinauf. —
c: kloben, gespaltener Stock zum Vogelfangen. festuca, kloben; Steinhöw.,
Esop., 4, 7. Vgl. D. 45. — 1 füret, feuert, macht Feuer an. — strowen, von
Stroh. — 3 ere A. — 4 me A, mehr. In der Regel gebraucht Brant die Form
me, doch hat er auch mer, 25, 7; 33, 41; 101, 14; 103, 104, sodaß die Berich=
tigung des Reims unbedenklich ist. — 5 won, Wahn. — 6 regenbogen, auf
den Regenbogen bauen, in die Luft, auf Sand bauen. W. Grimm zu Freidank
1, 10 der ersten Ausgabe (in der zweiten fehlen die Beispiele). — 7 dännin
sul, Säule von Tannenholz. — 8 e zit, vor der Zeit. — ful, faul, hinfällig.
— 9 ere A.

manch narr halt sich gar hoch darum,
daß er uß welschen landen kum
und si zů schůlen worden wiß
z'Bononi, zů Pavi, Paris.
zur Hoche-Sien in der sapienz, 15
ouch in der schůl zů Orliens,
und den roraffen gsåhen het
und Meter Pirr be Conniget.
als ob nit ouch in tütscher art
noch wer vernunft, sinn, houbter zart, 20
domit man wißheit, kunst möcht leren,
nit not, so verr zů schůlen keren.
weller will leren in sim land,
der findt ietz bücher aller hand,
das nieman mag entschulding sich, 25
er well dan liegen lästerlich.
man meint etwan, es wer kein ler,
dan zů Athenas über mer;
darnoch man si bin Walhen fand,
ietz sicht mans ouch in tütschem land, 30
und gbräst uns nüt, wer nit der win
und daß wir Tütschen voll went sin,
und mögen kein recht arbeit tůn.
wol dem, wer hat ein wisen sůn!
ich acht nit, daß man vil kunst künn 35
und stell domit noch hochfart, gwinn,
und meint darburch sin stolz und klůg,
wer wiß ist, der kan kunst genůg.

---

14 zů Bononi A, Bologna, Pavia. — 15 Hoche-Sien, Siena. — 16 Orliens, Orleans. — 17 Die Erwähnung des Roraffen nach „welschen" Städten und vor einem welschen Gelehrten gestattet keine Beziehung auf den strasburger. — 18 Meter Pirr be Conniget, maître Pierre de Conniget, genaue Uebersetzung des Peter von Bruntrut. (Con, cunnus: get, jet: mouvement de quelque chose avec violence; i: en, oder Bindesilbe. Dictionnaire de Trevoux, weder Littré, noch andere geben etwas über die Zote, die bei den Studenten des 15. Jahrhunderts geläufig gewesen zu sein scheint.) Vgl. zu 55, 6 und 76, 20. Luther bediente sich gegen Heinrich den Jüngern 1541 ähnlicher Zweideutigkeit, und der bekannte Hans von Rippach ist nur eine Variation dieser Bildungen. — 20 zart, liebe. — 21 leren, lernen. — 22 schůlen, Universitäten. — 23 weller, 10, 33, jeder, welcher. — 25 entschulbigen A. — 26 liegen, lügen. — lästerlich, ehrenkränkender Weise. — 27 etwan, zu einer Zeit. — ler, Lernen, Studieren. — 29 Walhen, Welschen, Italienern. — 37 stolz, schön.

wer lert durch hochfart und durch gelt,
der ſpiegelt ſich allein der welt, 40
glich als ein nǎrrin, die ſich mußt
und ſpieglen bůt, der welt zů tůtz,
ſo ſie uſſpannt des tüfels garn
und macht vil ſeln zůr hellen farn.
das iſt das küzlin und der klob, 45
doburch der tüfel ſůcht groß lob,
und hat geführet manchen hin
der ſich bedunkt vor witzig ſin.
Balaam gab Balach einen rot,
das Jſrahel erzürnet got 50
und nit möcht in dem ſtrit beſton,
das es durch frouen zů můſt gon;
hett Judith ſich nit uſgeziert,
Holofernes wer nit verſürt;
Jeſabel ſtreich ſich varben vol, 55
do ſie meint Jehu gfallen wol.
der wis man ſpricht: „ker dich geſchwind
von frouen, ſie reizt dich zůr ſünd."
dan nǎrrin vil ſint alſo geil,
das ſie ir gſicht bald bietent feil, 60
und meinen, es ſol ſchaden nüt,
ob ſie ein blick dem narren git.
worlich geſicht bringt bös gedank
und ſetzt ein uf den narrenbank,
der darnach lichtlich nit abſtat, 65
biß er den häber gfangen hat.
hett Berſabe irn lib bedeckt,
ſie wer durch ebruch nit beſleckt;
Dina wolt ſchouen frömbe man,
biß um ir jungfrouſchaft ſie kam. 70
ein bemütig frou iſt ern wert
und würdig, das ſie werd geert,

---

39 durch, um. — 41 mußt, ſchmückt. — 42 der welt zů tůß, ſie thut
es der Welt zu, für dieſelbe. ß für ts iſt wie gotz : gottes, bluß : blutes u. ſ. w.
Es tunß die leien nicht allein; Gengenb., 151. Allenfalls könnte auch zů tůß
zu Dutzenden (48, 52) heißen, doch weniger empfehlenswerth. Grimm, Wörterb.,
2, 1773, vermuthet zu dutz, Stoß, Anſtoß, aber ohne Wahrſcheinlichkeit. —
44 ſelen A. — 45 küzlin, Räuzlein, der Lockvogel des Vogelſtellers. — 47 ge-
führet, geführt, geholt. — 48 vor, früher. — 49 4 Moſ. 22, 13 fg. — 57 Preb.
Sal. 9, 8. — 63 geſicht, adspectus, Anblicken. — 64 bank, masc., doch auch
ſchon fem. — 71 eren A.

aber welch hochfart nimt für hend,
der hochfart ist ouch ganz on end,
die wil ouch alzit vornen dran 75
das nieman mit ir gstellen kan.
die größt wisheit uf aller ert
ist, künnen tůn das ieder bgert
und wo man das für gůt nit nimt,
doch künnen tůn das iedem zimt. 80
wer aber frouen tůn wil recht
der můß sin etwan me dan knecht;
dan sie gar oft durch blödikeit
me tůn, dan durch ir listigkeit.
der hochfart, die do hant gots haß, 85
stigt states uf, ie baß und baß
und felt zů letst zů boden doch
zů Lucifer ins hellenloch.
hör, hochfart! es kumt dir die stund,
das du sprichst uß dim eignen mund: 90
„was bringt min hoher můt mir freüd,
so ich hie sitz in trůbsal, leid?
was hilft mich gelt, gůt und richtům?
was hilft der welt er, lob und rům?
es ist nüt dan ein schatt gesin, 95
ougenblicklich ist es dohin."
wol dem, der biß als hat veracht
und hat allein ewigs betracht.
nüt dünkt ein narren hie so hoch,
es felt mit im zů letzsten doch, 100
und voruß die schäntlich hochfart,
die hat an ir natur und art,
das sie den höchsten engel stieß
vom himel ab, und ouch nit ließ
im paradiß den ersten man; 105
sie mag noch nit uf erd bestan,

---

73 für hend nemen, ergreifen, annehmen. — 74 der, deren A. —
75 vornen bran 17, 9. — 76 gestellen, stallen, leben, auskommen. —
82 knecht, kriegsmann, streitbar. — 83 blödikeit, Schwachheit. In Hunger,
Durst und anber Blödigkeit; Brant, Laienspiegel, 29 ª. Die blödigkeit der weiber
ist vil schwächer zwar, dann das (daß sie) in ängsten sagen war; S. Birk, Su-
sanna, 14 a. Die weibliche plödmütigkeit; Fisch., Garg., 1590, 122. — 85 der,
deren. — 88 loch 66, 35. — 91 fg. Weish. Sal. 5, 8. — 94 ere A. — 95 schatt,
Schatte.

sie můß ie sůchen iren stůl;
bi Lucifer in hellen pfůl
sůcht sie den, der sie hat erdacht;
hochfart ist bald zur hellen bracht.
Agar durch hochfart wart von hus 110
mit irem kind getriben uß;
durch hochfart Pharao verdarb;
Chore mit siner gselschaft starb;
der herr gar größlich des erzürn, 115
do man in hochfart macht den turn;
als David det in hochfart zelen
das volk, můst er ein plag erwelen;
Herodes kleidt in hochfart sich
als ob sin wesen wer göttlich 120
und wolt ouch haben götlich ere
und wart vom engel gschlagen sere.
wer hochfart tribt, den nidert got,
demůt er alzit ghöhert hat.

93.

Die wůchrer füren wild gewerb,
den armen sint sie ruch und herb,
nit achtens, das all welt verderb.

Wucher und furkouf.

Dem solt man grifen zů der huben
und im die zäcken wol abkluben

---

115 größlich, im höchsten Grade. — 116 turn, den babylonischen Thurm.
— 119 Apostelgesch. 12, 21 fg. — 124 ghöheret, A, erhöht.
a: wucherer A. — wild, widerrechtlich. — b: ruh, rauh. — herb, hart-
herzig. — d: wůcher, Ertrag von ausgeliehenem Gelde, usura. — fürkouf,
Aufkäufer von großen Vorräthen täglicher Nahrungsmittel, um im Einzelnen
theuer wieder zu verkaufen. B. 4 fg. — 1 hube, Haube, Kopf. — 2 zäcke,
Zecke, Holzbock, Insekten, die sich in die Haut einbohren, Wortspiel mit Zecchinen.
Circe, die den Ehemann geplündert, sagt: Der zecken ist er ledig worden, er flügt
nun wol in bettlerorden; Gegenb. (Bouchm., 509. Die zäcken sind mir abge-
lesen; ebendas., 518. — abkluben, einzeln ablesen.

und rupfen die fluckfäber uß,
der hinderſich louft in ſin huß
alls win und korn im ganzen land 5
und vörchtet weder ſünd noch ſchand,
domit ein arm man nützet find
und hungers ſterb mit wib und kind.
doburch ſo hat man ietz vil dür
und iſt, dan värnig, böſer hür; 10
nůn galt der win kum zehen pfunt,
in eim monat es darzů kunt,
das er ietz giltet driſſig gern;
als gſchicht mit weiſſen, rocken, kern.
ich wil vom übernütz nit ſchriben, 15
den man mit zinß und gült důt triben,
mit lihen, blätſchkouf und mit borgen,
manchem ein pfunt gewint ein morgen
me, dan es tůn ein jor lang ſolt.
man lihet eim ietz münz um golt; 20
für zehen ſchribt man eilf ins bůch.
gar lieblich wer der Juden gſůch,
aber ſie mögen nit me bliben,
die Kriſten=Juden ſie vertriben;
mit Judenſpieß die ſelben rennen, 25
ich kenn vil die ich nit wil nennen;

---

3 fluckfäber, Schwungfedern. Ein flucker (lebhafter) gaul; Zimmern, 1,
481, 17. — 4 hinderſich, auf Vorrath, Speculation. — 7 nützet ſind, nichts
finde. — 9 dür, Theurung. 88, 19. — 10 värnig, vorjährig, früher. —
hür, dies Jahr, gegenwärtig. — 13 gern, völlig, gut und gern ... 101, 30.
Do gibt mans reichlich, gern und vol; Walbis, pabſt. R., 3, 14. — 14 weiſſen,
Weizen. — kern, Kernfrucht, Dinkel. Mit welleſt in eins andern ern (Acker)
Mit biner ſicheln ſchniben kern; Facet., b 1ᵇ. — 15 übernütz, Aufgeld auf die
Zinſen und Gülten. — 16 zinß und gült, Geld und Naturalleiſtungen. —
17 lihen, Darlehen. V. 20. — blätſchkouf, 48, 79, Kauf des Reſtes von
Vorräthen, Rams, Rummel (bletz, pannus). — borgen, Entleihen. — 18 ein
morgen, an einem Morgen (an Morgen, Flächenmaß, 120 Quadratruthen zu
denken, wehrt der folgende Vers). — 19 tůn, thun, ertragen. — 20 münz,
Scheidemünze (in Kupfer und Silber). Daſſelbig gelt, dieſelbig münz war mir
genug; Murner, Schwind., F b. In willen uns utel munſſe zu geben und was
uns gelts halben; Wencker, Glevenb., 31. — 22 geſůch, Zinſen. Wenn
1 fl. rh. alle wochen 2 Frankforter haller zu geſůch oder wucher gibt und
derſelb wucher ſo unbezahlt anſtehn . . . . . bring es an geſůch oder
wucher nachfolgent ſumma; Brant, Laienſpiegel, 61ᵇ. — 24 die Kriſten=
Juden, die chriſtlichen Bucherer. — 25 Judenſpieß, Bucher. Vgl.
zu Morsheim, S.; 49. So rennen vil mit Judenſpieß und ſůchen alweg
aigen genieß; Brant, Laienſpiegel, 1509, Schluß. Zum vierden ſint der Juden
vil zu wenig, Sunſt dorſten die Chriſten mit ſolcher menig Nicht rennen mit dem
Judenſpieß, Mit borgen und mit leihen Mit popitzen, verkaufen und finanzen,

die triben doch wild koufmanſchatz
und ſchwigt darzů all reht und gſatz;
ir vil ſich gen dem hagel neigen,
die lachend uf den rifen zeigen. 30
doch gſchicht dargegen ouch gar dick,
das mancher henkt ſich an ein ſtrick,
wer rich wil ſin mit ſchab der gmein,
der iſt ein narr, doch nit allein.

94.

Mancher fröut ſich uf frömde hab,
wie er vil erb und trag zů grab,
die mit ſim gbein nůß werfen ab.

Von hoffnung uf erben.

Ein narr iſt, wer ſich daruf ſpitzt,
das er eins andern erb beſitz,
oder für in kum in den rot,
ſin gůt, pfründ, ampt beſitz noch dot;
mancher eins andern dot ſich fröut, 5
des end er niemer me beſchout,
hofft einen tragen hin zů grab,
der mit ſim gbein würft bieren ab;
wer hoffet uf eins andern dot
und weiß nit, wan ſin ſel ußgat, 10
der ſelb den eſel bůt beſchlagen,
der in gön Narrenberg würt tragen.
es ſterben jung ſtark frölich lůt;
ſo findt man ouch vil kelberhůt,

Mit ſchwinden griffen und mit alefanzen, Unwil, practik und dem peſchieß, Ich
darf nit lauter ſchreien: Hans Sachs, Meiſterl., II, 31ᵃ. Mit Judenſpießen ſich
beſachen; Murner, Schwindelsh., A. 3ᵇ. Auf eitel Longins judenſpießen; Fiſch.,
Garg., 371. — 27 koufmanſſchatz, Handl. Vgl. 39, 17; 102, 81. —
29 neigen, grüßen (ſie freuen ſich des Hagelſchadens). — 30 rifen, Reif.
Vgl. 16, 7. — 31 dick, oft. — 32 ein, einen. — 33 mit ſchab der gemein,
zu gemeinem Nachtheil.
b: erb, beerbe. d und 19. — c: Noch gegenwärtig gebräuchlich für: die
ihn lange überleben. Wann ir nicht mer leben und die Schwaben mit euern
beinen nuß abwerfen; Fiſchart, Garg., 93. — 4 noch. nach (dem Tode des an-
dern). — 8 bieren, Birnen. 77, 13. Bei Kirchhof, 3, 26: um ein teige birn.
— 12 Narrenberg 28, 6. — 14 kelberhůt 85, 62.

eß gat allein nit überb lůg, 15
eim ieben ſin armůt benüg
und bgår nit, daß eß gröſſer werd;
ein wilder umlouf iſt uf erd.
Bulgaruß erbt ouch ſinen ſůn,
daß er nie hat gehoft zů tůn; 20
Priamuß ſach ſin kind all ſterben,
die er hoſt, ſie wurden ſin erben;
Abſolon ſinß vater tod noch ſchleich
und reicht ſin erbteil an der eich.
manchem ein erb würt übernacht, 25
uf daß er vor nie hatt gedacht;
mancher ein erben überkunt,
dem lieber wer, in erbt ein hunt;
nit iedem gat noch hoffenß won
alß Abraham und Simeon. 30
loß võglin ſorgen, wan got wil,
ſo kumt daß glück, zit, end und zil!
daß beſt erb iſt im vaterlant,
do wir hin hoffen alleſant;
gar wenig ſtoßt eß doch zůr hant. 35

---

15 über die A. — kůg, Rühe. — 16) benüg 24, 16; 87, 3. — armut,
neutr., ſ. B. 17 eß. — 17 begår A. — 18 wild, ſeltſamer. — umlouf,
Umſchwung (des Glücksrades). — 19 Bulgaruß, ein Rechtsgelehrter des 12. Jahr=
hunderts. Vgl. Panciroll (de clar. legg. interpr., 1, 90; 2, 15; Zedler, 4, 1912
und Jöcher); ſeine Söhne ſtarben vor ihm. — 24 reicht, erreichte, fand.
110 b, 21. Wann ich in bi den augen reich; Narrenſchiff (Augsb. 1498),
Bl. elij^a. — 25 übernacht, während der Nacht. Vgl. 70, 6. — 31 loß vög=
lin ſorgen, ſei unbeſorgt. Nůr die vögli laſſen ſorgen; Murner, Schwindelsh.,
A 3^b. Hat die vögel laſſen ſorgen; Zimmern, 4, 351, 8. Ließ vöglin ſorgen;
ebendaſ., 1, 492, 23. — 35 ſtoßt eß zur hant, wird eß zu theil.

95.

Mancher solt zů der kirchen gan
und an dem firtag müſſig ſtan,
der ſich doch vil geſcheft nimt an.

Von verfurung am firtag.

Das ſint burger zů Affenberk,
die all ir ſachen und ir werk
ſparen allein uf gbannen tagen,
die müſſen uf den affenwagen;
dem einen můß man roß beſchlagen, 5
dem andern knöpflin ſetzen an,
das man nůn langſt ſolt han getan,
do man ſaß bi dem ſpil und win;
dem füllet man die ſpitzen ſin,
vil hudeln můß man darin ſtoſſen; 10
dem muß man andůn röck und hoſen,
das möcht er ſunſt nit legen an,
hett ers nit uf ein fritag gtan;
die köch zůrichten für und glůt,
e man die kilch morgens uſdůt, 15
ſo findt man bi in ſchlemmin und braſſen;
e iemans recht kumt uf die gaſſen
ſo ſint die winhuſer ſchier vol;
das tribt man on end iemerdol,
voruß uf den gebannen tagen, 20
ſo andre werk ſint underſchlagen,
ſo důt man faren mit den karrhen;
der firtag manchen macht zům narren,
der meint, der firtag ſi erdacht,
das kleiner arbeit got nicht acht, 25

---

b: firtage, Feiertage. Vgl. B. Waldis, das pabſtiſch Reich, 4, 1: von iren feſten ubers ganze jar; und 4, 33: ire ſabbater und feire. — 1 Affenberg vgl. 28, 6. — 3 gebannen, gebannte, geheiligte. — 6 knöpflin, Knöpfe. — 9 den A. — ſpitzen, Schnäbel an den Schuhen. — 10 hudeln, Hadern, Lumpen. — ſtoßen, ſtopfen. — 13 fritag A. Firtag 1509, fol. 127. An den Freitag, den wöchentlichen Faſttag, knüpfte ſich mannichfacher Aberglaube. — 14 fůr, Feuer. — 19 iemerdol 60, 4. — 21 underſchlagen, beſeitigt. Vgl. verſchlagen 102, 53. — 22 faren: etlich zur haushaltung ſint wacker, die gehn hinaus auf win acker; Waldis, 4, 33. — karrhen Vorrede 17.

als das mans holz im spielbrät schlag
und karten sitzt ein ganzen tag.
vil lont sunst werken ir gesind
und hant kein acht, das dienst und kind
zů kirchen, predig, gotsdienst gon 30
oder frůg zů der meß ufston.
den mät went sie erst recht ußkochen,
den sie gesotten hant die wochen;
kein hantwerk ist dem nit gefůg,
das es am firtag etwas důg; 35
sie sint dem pfenning also gfert,
als ob kein tag me wer uf ert;
ein teil stont schwätzen uf der gassen,
die andern sitzen spielen, prassen;
manchem im win do me zerrint, 40
dan er ein woch mit arbeit gwint;
der můß ein schmürtzler, hümpler sin
wer nit wil sitzen bi dem win
tag und nacht, biß die katzen kreigt
oder der morgenluft harweigt. 45
die Juden spotten unser fer,
das wir dem firtag dünt solch er,
den sie noch halten also stif,
das ich sie nit ins narrenschiff
wolt setzen, wan sie nit all stunt 50
sunst irrten wie ein douber hunt.
ein arm man holz am firtag las
und wart versteint allein um das.
die Machabeer wolten nit
am firtag wören sich zů strit, 55

___

26 holz schlagen, die hölzernen Marken, Steine, bewegen, mit Anspielung auf klein Holz machen. — 27 karten, Karten spielen. — 28 werken, arbeiten. — 29 dienst, plur., Dienstboten, noch jetzt: die Dienſten. Grimm, Wörterb., 2, 1119. — 31 frůg, frühe. — 32 mät, Meth. — 33 die wochen, die Woche hindurch. — 34 gefůg, passe. — 35 důg, thue. — 36 gefert sein, erpicht sein, nachtrachten. — 40 zerrinnt, läuft durch die Finger. — 42 schmürzler, Geizhals. 33, 87: schmirzler. — hümpler, Bönhase, Stümper. Eure kunsthümpeler aus der alten welt; Fischart, Garg., 277. Und ist er dann ein hümpeler; Lied von den Roßteuschern, 121. — 44 kreigt, kräht, miaut. — 45 luft masc. — harweigt, herweht. — 46 spotten, beschämen. — 47 ere A (solche ere, Ehre in solcher Weise, Unehre). — 48 stif, steif, fest. 41, 15. — 51 douber (tauber), toller. — 52 4 Mos. 15. — 53 nur darum gesteinigt. — 54 2 Makkab. 2, 32.

ir wurden vil erſchlagen bot;
man ſamlet nit das himelbrot
uf den firtag, als got gebot.
aber wir arbeiten on not
und ſparen vil uf den firtag,   60
das wir nit tůn went andre tag,
o narr, den firtag halt und ere!
es ſint noch werktag vil und mere,
wan du ſchon ſuleſt in dem grunt.
uß gitikeit als laſter kunt.   65

96.

Der iſt ein narr, der trurt all tag
um das er nit gewenden mag
ober den ruet, das er hat gton
eim gůts, ders doch nit kan verſton.

Schenken oder bernen.

Der iſt ein narr, der ſchenken bůt
und das nit gibt mit gůtem můt
und darzů ſur und übel ſicht,
das eim nüt liebs darvon geſchicht,
domit er gab, und ſon verlürt,   5
ſo in ſin ſchenk ſo faſt bedürt.
als bůt ouch der, der etwas gůt
durch gottes er und wilen bůt
und hat doch ru und leid darvon
wan got im nit glich gibt den lon;   10
dan wer mit eren ſchenken well,
der lach und ſig ein gůt geſell
und ſprech nit: „zwor ich tů's ungern!"
wil er nit dank und lon entbern.

---

57 2 Moſ. 16, 22 fg. — 60 ſparen, aufſchieben. — 61 andere A. —
64 ſuleſt, verfaulſt. — 65 gitikeit, Habgierigkeit.— als, alles.
b: gewenden, abwenden, ändern. — c: ruet, reut. — geton A. —
6 bedürt, bedauert, dauert. betiuren, zu theuer dünken laſſen. Der muß
ſich emſigs dichtes nicht bethauren laſſen; Frölich, Stobäus, 1551, A 3ᵃ. —
8 ere A. — 13 zwar, wenn ich die Wahrheit ſagen ſoll. — thu es A.

Sebaſtian Brant.

dan got sicht ouch des gab nit an, 15
der nit mit freüden schenken kan.
jeder das sin behaltet wol,
zů schenk man nieman zwingen sol,
allein uß friem herzen gat
die schenk, die iedem wol anstat. 20
selten verloren würt der dank,
wie wol er etwan kumet lank,
so würt es doch gewonlich schlächt,
dan zwen um ein ist fadenrecht.
ob einer schon undankbar si, 25
findt man dargegen erenfri
ein dankbaren und wisen man,
ders alles widergelten kan;
aber wer schenk verwissen důt
der wil den dank nit han für gůt 30
und wil nit warten widergob;
verwissen schenk ist gar zů grob.
man sicht den überd achslen an,
der sin gůttät verwissen kan
und wurt im sunst nit me darvon. 35

---

22 lank, langsam, lange nachher. — 23 schlächt, schlicht, kommt ins Gleiche.
— 24 fadenrecht, nach der Richtschnur, in der Ordnung. Was wolt er tun
mit solchem knecht, der nur nachgeht seim fadenrecht, weiß seins herrn willn und
tut in nit; Meckel, 737. — 28 der es A. — widergelten, vergelten. —
— 29 verwissen, vorhalten. 7, 12; 96, 32. Sol nun im das verwissen wer-
ben und aufgehäpt zu einer schmach; Welschgattung, F a. Hat er dem frünt das
bald verwissen; Murner, geuchm., D 4 b. So sönd sie mirs ouch verwissen;
R. Manuel, N. Fastnachtsp., 219. — 32 verwissen, verwissene. B. 29. —
33 über die A. — 34 gůttät, 28, 16, Wohlthat.

97.

Trakeit findt man in allen gschlechten,
vorus in dienstmägten und knechten,
den kan man nit genügsam lonen,
sie künnen doch ir selbst wol schonen.

Von trakeit und fulheit.

Kein besser narr in aller sach
ist, dan der alzit kan tün gmach
und ist so träg, das im verbrent
sin schienbein, e er sich verwent.
wie rouch den ougen ist nit gůt, 5
was essich ouch den zenen bůt,
des glich der träg und ful bůt schin
denen, die hant gesendet in;
ein träger mensch ist niemans nuz,
dan das er si ein winterbuz, 10
und das man in los schlofen gnüg,
sitzen bim ofen ist sin füg.
sellig der werkt mit sinem karst;
wer müssig gat, der ist der narrst,
die müssig gänden stroft der her 15
und gibt der arbeit lon und er.
der böß vind nimt der trakeit war
und sägt gar bald sin somen dar;
trakeit, ein ursach aller sünd,
macht murmlen Israhel die kind. 20

---

a: Trakeit, Trägheit. — in, bei. — d: ir, ihrer. — 2 gmach, gemachmäßig. — 4 Vgl. Pauli 261; Grimm's Kinderm., 3, 23. — 5—8 Spr. Sal. 10. — 7 bůt schin, läßt erscheinen, zeigt. — 10 winterbutz 6, 62. Vgl.: So stat, sie wie ein fasnachtbutz, wie ein schubutz uf dem land; Murner, Schwindelsh., C 3ᵇ. Der einfach gekleidete, sagt Hans Sachs, 4, 3, 57ᵈ: der schlecht, der ist ir (der Welt) eiterbutz. Wer mit uns will ein gut gsell sein, Der trink mit uns den besten wein, will er dan ein huberbutz sein, Sauf er wasser, verlob den wein; H. Bock, der voll. brüder orden, 729. — 12 füg, sein Liebstes, was für ihn paßt. — 13 karst, Feldhacke. — 14 narrst, narrist, närrische. Wie lang der bürkest (türkische) stand will ston; Gengenb., Nollh., 49. Uf das bübist; Gengenb., x Alter, 143. Schlag tod, schlag tod! er ist auch Murnerest; Röhrich, Mittheil., 1, 135. Harnest; Welschgattung, Dᵃ, st ist also gleich sch und an ein Superlativ des Subst. nicht zu denken. — 15 gänden, gehenden. — 16 ere A. — 18 sägt, sået. — somen, Samen. — 20 murmelen A, murren. 28, 30. — die Kinder Israel.

13*

David bet ebruch und botschlag,
darum das er träg müssig lag.
das Carthago was ganz umkert,
darum wart Rom ouch ganz zerstört.
ein grössern schaden Rom entpfing 25
an dem, das Carthago underging,
dan sie von strit entpfing darvor
von ir, hundert und sechzehn jor.
der träg, der nit gern gat herfür
der spricht: „der löw stat vor der tür." 30
der borecht hund in heim behalt,
fulkeit erdenkt ein wörwort balt,
fulkeit sich wider went und für,
glich wie der angel an der tür.

98.

Hie hab ich gstelt noch vil zůsamen
die narren sint und hant den namen,
dern ander narren sich doch schamen.

Von uslendigen narren.

Noch sint sunst vil unnützer lüt,
die wüst ganz in der narren hüt,
und sint darin verharret ganz,
gebunden uf des tüfels schwanz,
und sint zů bringen nit darvon. 5
wil ich still schwigend für sie gon
und sie lon in ir narrheit bliben
und von ir dorheit wenig schriben:
als Saracenen, Türken, Heiden
all die vom glouben sint gescheiden, 10
den glich ich ouch die kätzerschůl
die halt zů Prag den narrenstůl

---

28 sechtzehen A. — 29—30 Spr. Sal. 26, 13. — 31 in, sich. Vgl. Camerar., 123. — 32 wörwort, Ausrede, Entschuldigung. — 33—34 Spr. Sal. 26, 14. c: bern, deren. — anbern A, ander 1509, 130. — 2 ganz häßlich... Narrenhaut. — 3 verharret, mit Anklang an verhärtet. 86, 15. — 6 für, vorbei.

und hat gespreit uß iren stand,
das sie ouch hat ietz Märhern land;
die wüst ind narrnkappen treten, 15
glich wie all, die anders anbeten
dan dri person ein woren got,
den unser gloub ist wie ein spot;
die ich nit für schlecht narren han,
sie müssen uf der kappen stan; 20
dan ir narrheit so öfflich ist,
das iedem bůch zůr kappen gbrist.
des glich all die verzwisselt hant
und sint verstrickt ins tüfels bant:
als borcht frouen, böse wiber, 25
all kuppelerin, pfouentriber
und andere, die in sünden sint
und in ir narrheit ganz erblint.
domit wil ich ouch deren gdenken,
die sich selbs döten oder henken, 30
und sind vertůnt und die ertrenken;
die sint nit würdig der gesatz
oder das man sie ler und fatz;
doch ghören sie in narrenzal
ir narrheit gibt in kappen all. 35

99.

Ich bitt üch herren groß und klein
bedenken den nutz der gemein,
sont mir min narrenkapp allein.

Von abgang des glouben.

Wan ich gedenk sümnis und schand,
so man ietz spürt in allem land

---

13 stand 56, 88. — 15 ind, in die A. — 19 schlecht, einfache. — 22 bůch,
Tuch. — 23 verzwisselt, verzweifelt, von Gott abgefallen. — 25 borcht,
thörichte; es sind hier offenbar die Hexen, Unhulden, Zauberinnen gemeint. —
26 pfouentriber, Pfauentreiber, Zutreiber, sonst auch: berentreiber, Hans
Sachs, 4, 3, 28 ᵈ; berentreiberin, ebendas., 4, 3, 20 ᵇ. — 31 vertunt, ab-
treiben. — 33 fatz, nede. 86, 4.

von fürsten, herren, landen, stet,
wer wunder nit, ob ich schon het,
min ougen ganz der zähern vol, 5
das man so schmählich sehen sol
den kristen glouben nemen ab;
verzich man mir, ob ich schon hab
die fürsten ouch gesetzet har!
wir nemen (leider) gröblich war 10
des kristenglouben not und klag,
der mindert sich von tag zu tag:
zum ersten hant die kätzer hert
den halb zerrissen und zerstört;
darnoch der schäntlich Machamet 15
in mer und mer verwüstet het
und den mit sim irrsal geschänt,
der vor was groß in Orient
und was gläubig alls Asia,
der mören land und Africa. 20
jetz hant darin wir ganz nüt me;
es möcht eim herten stein tun we,
was wir allein verloren hant
in klein Assen und Kriechenlant,
das man die groß Türki ietz nent, 25
das ist dem glouben abgetrent;
do sint die siben kirchen gsin,
do hat Johannes gschriben hin,
do ist ein so gut land verlorn,
das es all welt möht han verschworn; 30
on das man in Europa sit
verloren hat in kurzer zit
zwei keisertum, vil künigrich,
vil mechtig land und stet des glich:
Constantinopel, Trapezunt, 35
die lant sint aller welt wol kunt,

---

5 zähern, Zähren, Thränen. — 10 gröblich, häufig. — 17 irrsal,
falsche Lehre. — 19 alles A. — 20 mören, Mohren. — 30 verschworn, ge-
schworen haben, daß es nicht möglich sei. Darfür het ich wörtlich geschworen,
das mich Venus gmacht het zum toren; Gengenb., Gouchm., 721. — 31 sit, seit-
her. — 33 Dem doch der Türk so vil hat gnon: Zwei keisertum, solt merken
meich, und drei und zwenzig künigreich, und nimt im noch von tag zu tag;
Rollhard, 539 fg. und 975 fg. Die beiden Kaiserreiche B. 35. — 35 Brant hat
in seinem Jerusalem über den Verlust der Länder und Städte des abend- und

Achaiam, Etoliam,
Boeciam, Thessaliam,
Thraciam, Macedoniam,
Atticam und beid Mysiam, 40
ouch Tribulos und Scorbiscos,
Bastarnas samt und Tauricos,
Eubojam, gnennet Nigrapont,
ouch Peram, Capham und Jbrunt
on ander schaden und verlust, 45
die wir erlitten haben sust
in Morea, Dalmacia,
Stier, Kernten und Croacia,
in Hungern und der windschen mark.
jetz sint die Türken also stark, 50
das sie nit hant das mer allein,
sunder die Tunou ist ir gmein,
und dunt ein inbruch wan sie went;
vil bistüm, kirchen sint geschent;
jetz grift er an Apuliam, 55
darnoch gar bald Siciliam;
Italia die stoßt daran;
so würt es dan an Rom ouch gan,
an Lombardi und welsche land.
den vind den hant wir an der hand 60
und went doch schlofend sterben all!
der wolf ist worlich in dem stall
und roubt der heiling kirchen schof,
der wil der hirt lit in dem schlof.
die römsche kirch vier schwestern hat, 65
do man hielt patriarchen stat:
Constantinopel, Alexandria,
Jherusalem, Antiochia;

---

morgenländischen Christenreichs ausführlicher gehandelt, besonders auf den Bogen
P bis R. — 41 Tribulos, Triballer, Bulgaren. — Scorbiscos, Pannonier
und Jllyrier. — 43 Nigrapont, über die Einnahme 1471 ist Brant's Jerusalem,
O. 8ᵃ, zu vergleichen. — 44 Pera, die Vorstadt Konstantinopels. — Capha,
eine genuesische Stadt am Schwarzen Meere, die den Türken durch Verrath in
die Hände gespielt war; Brant's Jerusalem, R 1 ᵃᵇ. — Jbrunt, eine 1481 ge-
nommene Küstenstadt Apuliens. Brant's Jerus., R. 1 ᵃᵇ. — 46 sunst A. —
52 ist ir gemein A, ist ihrer Gemeinde, gehört zu ihrer Herrschaft. —
57 daran stoßen, grenzen. Ist Ponticum genant und stoßet bis an teütsche
lant; Rollh., 935. —60 an der hand, nahe. — 61 went, wollten, möchten. —
63 heiligen A. — 64 wile A. der vil, während. — 67 Constantinopel Alexandriá.

die sint ietz kumen ganz darvon,
es würt bald an das houbt ouch gon. 70
das ist alls unser sünden schult,
keins mit dem andern hat geduld
ober mitliden siner schwär,
jedes wolt, das es größer wär;
und gschicht uns, als den ochsen gschah, 75
do einer dem andern zusach,
biß das der wolf sie all zerreiß,
erst ging dem letsten uß der schweiß.
jeder der grift ietz mit der hand,
ob noch kalt si sin mur und wand, 80
und gdenkt nit, das er vor lesch uß
das für, e es im kum zu huß;
so kumet im dan ru und leit.
zwitracht und ungehorsamkeit
den kristengloub zerstören dut, 85
on not vergießt man kristenblut;
nieman gdenkt, wie nach's im si
und wänt doch allweg bliben fri,
biß im unglück kumt für sin tür,
so stoßt er dan den kopf harfür. 90
die porten Europe offen sind,
zu allen siten ist der vind,
der nit schlofen noch rüen dut,
in dürst allein noch kristenblut.
o Rom, do du hatst künig vor, 95
do wast du eigen lange jor,
darnoch in friheit wardst gefürt,
als dich ein gmeiner rot regiert;
aber do man noch hochfart stalt,
noch richtum und noch grossem gwalt 100

---

73 schwär, Beschwerden. — 74 jeder A; da aber das folgende es nicht auf schwär, fem., sondern (vgl. auch 113 fg.) auf jede der damaligen politischen Mächte geht und keins in P. 72 sein Correlat haben muß, so ist mit Zarncke jeder in jedes geändert. — 75 Diese Fabel vom Wolf und den Ochsen ist sonst nicht bekannt. — 79 wenn es nur nicht in seinem Hause brennt! — 80 mur, Mauer. — 81 vor, vorher. — 82 zu, ins. — 83 kumbt A. — 87 nach (nahe) es A. — 90 stoßt, streckt. — 91 porten, Pforten. — 94 in dürst, ihn dürstet; schon hier die Verwechselung zwischen durstec, durftig, und türstec, kühn, vielleicht mit Absicht und zum ersten mal. — 96 wast, warst. — 99 noch, nach. — stalt, stellte.

und burger wider burger vacht,
des gmeinen nutzes nieman acht;
do wart der gwalt zům teil zergon,
zů letzst eim keiser underton;
und under solchem gwalt und schin 105
bist funfzehn hundert jor gesin
und stäts genomen ab und von,
glich wie sich mindern důt der mon,
so er schwindt und im schin gebrist,
das ietz gar wenig an dir ist. 110
well got, das du ouch grössest dich,
domit du sigst dem mon ganz glich!
den dunkt nit, das er etwas hab,
wer nit dem römschen rich bricht ab.
zům erst die Saracenen hant 115
das heilig und gelobte lant;
darnoch die Turken hant so vil,
das als zů zalen näm vil wil.
vil stet sich brocht hant in gewer
und achten ietz keins keisers mer; 120
ein ieder fürst der ganz bricht ab,
das er darvon ein säder hab;
darum ist es nit wunder groß,
ob joch das rich ši blutt und bloß.
man bindt eim ieden vor das in, 125
das er nit vordern sol das sin
und lossen ieden in sim stat,
wie ers bißhar gebruchet hat.
durch gott, ir fürsten, sehen an,
was schad zů letst daruß werd gan, 130
wan joch hinunder kem das rich!
ir bliben ouch nit ewiklich!

---

101 vacht, focht. — 103 wart zergon, zerging, verfiel. — 106 funfzehen
A. — 107 und stets (ist) davon abgenommen worden. — 108 mon, Mond. —
109 im, ihm. — 110 das, sodaß. — 111 größest, vergrößerst. — 112 sigst,
sehest. — 118 wile A. — 119 gewer, Sicherheit, Unabhängigkeit. Müller,
Wörterb., 3, 586. — 121 gans, ein jeder will etwas ab haben, davon sich an-
eignen. — 124 blutt, nackt. Sit blukte meitlin wurden wert; Brant, Varia
carmina, Arg. 1498, J 4^b. Das sie werden so nackend blut; Gengenbach,
Gouchmat, 218. Ganz plut und bloß; Welschgattung, G 3^a. — 125 inbinden,
einbinden, einschärfen. — 126 vordern, fordern. — das sin, das Seine. —
128 gebruchet, genossen, sich desselben bedient.

ein iedes ding me ſterkung hat,
wan es binander gſamlet ſtat,
dan ſo es iſt zerteilt von ein. 135
einhelliteit in der gemein —
ufwachſen die bald all ding macht,
aber durch mißhell und zwitracht
werden ouch groſſe ding zerſtört.
der Tütſchen lob was hoch geert 140
und hatt erworben durch ſolch rům,
das man in gab das keiſertům;
aber die Tütſchen fliſſen ſich,
wie ſie vernichten ſelbſt ir rich.
domit die ſtůdt zerſtörung hab, 145
biſſen die pferd ir ſchwänz ſelb ab.
worlich ietz uf den füſſen iſt
der Ceraſtes und Baſiliſt.
mancher der würt vergiften ſich,
der gift darſchmeicht dem römſchen rich. 150
aber ir herren, künig, land,
nit wellen gſtatten ſolch ſchand!
wellent dem römſchen rich züſtan!
ſo mag das ſchiff noch ufrecht gan.
ir haben zwor ein künig milt, 155
der üch wol fürt mit ritters ſchilt,
der zwingen tůg all land gemein,
wan ir im helfen went allein.
der edel fürſt Maximiljan
wol würdig iſt der römſchen kron, 160

135 von ein, voneinander. — 138 mißhell, Mangel an Uebereinſtimmung, Mishelligkeit. — 145 ſtůdt, Geſtůt. — hab, habe. (Sprichwort bei Agricola, 314. Wan ein geſtůt wil ganz zergan, lond ſie in ſelbs die ſchwenz nit ſtan; Welſchg., C 8 b. Quum prope finis adest, cessare equitia ſas est, Hippurim enervat grex met equinus equis; Brant, var. carm., g 8 a). — 148 Ceraſtes, gehörnte Schlange, die mit dem Baſilisken in den Prophetien des Methodius, Joachim und Lichtenberger's eine große Rolle ſpielt. — 149 vergiften; in anderm Sinne: vergehen, vergreifen ſagt Gengenbach: Sol er (der Kaiſer) dann ſolch jomer ſtiften und ſich auch an der kirch vergiften, ſo hat er8 doch nit gton bißhar; Rollh., 396. — 150 darſchmeichen, darſchmeicheln, ſchmeichelnd darreichen. Vgl. Grimm, Wörterb., 2, 790. Die loſen unde ſmeichen, federleſen, ſtreichen künnen .. die bringen ſer ben fürſten zu; Suchenw. Min gſpanen ſint ganz widiſch und weich, zu den ich mich falſch freintlich ſchmeich; Augsburger Narrenſchiff, 1498, Bl. eiiij a. Almuſen ſchmeicht ſich alſo zu: gib mir, mangel du; Almuſen, c. 147. — 153 zuſton, beiſtehen, auf Seiten des römiſchen Reichs ſtehen, 104, 15. — 155 künig, Maximilian I.

dem kumt on zwifel in sin hant
die heilig erd und's globte lant,
und würt sin anfang tůn all tag,
wan er allein sich trüen mag.
werfen von sich solch schmoch und spot; 165
dan kleines heres waltet got.
wiewol wir vil verlorn hant
sind doch noch so vil kristenlant,
frum künig, fürsten, adel, gmein,
das sie die ganze welt allein, 170
gewinnen und umringen bald;
wan man allein sich zamen halt,
tru, frid und lieb sich bruchen bůt,
ich hoff zů got, es werd als gůt!
ir sint regierer doch der land, 175
wachen und dunt von sich all schand,
das man sich nit dem schiffman glich,
der uf dem mer slißt schlofes sich,
so er das ungewitter sicht;
oder eim hund, der böllet nicht, 180
oder eim wächter, der nit wacht
und uf sin hůt hat ganz kein acht.
stont uf und wachen von dem troum!
worlich, die axt stat an dem boum!
ach got, gib unsern höubtern in, 185
das sie sůchen die ere din
und nit ieder sin nuz allein!
so hab ich aller sorgen kein,
du gebst uns sig in kurzen tagen,
des wir dir ewig lob tůn sagen! 190
ich man all stät der ganzen welt,
was würd und titl die sint gezölt,
das sie nit dunt, als die schifflüt,
die uneins sint und hant ein strit,

---

162 und das gelobte (A) lant, Paläſtina. Maximilian trug ſich mit ſol=
chen Plänen. — 171 umbbringen A, umringen: Frau Venus iſt hie mit ge-
walt, die hat die ganze welt umgeben, das ſie in irem willen leben; Gengenb.,
Gouchm., 103. — 173 bruchen, c. g., bedienen. — 177 ſchiffman 16, 57
und Einleitung. — 180 böllet, bellt. — 184 ſtat, iſt angelegt. Matth. 3, 10. —
191 mane A. — 192 was vgl. 99, 110, 31. — würde .. tittel A. — gezölt,
erachtet; wie ihre Würden und Titel ſein mögen. 57, 44.

wan sie sint mitten uf dem mer 195
in wind und ungewitter ser;
und e sie werden eins der für,
so nimt die galee ein gruntrůr.
wer oren hab, der merk und hör!
das schifflin schwanket uf dem mer! 200
wan Christus ietz nit selber wacht,
es ist bald worden um uns nacht.
darum ir, die noch üerm stat
darzů got ußerwelet hat,
das ir sönt vornan an die spitz, 205
nit lont, das es an uch ersitz!
bünt was üch zimt noch üerm grad,
domit nit grösser werd der schad
und ganz abnem die sunn und mon
das houbt und glider undergon! 210
es loßt sich eben sörglich an.
leb ich, ich man noch manchen dran;
und wer nit an min wort gedenk,
die narrenkappen ich im schenk.

100.

Wer ietz kan strichen wol den hengst
und ist zů allem bschiß der gengst,
der meint zů hof sin aller lengst.

Von falben hengst strichen.

Mir kem ein verdeckt schiff ietz recht,
darin ich setzt der herren knecht

---

197 für, Fahrt. 66, 11. — 198 galee, Schiff. Vorr. 15. — gruntrur,
109, 20, Strandung, Schiffbruch. Růr 108, 104. Naufragium, quod vulgariter
dicitur gruntrure; Wencker, Instruct., 161 (Urkunde Heinrich's VII. vom Jahre
1310). Constitutio Heinrici VI Imp. de bonis naufragorum, vulgo grundruhr;
Wencker, Instruct., 160. — 203 st at, Stand. — 206 lont, laßt zu. — ersitz,
stecken bleibe (es ist nicht das Schiff, sondern der Aufschwung, den Brant vor
Augen hat). — 211 sörglich, sorgenvoll, besorglich.
a: strichen, streicheln. — b: gengest, behendeste. 77, 45. Auf ihren füßen
genger als die andern; Zimmern, 4, 110, 36. Geng beritten; ebendas., 4, 206,
33; 2, 356, 18. Mit röschen und gegen pferden; ebendas., 2, 288, 19. Er hat
einen gengen fußboten bei sich; ebendas., 3, 310, 18. Genger teufel; Faßnachtsp.,
798. — d: falben hengst strichen, schmeicheln; salb war (wie fahl) keine

und ander, die zů hof gont schlecken,
und heimlich bi den herren stecken,
domit sie säſſen gar allein 5
und ungetrengt von der gmein;
ban sie sich nit wol mögen liden
der ein klubt fädern, der stricht kriben,
der liebkost, der runt in die oren,
das er ustum in kurzen joren 10
und sich mit bellerschlecken ner,
mancher durch liegen würt ein her,
dan er den kuzen strichen kan
und mit dem falben hengst umgan;
zů bloſen mäl iſt er geſchwind, 15
den mantel henken gen dem wind,
zůbütlen hilft ietz manchem für,
der sunſt langzit blib vor der tür;
wer schlagen kan hor under woll,
der selb zů hof gern bliben sol, 20
do ist er worlich lieb und wert,
der erberkeit man do nit bgert.
mit torheit dünt sie all umgon,
went mir die narrenkapp nit lon;

---

empfehlende Farbe des Pferdes; wer ihm, dem Falben danach schön that, schmeichelte. Uf falwen hengſt so wil er bran, wer den zu hof nit wüschen kan, dem iſt an not daran zu sein; Morsh., 299. „Die so wol kan den falten streichen", Hans Sachs, 4, 3, 7ᵃ, bildet einen Uebergang zu: kauzen, kreide streichen. — 3 schlecken, gute Biſſen essen. 64, 77. — 7 sich liben, sie vermögen sich nicht zu schiden, zu gebulden, wenn die gemein, andere, da ſind. — 8 federn kluben, Liebedienerei treiben, Federn vom Gewande ablesen. Vgl. zu Morsheim 375. — ſtricht kriben, streicht den Kamm (kreibe, crista). Den liebkost sie und streicht in kreiben; Weltgattung, 1539, 3ᵇ. — 9 runt, raunt. — 10 uſtum, emporkomme. — 11 bellerschlecken, Tellerleckerei, Schmarotzen, Speichellecker. — 13 kuzen ſtrichen, den Kauz streichen. Allen schmeichlern und kuzenſtreichern; Pauli, 41, S. 39 Oeſterley. Kauz verächtlich für Jagdvogel, wie 44, 7: hetze. Alle diese bildlichen Redensarten bedeuten dasselbe: schmeicheln; es folgen dann die bösartigen Achselträger und Verleumder. — 15 Mehl zu blaſen iſt er geschickt. Vollſtändiger gibt Morsheim zu 97 die Redensart: Darum, das ich gereden kan anderſt, dann ich im herzen han, bes wil ich mich wol gehaben; blasen und mel im munde haben. — 17 zubütlen, zutragen. Do bi schwetzer und zubütler so vil vermochten, bas der argwon zugenommen; Zimmern, 1, 340, 11. Galle schwatzt seinem probſt, was er erfahren mochte, damit er manchmal vil unfribs und gehabers anricht . . . war dieser schwatzmann dem probſt nur beſter angenemer, wie dann vilmals beſchicht, bas solche zübutler die allerliebſten sein; Zimmern, 3, 573, 28; Faſtnachtſp., 69, 254. — 19 hor under woll schlagen, Haar unter die Wolle, Wahres und Falſches mischen. — 20 gern 93, 13.

doch strigelt mancher oft so ruch, 25
das in der hengst schmitzt in den buch
oder git im ein brit ind rippen,
das in das deller fellt ind trippen.
der selben wer gůt müssig gon,
wan man just wisheit wolt verston; 30
wan ieder wer, als er sich stelt
den man für frum und redlich helt
oder stelt sich als er dan wer,
vil narrenkappen stünden lär.

101.

Ein zeichen der lichtferikeit
ist, glouben was ein ieder seit;
ein klapprer bald vil lüt vertreit.

Von oren blosen.

Der ist ein narr, der vaßt ins houbt
und lichtlich iedes schwätzen gloubt;
das ist ein anzeig zů eim toren
wan einer dünn und wit hat oren;
man halt nit für ein redlich man, 5
wer einen will zů ruck angan
und schlagen, e dan ers im sag,
so er sich nit gewören mag;
aber verliegen hinderruck,
das sol ietz sin ein meisterstuck, 10
das man nicht licht versetzen kan;
das důt ietz triben ieberman
mit hinterred, abschnid der er,
verreten und der glichen mer;

---

25 ruch, scharf. — 26 schmitzt, schlägt. — buch, Bauch. — 27—28 ind, in die, A. — 28 das beller, der Teller. Nit biß, noch fül das brot vorhin, das du leist uf das teller bin; Facet., 7ᵃ.

c: klapprer, Klatschmaul. — vertreit, verteidet, verfeindet. — 6 zů ruck, von hinten. — 11 versetzen, parieren, abwehren. — 13 abschnid, d. i. abschneiden, synkopierter Infinitiv. — ere A.

das kan man verben und verflügen, 15
domit man mög dest baß betriegen
und schaffen, das mans gloubt dest e,
den andern teil hört man nit me.
ein urteil über manchen gat,
der sich noch nie verantwürt hat 20
und sin unschuld noch nit endeckt;
das schafft, er ist im sack ersteckt,
als Aman Mardocheo det,
Syba der knecht Miphiboseth;
groß Alexander lob erholt, 25
das er nit lichtlich glouben wolt
den, die verklagten Jonatham;
bald glouben, kein gut end ie nam;
Adam wer nit der gnaden broubt,
hett er nit bald der frouen gloubt 30
und sie dem schlangen siner wort.
wer bald gloubt, der stift dick ein mort.
nit iedem geist man glouben sol;
die welt ist falsch und liegens vol;
der rapp dreit dardurch schwarze wol. 35

102.

Man spürt wol in der alchemi
und in des wines arzeni,
was falsch und bschiß uf erden si.

Von falsch und beschiß.

Betrüger sint und fälscher vil,
die tönen reht zum narrenspil:

---

15 verben, anstreichen, schminken, Ansehen geben. — verflügen, bemänteln, kluoe schön, schönfärben. 71, 23. — 22 ersteckt, erstickt. — 25 groß lob erholte, erwarb Alexander. 1 Makkab. 10, 15. — 29 beroubt A. — 30—31 hätte sie der Schlange ihre Worte nicht geglaubt; Schlange ist masc. (Eim ieben geist nit gloub allzit, Dann dick der schlang verborgen lit; Facet., a 3ᵇ) und glouben hat hier den gen. der Sache. — 35 der Rabe trägt dar durch, durch die Welt hin, seine schwarze Farbe wol, keiner wird ihn weiß machen.

Fast diesen ganzen Abschnitt hat sich der Verfasser „Der newen Welt Gattung Schlag und eygenschafft" (1539, 4°), ohne Brant zu nennen, angeeignet, Bl. Bᵇ. (Das Gedicht ist bei Cammerlander gedruckt, in dessen Ausgabe des Narrenschiffs der Abschnitt 102 dafür ausgelassen wurde.) — 2 tönen recht, stimmen.

falſch lieb, falſch rot, falſch frünt, falſch gelt,
vol untru iſt ietz ganz die welt;
brüderlich lieb iſt blind und dot, 5
uf btrogenheit ein ieder gat,
domit er nutz hab on verluſt,
ob hundert joch verderben ſuſt;
kein erberkeit ſicht man me an,
man loßt es überd ſelen gan, 10
echt man eins dings mög kumen ab;
got geb, ob tuſent ſturben drab;
voruß loßt man den win nüm bliben,
groß falſchheit düt man mit im triben:
ſalpeter, ſchwebel, dotenbein 15
weideſch, ſenf, milch, vil krut unrein,
ſtoßt man zům puncten in das faß;
die ſchwangern frouen drinken das,
das ſie vor zit geneſen dick
und ſehen ein ellend anblick; 20
vil krankheit ſpringen ouch daruß,
das mancher fert ins gernerhuß.
man düt ein lam roß ietz beſchlagen,
das wol ghört uf den ſpittelwagen;
das můß leren uf filzen ſtan, 25
als ſolt es nachts zů metten gan;
ſo es von armůt hinkt und zelt,
můß es doch gelten ietzt ſin gelt,
domit beſchiſſen werd die welt.
man hat klein moßen und gewicht, 30
die elen ſint kurz zůgericht,
der kouflad můß ganz vinſter ſin,
das man nit ſch des tůches ſchin;
die wil einer düt ſehen an
was narren uf dem laden ſtan, 35

---

6 betrogenheit, Verblendung. 51, 10. — 10 über die A, dſeel W. —
11 echt, wenn nur. 77, 57. — abkommen, entledigt werden. — 13 nüm,
nicht mehr. — 16 weidäſch. clnis infectoriuṡ, Drnſenaſche, Pottaſche. —
17 ſtoßt, ſchiebt, ſteckt. — puncten, Spundlob. Punten W. und ſchrei zu
dem punctenloch us: guck geck; Pauli, 13, S. 23. Oeſterley. — 21 ſpringen,
bringen W. — 22 gernerhus, Beinhaus. Bgl. gernerbein 30, 14. — 24 es iſt
von Pferden die Rede. — 27 armut, Mangel, Gebrechlichkeit. — zelt, zeltet,
lahmt, Spat hat. — 28 ietzt, ſonſt gewöhnlich ietz. — 32 Item verfinſterent das
gewölb und gäben zum augenverblenden; Fiſchart, Garg., 370. — 34 wile A. —
35 narren, Figuren, die man auf den Laden ſtellte. Fiſchart, Garg., 26 fg.

gent sie der wogen einen druck,
das sie sich gen der erden buck,
und frogen eins, wie vil man heisch?
den tumen wigt man zů dem fleisch.
man ert den weg ietz zů der furch.   40
die alte münz ist ganz hardurch,
und möcht nit lenger zit beston,
hett man ir nit ein zůsatz gton;
die münz die schwächert sich nit klein,
falsch gelt ist worden ietz gemein   45
und falscher rat; falsch geistlicheit
münch priester, bägin, blotzbrüder dreit;
vil wölf gont ietz in schäfen kleid.
domit ich nit vergeß hiebi
den grossen bschiß der alchemi,   50
die macht das silber, golt ufgan,
das vor ist in das städlin gtan;
sie gouklen und verschlagen grob,
sie lont ein sehen vor ein prob,
so würt dan bald ein unken druß,   55
der guckuß manchen tribt von huß;
der vor gar sanft und trucken saß,
der stoßt sin gůt ins assenglaß,
biß ers zů pulver so verbrent,
das er sich selber nit me kent.   60
vil hant also verderbet sich,
gar wenig sint sin worden rich;
dan Aristoteles der gicht:
„die gstalt der ding wandeln sich nicht."

---

36 g e n t, gebent, geben. — 39 t u m e n, Daumen, durch den Druck auf die Wage. — 40 e r t, pflügt. 32, 23. — 41 h a r d u r c h, herdurch, durch, abgegriffen. — 47–48 läßt W aus. — 47 m ü n c h ist überflüssig und zerstört den Vers. — b ä g i n, Beguine, übel berufene Klosterfrauen. Grimm, Wörterbuch, 1, 1295. — b l o t z b r ü d e r, Laienbrüder, wie die Nollharden. Grimm, Wörterbuch, 2, 152. — d r e i t, trägt (Sing. zu 3 bis 4 Subst., deren eines im Plur.; denn nicht die Geistlichkeit trägt diese, sondern sie tragen falschen geistlichen Stand). — 52 s t ä d = l i n, Stäbchen, mit dem die Masse im Tiegel gerührt wurde; sie mochten hohl sein, unten mit Pech verklebt, das in der Hitze schmolz und die Füllung durch = ließ. — 53 v e r s c h l a g e n, 106, 4, verstecken. Seit gaukeln am verschlagen leit; Morsh., 73; Zimmern, 2, 186, 37; 3, 65, 20. Unterschlagen; Zimmern, 1, 102, 9. Der man verschlug sich in ein kammer; Wegkürzer, Nr. 2. — 54 v o r, vorher. — 55 u n k e n, Kröte. Die Alchemisten sollen mit Unkenasche operirt haben, worauf Brant anspielen mag; unken scheint aber noch eine Doppelsinnigkeit zu ent = halten. — 56 g u c k u s, Kukuk, der in fremde Nester legt u. s. w., hier mit An = wendung des Guckens. — 62 s i n, seiner, davon. — 63 g i c h t, sagt. 23, 11.

vil fallen schwär in dise sucht, 65
den doch daruß gat wenig frucht.
für golt man kupfer ietz zürüst,
müsbreck man under pfeffer mist;
man kan das belzwerk alles verben
und dut es uf das schlechtest gerben, 70
das es behelt gar wenig dor,
wan mans kum treit ein viertel jor;
zismüß die geben bisem vil,
des gstank man schmeckt ein halbe mil;
die fulen hering man vermischt, 75
das man verkouft sie gar für frisch.
all gassen sint fürkoufer vol.
gremperwerk triben schmeckt gar wol.
firn und nü man vermänkeln kan.
mit btrügnis gat um iederman. 80
kein koufmanschatz stat in sim wert,
jeder mit falsch vertriben bgert,
das er sins kroms mög kumen ab,
ob es gall, überbein joch hab.
sellig on zwifel ist der man, 85
der sich vor falsch ietz hüten kan.
das kind sin eltern btrugt und mog,
der vater hat keinr sippschaft frog.
der wirt den gast, der gast den würt.
falsch, untru, bschiß würt ganz gespürt. 90
das ist dem endkrist güt fürlouf,
der würt in valsch dün all sin kouf;
dan was er gdenkt, heißt, düt und lert,
würt nüt dan valsch, untru, verkert.

---

65 sucht, Seuche, Krankheit. — 68 mist, mischt. — 72 viertel A, ferteil B. Zwü pfründ oder drei und guter börfer veir barbei; Gengenb., 407. — 73 zismüß, mus zibethicus. — 74 schmeckt, riecht. — 78 gremperwerk, Tröbelwerk, Kleinhandel. — 79 firn, vorjährig, alt. 34, b. — vermänkeln, vermengen. Wahrvermenger; Fischart, Garg., 370. Vermengte war mit vil der lüg; Lied vom Mammon. Vermengent nit die grechtikeit; S. Birk, Susanna, 15ª. — 80 betrügnis, 32, 18, trügniß D. — 81 koufman, 39, 17; 93, 27. — 84 gall, Galle. — überbein, Pferdekrankheiten, hier in allgemeinerer Anwendung, wie Hans Sachs, 2, 4, 8ᵈ. Hat es (das Pferd) dan knoben oder überbein; Spruch von den Roßteuschern, 109. — 87 mog, mage, Verwandte. — 88 frag haben, darnach fragen, sich darum bekümmern. — 91 endkrist, Antichrist; Teufels D. — fürlouf, Vorlauf, Vorlauser (nicht Vorlauf von Flüssigkeiten wie 61, 14 und ußlouf 108, 26).

103.
Vom endkrist.

Sit ich den fürloß han geton
von denen, die mit valsch umgon,
so find ich noch die rechten knaben,
die bi dem narrenschiff umtraben,
wie sie sich, und sunst vil, betriegen,   5
die heilig gschrift krümmen und biegen;
die gent dem glouben erst ein büff
und netzen das bapiren schiff;
ein ieder etwas rißt darab,
das es best minder bort me hab,   10
ruder und riemen nimt darvon,
das es best e mög undergon.
vil sint in irem sinn so klug,
die dunkent sich sin witzig gnug,
das's uß eigner vernunft infall   15
die heilig gschrift ußlegen all,
daran sie fälen doch gar oft
und wirt ir falsche ler gestroft;
dan sie uß andern gschriften wol
(der allenthalb die welt ist vol)   20
möhten sunst underrichten sich
wan sie nit wolten sunderlich
gesehen sin für ander lüt.
domit verfart das schiff zů zit.
die selben man wol drunken nent,   25
das sie die worheit hant erkent
und doch dasselb umkeren ganz
domit man säh irn schin und glanz;
das sint falscher propheten ler,
vor den sich hüten heißt der her;   30

---

1 fürloß, Vorlaß. Vgl. 102, 91. Vorsput, nb. vorlůt; schwerlich vom für‑
laß bei der Vogeljagd, worauf Grimm, Wörterbuch, 3, 1408 und 4, 764 die
Stelle deutet. Vorlaß. Vorsput eignet sich für den Antichrist besser, als ein
weit hergeholtes Bild vom Federspiel. — 7 gent, geben. — büff, Puff, Stoß.
108, 32. Hat man versucht so manich biff; Welschg., C 6^b. — 8 netzen, näffen.
— bapieren, papierne, gedruckte; es ist von der theologischen Literatur die
Rede. — 10 bort, Rand, Höhe über dem Wasserspiegel. — 11 ruber (masc.
104, 136), Steuerruder. — riemen, Ruder. — 15 das sie A. — 24 verfart,
verfährt, geht zu Grunde. V. 144. — 27 dasselb, das Schiff als Inbegriff der
wahren Lehre. V. 8. — umkeren, verdrehen, nämlich den Inhalt der Schrift,
die Lehre.

die anders die geschrift umkeren,
dan sie der heilg geist selb dût leren,
die hant ein falsch wog in der hent
und legen druf als das sie went,
machend eins schwär, das ander licht 35
domit der gloub ietz vast hinzücht.
in mit wir der verkerten ston,
ietz regt sich vast der scorpion
durch solch anreizer, von den het
geseit Ezechiel der prophet. 40
die überträter des gsatz,
die süchen dem endkrist sin schatz,
das er hab etwas vil entvor,
wan schier verloufen sint sin jor,
und er vil hab, die bi im ston 45
und mit im in sin falscheit gon;
der würt er han vil in der welt
wan er ußteilen würt sin gelt
und all sin schätz würt fürhar bringen,
darf er nit vil mit streichen zwingen; 50
das merteil würt selbs zû in loufen.
durch gelt würt er vil zû im koufen
die helfen in, das er dan mag
die gûten bringen alle tag,
(doch werden sie die leng nit faren 55
in würt bald brechen schif und karren,
wie wol sie faren um und um,)
und würt die worheit machen krum,
so würt zû letst doch worheit bliben
und würt ir falscheit ganz vertriben, 60
die ietz umfert in allem stand.
ich vörcht, das schif kum nim zû land.
sant Peters schiflin ist im schwank,
ich sorg gar vast den undergank;
die wällen schlagen all sit dran, 65
es würt vil sturm und plagen han;

---

33 wo g, Wage. — hent, Hand. — 34 went, wollen. — 36 hinzücht, stirbt. 38, 22. — 37 in mit, mitten zwischen. — 38 Ezech. 2, 6. — 39 benen A. — 40 Ezech. 13 fg. — 43 entvor, voraus. — 49 fürher, hervor. — 51 in, ihnen, den Schätzen. — 54 bringen, herbei, aufbringen. — 56 brechen, gebrechen, mangeln. — karren, Nachen. Vorr. 17; 91, 3; 110 a, 70. — 61 stand 56, 88, 98, 13. — 62 nim, nie mehr. — 65 all sit, auf allen Seiten.

gar wenig worheit man ietz hört,
die heilig gschrift würt vast verkört
und ander vil ietz ußgeleit,
dan sie der munt der worheit seit.   70
verzich mir, recht wän ich hie triff!
der endkrist sitzt im grossen schiff
und hat sin botschaft ußgesant,
falscheit verkundt er durch all lant,
falsch glouben und vil falscher ler   75
wachsen von tag zů tag ie mer;
darzů dünt drucker ietz gůt stür;
wan man vil bücher würf ins für
man brannt vil unrecht, falsch darin.
vil trachten allein uf gewin,   80
von aller erd sie bücher süchen,
der correctur etlich weng rüchen.
uf groß beschiß vil ietz studieren,
vil drucken, wenig corrigieren,
die lügen übel zů den sachen,   85
so sie mennlin um mennlin machen,
sie dünt in selber schad und schand,
mancher der druckt sich uß dem land;
die mag das schif dan nim getragen,
sie müssen an den narrenwagen,   90
das einer tüg den andern jagen,
die zit, die kumt! es kumt die zit!
ich vörcht der endkrist si nit wit!
das man das merk, so näm man war:
uf dri ding unser gloub stat gar,   95
uf abloß, bücher und der ler,
der man ietz ganz keins achtet mer.

---

69 **ander**, anders. — 77 **stür**, Hülfe. — 82 wenig A. — **ruchen**, Rücksicht nehmen. — 86 **mennlin**, neue Abdrücke, die dem frühern Seite um Seite und Zeile um Zeile entsprechen. Vgl. Krünitz, Encyklopädie, Bd. 83, Männchen, und Zedler s. v. Männgen. — 88 Die Interpolation nimmt sich (a 5) der Drucker lebhaft an: Man fragt eim leben trucker noch, Was neuer Bücher er bring doch? Die werden dann bald aufgezuckt; Darumb wirt alles, das man truckt, Verkauft, e man weißt, was es sei. Dank hab die heilig truckerei! Die hat vil glerter leut gemacht, Wiewol sie ietz wirt ganz veracht. Ein ieder acht sie wie er well, So ist noch manch gut arm gesell, Dem an der kunst ganz wenig gbrist, Der nit wär halber, der erst ist, Wo nit die truckeri in hett Jn aller kunst als sanft gebett, Das er möcht leren heim zu haus, Das mancher lert nit zu Paruß. On bücher kan man schaffen neütt; Bücher wol brauchen macht recht leüt. — 91 **tüg**, thue. — 96 **abloß** A.

die vil der gschrift spürt man dobi,
wer merkt die vil der truckeri;
all bücher sint ietz fürber bracht, 100
die unser eltern ie hant gmacht;
der sint so vil ietz an der zal,
das sie nütz gelten überal,
und man ir schier nit achtet mer,
des glichen ist es mit der ler; 105
so vil der schülen man nie fand,
als man ietz hat in allem land,
es ist schier nienan stat uf erd,
do nit ein hohe schůl ouch werd;
do werden ouch vil glerter lüt 110
der man doch ietz ganz achtet nüt.
die kunst verachtet ieberman
und sicht sie überd achseln an.
die glerten müssen sich schier schamen
ir ler und kleit und ires namen; 115
man zücht die buren ietz harfür,
die glerten müssen hinder d'tür.
man spricht: „schou um den schluberassen!
der tüfel bschißt uns wol mit pfaffen!"
das ist ein zeichen, das die kunst 120
kein er me hat, kein lieb, noch gunst;
domit würt abgon bald die ler,
dan kunst gespiset würt durch er,
und wan man ir kein er dut an,
so werden wenig darnoch stan. 125
der ablaß ist so ganz unwärt,
das nieman darnoch frogt noch gûrt;
nieman wil me den ablaß sůchen,
jo mancher wolt in im nit flůchen,

---

98. 99 vile A, Masse. Vom ebruch und vile der wiben; Rollhard, 951. —
gschrift, Schriften, Litteratur. — 108 nienan, nirgend. 24, 31. — 113 über
die A. — 117 die tür A. — 118 schou um den, 105, 33, sieh an, den. —
schluberaffen, Schleuberaffen, schluraffen. Die sprach: schluraff, wie wilt
henken, din kopf so ganz uf die erben; Zimmern, 2, 7, 26; und unten 108, unser
heutiges Schlaraffen. — 121 ere A. — 122 ler, Lernen, Studium. — 123 fg.
ere A. — 129 in im, ihn sich; der Ablaß ist so unwerth geworden, daß mancher
sich denselben nicht fluchen möchte. Zarncke scheint in im als: „bei ihm", beim
Ablaß, zu nehmen. „Man ließ' ihn stehn für Holz und Kohlen." Simrock.

mancher gäb nit ein pfening uß,   130
so im der abloß kumt zů buß
und würt im darzů kumen doch,
er reicht in verrer dan zů Och.
darum es uns glich also gat,
als denen mit dem himelbrot,   135
die woren des so gar urtrütz,
sie sprochen, es wer in unnütz,
ir sel unwillen darab het,
und machten daruß ein gespöt.
als bůt man mit dem abloß ouch,   140
der würt veracht durch manchen gouch.
daruß nim ich mir ein bericht:
jetz stůnd der gloub glich wie ein liecht,
wan das wil ganz verfaren hin,
so gibt es erst ein glanz und schin: 145
das ich es frilich sagen mag,
es nah sich vast dem jungsten tag.
sit man das liecht der gnad veracht,
so würt es bald ganz werden nacht,
des glichen vor nie würt gehört.   150
das schiff den boden vast umkört.

104.

Wer durch liebkosen und trouwort
die worheit setzet an ein ort,
der klopft dem endkrist an die port.

Worheit verschwigen.

Der ist ein narr, wer wirt zerstört
in sim gemüt, so man anfört

---

132 darzu, ins Haus. — 133 reicht, erreicht. 94, 24; 110 b, 21. — verrer, ferner, weit hinter. — Och, Achen, als ferner Wallfahrtsort. Vgl. 80, 24. — 135 4 Mos. 11. — 136 urtrütz, überdrüssig. Aller ding urdrütz; Hans Sachs, 2, 468 d. Urderütz; 4, 3, 109 a. — 137 in, ihnen. — 140 als, ebenso. — 144 verfaren hin, erlöschen, zu Ende gehen. Vgl. V. 24. — 146 frilich, frei heraus. — 148 sit, seitdem oder weil. — 150 vor, früher, in früherer Zeit. — würt, wird gehört, man hört, liest in der Geschichte früherer Zeiten nichts davon. — 151 kehrt sich um, unterst zu oberst.
a: durch, um. — trouwort, Drohungen. — b: ort, Winkel; verleugnet.
— 2 anfört, ihn anführt.

und mit gewalt in zwingen wöl,
das er die worheit schwigen söl,
sin wisheit underwägen lon 5
und sol den weg der torheit gon,
den der on zwifel anhinfert,
der sich an solche trouwort kert.
die wil doch got uf siner sit
ist und beschirmt den alle zit, 10
der von der worheit sich nit scheidt,
das er zū keiner zit beleidt
sin füß; wer uf der worheit blibt,
bald der all vigent von im tribt.
ein wis man stat der worheit zū, 15
ob er joch säch Phalaridis kū;
wer nit kan bi der worheit ston,
der mūß den wäg der torheit gon;
hett Jonas worheit gkundt bi zit,
der visch hett in verschlucket nit; 20
Helias hielt mit worheit pris,
darum für er ins paradis;
Johannes floch der narren louf,
darum kam Christus zū sim touf;
wer einen lieplich strofen dūt, 25
ob ers joch nit hat glich für gūt,
so würt doch etwan sin die stunt,
das es im zū verdanken kunt
und grösser dank nimt um strofwort,
dan ob er redt, das man gern hort. 30
Danjel kein liebdat nemen wolt,
als er Balthasar sagen solt
und im die worheit legen uß:
„din gelt blib (sprach er) in dim huß!"
der engel hindert Balaam, 35
darum das er die gaben nam

---

4 schwigen, schweigen machen. — 7 anhinfaren, weiterwandeln. Gengenb., 670 fg. Er alzit's bild Christi bins herren, Wann du barfūr dūst anhin keren; Facet., 12ª. — 9 wile A. — 12 beleidt, verletzt. Grimm, Wörterbuch, 1, 1443. — 14 vigend, Feinde. — 15 juston, beitreten. 99, 153. — 16 Phalaridis kū, 69, 16. — 19 gekundt, verkündet. — 25 lieplich, in Liebe. — 26 joch, auch fürwahr. — 28 kunt, kommt. 25, 10. — 31 liebdat, Geschenke. Dan. 5, 17. — 35 Balaam. 4 Mos. 22.

und wolt dun wider die worheit,
des wart verkört als das er seit;
der esel stroft den, der in reit.
zwei ding mag man verbergen nit, 40
zu ewig zit sicht man das drit;
ein stat gebuwen in der höh,
ein narr, er stand, sitz oder ge,
sicht man doch bald wesen und bscheit;
worheit sicht man in ewigkeit 45
und würt sich niemer me verligen,
wan narren schon den hals abschrigen;
worheit ert man durch alle land,
der narren freüd ist spot und schand.
ich bin gar oft gerennet an, 50
wil ich diß schiff gezimert han,
ich soll es doch ein wenig färben
und nit mit eichenrinden gärben,
sunder mit lindensaft ouch schmieren
und etlich ding etwas glosieren; 55
aber ich ließ sie all erfrieren,
das ich anders dan worheit seit.
worheit die blibt in ewikeit,
und würt eim under d'ougen ston,
wan niemer wer diß büchlin schon; 60
worheit ist sterker dan all, die
mich hinderreden, oder sie,
wan ich mich hett geköft daran;
ich müst bin größten narren stan,
die ich in allen schiffen han. 65

---

38 des, darum. — 40 nicht in der Bibel. — 44 bscheit, Beschaffenheit, Bestimmung. Ein jeder stand hat sein bscheid; Alberus, 155. Mit schrift und umstend zu beweisen (durch das rationale divinorum), Was da bedeut ein jedes kleid, Woher sein anfang und bescheid; Waldis, päbst. Reich, 1, 10, G 3. Sunst hats mit im auch diesen bscheid: Er muß..; ebendas., 1, 13. Nit frag noch fúch, was sig der bscheit des himels; Cato, 244. — 45 3 Esra 4, 38. — 46 verligen, durch liegen werthlos werden. Vgl. 66, 83. — 47 abschrigen, abschrien. — 51 wlle A. — 52 färben, anstreichen, Schein geben. — 55 glosieren, mildern, mundrecht machen. Im Freidank, D, 5ᵇ, heißt es dagegen: Das ich all rimen solt glosieren, Mit concordanzen corrigiren. — 57 das, ehe daß. — 59 die ougen A. — ston, treten. — 62 hinderreden, verleumden.

105.

Wer wil der worheit bigestan,
der můß gar vil durechter han,
die in ableren underſtan.

Hinderuis des guten.

Der iſt ein narr durch all ſin blůt,
wer hindern wil eins andern gůt
und er zů wören underſtat
dovon er doch entpfoht kein ſchad,
und ſicht gern, das ein ander ſi 5
im glich und ſtåck im narrenbri;
dan narren alzit haſſen dŭnt
die, ſo mit gůtem ding umgont.
ein vor den andern nit gern ſicht;
dem rechten doren doch geſchicht, 10
das er in freŭden ſich nit ſpar,
das er allein nit ſi ein narr;
darum er alzit fliſſet ſich,
wie ieberman ſig ſinen glich,
und rat, das er nit ſi allein; 15
der narr, der trag den kolben hein.
wan man ſicht einen, der do wil
recht důn und ſin in wisheit ſtil,
ſo ſpricht man: „ſchou den duckelmuſer!
er wil allein ſin ein Carthuſer 20
und tribt ein apoſtůtzerſtot!
er wil verzwiflen ganz an got.
wir went eben als wol erwerben,
das got uns loßt in gnaden ſterben,

---

b: durechter, Feinde, Verfolger. 27, 24. — c: die ihn abzuwehren unternehmen. — 3 und er, und wenn er. 62, 29; 63, 24; 77, 24. — wören, das zu hindern. — 11 ſpar, ſchone, mäßige. 5, 19; 86, 16. — 14 ſig, ſei. — ſinen glich, ſeinesgleichen. Jren glich; 49, 24. Minen glich, 77, 15. — 16 hein, heim. 80, 21. — 19 ſchou. Vgl. B. 34. — duckelmuſer, Duckmeuſer, tückiſcher Scheinheiliger, der es hinter den Ohren hat. Zwen blebiſche tuckelmäuſige galgenſchwengel; Gargant., 83; Grimm, Wörterbuch, 2, 1489 fg. und 1495. — 20 Cartheuſer, Schweiger. — 21 apoſtůtzerſtot, Stand eines apoſtützers, Heuchlers; apoſtützler, baſtützler, poſtützler u. ſ. w.; Grimm, Wörterbuch, 1, 536. — 23 eben als wol, ebenſo gut.

als er, wan er schon tag und nacht
lit uf den knuwen, bāt und wacht;
er will vasten, und zällen buen;
er gtar wedr got, noch der welt, truen.
got hat uns nit darum geschaffen,
das wir münch werden oder pfaffen,
und voruß, das wir uns entschlagen
der welt, wir went kein kutten tragen
noch kapp, sie hab dan schellen ouch!
schou um den narren und den gouch,
er möcht noch in der welt ban gton
vil guts und hett noch größern lon
entpfangen, hett er vil gelert
und uf den weg der sellkeit kert,
dan das er do lit wie ein schwin
und mößst sich in der zellen sin,
oder bricht im sunst so vil ab
das er kein freüd noch kurzwil hab;
solt, wie er dūt, dūn ieberman
in der chartuß die kutten an,
wer wolt die welt dan fürbas meren?
wer wolt die lūt wisen und leren?
es ist gots wil noch meinung nit,
das man der welt sich so abschütt
und uf sich selb allein hab acht."
solch red dūnt narren tag und nacht,
die in der welt hant als ir teil,
des süchen sie nit selen heil.
hör zū, wārst du joch wis und klūg,
es weren dennaht narren gnūg;
wan dū schon hettest münchesch gberd,
es weren narren me uf erd;
wer ieberman gesin bin glich,
es wer kein mensch im himelrich;
wan du joch werst ein witzig gsell,
es füren dannaht vil zūr hell.

26 knuwen, Knien. — 27 fasten und Zellen bauen. — 28 getar, wagt. — weder A. — truwen, trauen. — 34 schow. 103, 118. — 37 gelert, gelernt. — 38 sellkeit A. — kert, sich gekehrt. — 41 bricht sich ab, versagt sich. — 46 leren, belehren. 66, 82. — 48 abschütten, sich einer Sache entschlagen, enthalten, gewöhnlich: entschütten. — 51 als, alles. — 54 dennaht, dennoch. — 55 gberd, Ansehen.

wan ich zwo selen hett in mir,
setzt ich licht ein den gsellen für;
aber so ich hab ein allein,
so muß ich sorg han um die ein:
got hat mit Beljal nüt gemein. 65

106.

Wer hie anzündt sin ampel wol
und brennen loßt sin liecht und ol,
der selb sich ewig fröuen sol.

Abloſſung guter werk.

Der ist ein narr, der zů der zit
so got sin letztes urteil git
sich urteiln můß uß eigenem munt,
das er verschlagen hat sin pfunt,
das im entpfolhen hat sin her, 5
das er domit solt gwinnen mer;
dem wirt dasselb genomen hin
und er geworfen in die pin.
des glich ouch, die ir ampel hant
verschütt und nit mit öl gebrant, 10
und went erst süchen ander öl,
so ietz ußfarend ist die sel.
vier kleine ding sint uf der erd,
sint wiser doch dan menschlich gberd:
die omeiß, die keinr arbeit schont, 15
ein häslin, das im velsen wont,
die heustäff, die kein künig hant
und ziehen doch zů veld alsant;
ein aides gat uf sin henden uß,
und wont doch in der kunig huß; 20

---

62 eine A.
b: ol, Œl. — 3 urteilen, verurtheilen. — 4 verschlagen, verborgen
102, 53. Matth. 25. — 13—20 Spr. Sal. 30, 24. — 17 hewſtäff, locusta, Heu-
schrecke. — 19 aibes, Eidechſe. — ſin ſcheint zu tilgen, stellio manibus nititur.

wer hunig findt und wasen scharf,
der eß nit me, dan er bedarf,
und hůt vor füllung sich der süß,
das ers nit wider spůwen můß.
ob joch ein wiser gåhling stirbt, 25
sin sel doch niemerme verdirbt;
aber der narr und unwis man,
verdirbt und můß sin husung han
in ewigkeit in sinem grab;
den frömden loßt er sel und hab. 30
kein grösser dor wart nie gemacht,
dan der das kunftig nit betracht
und zitlichs für das ewig acht.
es brent manch boum in hellenglůt,
der nit wolt tragen gůte frücht. 35

107.

Zůr rechten hant findt man die kron,
zůr linken hant die kappen ston;
den selben weg all narren gon
und finden entlich bösen lon.

Von lon der wisheit.

Noch grosser kunst stelt mancher tor,
wie er bald werd meister, doctor,
und man in halt der welt ein liecht;
der kan doch das betrachten nicht,
wie er die rechte kunst erler, 5
mit der er zů dem himel fer,
und das all wisheit diser welt
ist gegen got ein dorheit gzelt.

21—24 Spr. Sal. 25, 16. — wasen, Waben. — 22 äß A. — 24 spůwen,
speien. — můß A. — 25—26 Weish. Sal. 4, 7. — 27—30 Pf. 4, 11. — 28 hu-
sung, Wohnung. — 31 gemacht, erzeugt, hervorgebracht. — 35 glůt : frücht.
Vgl. schoß : ochs, 50, 9; dat : bracht, 66, 103; resch : lest, 84, a; gebreft : täsch,
83, 120.
8 gezelt, geschätzt. 57, 44; 99, 192.

vil meinen fin uf rechtem weg,
die doch verirren an dem ſtåg, 10
der zů dem woren leben fürt.
wol dem, der uf dem weg nit irrt,
wan er in ſchon ergriffen hat;
dan oft der nebenweg abgat,
das einer bald kumt ab der ſtroß, 15
es ſi dan, das in got nit loß.
Hercles in ſiner jugent gdacht,
wes wegs er doch wolt haben acht,
ob er der wolluſt noch wolt gan
oder allein noch tugend ſtan? 20
in dem gedänk komen zů im
zwo frouen, die er bald on ſtim
erkant an irem weſen wol:
die ein was aller wolluſt vol
und hübſch geziert, mit reden ſůß, 25
groß luſt und freüd ſie im verhieß,
der end doch wer der bot mit we,
darnoch kein freüd, noch wolluſt me;
die ander ſach bleich, ſur und hert
und hatt on freüd ein ernſtlich gſert, 30
die ſprach: „kein wolluſt ich verheiß,
kein rů, dan arbeit in dim ſchweiß
von tugent zů der tugent gon;
darum würt dir dan ewig lon."
derſelben ging do Hercles noch, 35
wolluſt, rů, freüd er alzit floch.
wolt got, als wir begeren all
leben noch unſerm wol gefall,
das wir begerten ouch des glich
zů han, ein leben dugentrich! 40
worlich, wir flůhen manchen ſtåg,
der uns fůrt uf den narrenweg.
die wil aber wir all nit wend
gedenken, wo ein ieder lend,

---

17 fg. Die Parabel ſtellte Brant ſpäter in Straßburg dramatiſch dar. —
19 wolluſt 37, 18. — 21 gedänk, Nachſinnen. Arg gedenk! Hans Sachs, Dia-
log; 13, 5, Köhler. — 22 on ſtim, ehe ſie den Mund öffneten. — 27 der, deren.
— 29 ſach, ſah aus. — 30 gſert 48, 61. Ein narr ſoll haben gſert; Gengenb.,
Gouchm. 874. — 41 flůhen, flöhen. — 43 wile A. — 44 lend, ſich hinwende,
65, 7. 106, 12; 14; 139; 109, 10.

und leben blinzend in der nacht, 45
hant wir keins rechten wäges acht,
das wir gar oft selbs wissen nit,
wo uns hien füren unser drit.
daruß entspringt, das uns alltag
berüen all unser anschlag; 50
so wirs erfolgen, nit on we,
begeren wir nit minders me.
das kumt allein daruß, das wir
all hant ein angeborne bgir,
wie uns das recht gůt hie uf erd 55
bekum on väl und entlich werd;
die wil aber das nit mag sin
und wir irren in vinsterm schin,
so hat got geben uns das liecht
der wisheit, darvon man gesicht. 60
die macht der vinsternis ein end,
wan wir sie nemen recht für hend,
und zeigt uns bald den underscheit
der doren weg von der wisheit.
der selben wisheit stelten noch 65
Pythagoras, Plato der hoch,
Socrates und all die durch ir ler
hant ewig rům erholt und er,
und kunden doch ergründen nie
die rechte wisheit, funden hie. 70
darum von in spricht got der her:
„ich wil verwerfen kunst und ler
und wisheit der, die hie wis sint
leren dieselb die kleinen kint."
das sint all die, so wisheit hant 75
ervolget dort im vaterlant;
die solche wisheit hant gelert,
werden in ewigkeit geert

---

48 hien 48, 19. — 51 erfolgen, erreichen. V. 76. — 52 nit minders
me, wieder nichts Geringeres. — 56 bekum, begegne, zu Theil werde. 60, 14.
— on väl, unfehlbar. — 57 wile A. — 68 erholt, erworben. — ere A. —
72–74 ich will Kunst und Lehre und Weisheit derer verwerfen, die hier weise
sind (sich dünken) und (will) dieselbe (Weisheit) die kleinen Kinder lehren. Vgl.
Luc. 18, 16—17.

und schinen wie das firmament;
welch hant gerechtikeit erkent 80
und darin underwisen sich
und ander me, die lüchten glich
als Lucifer von orient
und Hesperus gen occident.
Bion, der meister, spricht, das glich 85
wie zů den megten gselten sich
die um Penelope langzit
bůlten, und möcht in werben nit:
als dunt die hie nit künnen ganz
bgrifen der rechten wisheit glanz 90
die nahend durch vil tugend zier
(die ir megd sint) doch vast zů ir.
all freüd der welt nimt trurig end,
ein ieder lůg, wo er hin lend.

108.

Ir gsellen, kumen harnoch z'hant
wir faren in schluraffenlant,
und gstecken doch im můr und sant.

Das schluraffenschiff.

Nit mein uns narren sin allein
wir hant noch brüder, groß und klein
in allen landen über al,
on end ist unser narren zal;
wir faren um durch alle lant 5
von Narbon in Schluraffenlant,

85—92 Plutarch, Kinderz., 10. — 91 durch, um . . willen.

a: ze hant A, das einzigemal, daß Brant im „Narrenschiff" ze schreibt. — b: schluraffenlant, 103, 118. Zu dem bei Zarncke, 455 fg. Gesagten braucht nichts hinzugefügt zu werden. — c: můr, B 103. — 1 accus. c. inf Vgl. 19, 8. — 6 fg. Vieles von hier an (6—154) läßt Joh. Römoldt im Laster der Hoffart seinen Heinz Ohnetrost sprechen. — Narbon, Narbonne; hier wegen des Wortes Narr. Simrock in Bonn verdeutlicht: Narr-Bonn.

darnach went wir gen Montflascun
und in das land gen Narragun;
all port durchsůchen wir und gstad,
wir faren um mit grossem schad
und künnent doch nit treffen wol
den staden, do man lenden sol;
unser umfaren ist on end
dan keiner weiß, wo er zů lend,
und hant doch kein růtag und nacht;
uf wisheit unser keiner acht,
darzů hant wir noch vil gespanen,
trabanten vil und curtisanen,
die unserm hof stäts ziehen noch,
kumen ins schiff zům letzten doch
und faren mit uns uf gewinn.
on sorg, vernunft, wisheit und sinn
dünt wir fürwor ein sörglich fart,
dan keiner sorgt, lůgt, merkt und wart
uf tablemarin und den compas
oder den ußlouf des stundglas,
noch minder des gestirnes zwang,
wohin Bootes, Ursa gang,
Arcturus oder Hyades;
des treffen wir Symplejades
das uns die felsen an das schiff
zů beiden siten gent ein büff
und knützschen das so gar zů trimmen,
das wenig uß dem schiffbruch schwimmen.
wir wogen uns durch Malfortun,
des kumen wir zů land gar kum
durch Scyllam, Syrtim und Charibd
und sint ganz uß dem rechten trib.

---

7 Montflascun, Montefiascone, wegen Flasche (das Wort schon 87, 16 und in Steinhöwel's Boccaccio so wie im Mhd.; Grimm, Wörterbuch, 3, 1725) und — 8 Narragun, Aragonien in Narragun verkappt. Vgl. zu 28, 6. — 9 port, Häfen. — 12 staben, das Ufer. Vgl. 75, 3; 108, 114; 137. — 17 gespanen, Gefährten. — 18 curtisanen, Höflinge; besonders die in Rom um Pfründen Werbenden; vgl. Waldis, päbst. Reich. 2, 5. — 25 tablemarin, Seekarte. — 32 gent, geben. — büff, Stoß. 103, 7. — 33 knützschen, quetschen. Vgl. 67, 59. — 37 Charibd, das d scheint nicht gesprochen zu werden. — 38 trib, Trift, Straße.

Sebastian Brant.

des ist nit wunder, ob ouch wir
im mer sehen vil wundertier, 40
als die Delphinen und Sirenen,
die singen uns süß cantilenen
und machen uns als vast entschlofen
das unsers zülend ist kein hoffen,
und müssen sähen um und um 45
Cyclopem mit dem ougen krum,
dem doch Ulysses das ußstach
das er vor wißheit in nit sach
und im kein schaden zů möcht fügen,
dan das er bröllen det und lügen 50
glich wie ein ochs, dem würt ein streich;
nit minder der wis von im weich
und ließ in schrigen, grinen, weinen,
doch warf er noch mit grossen steinen.
das selb oug wechst im wider ser; 55
wan er ansicht der narren her,
so spert ers uf gen in so wit,
das man sunst sicht im antlit nůt;
sin mul spaziert zů beiden oren,
domit verschluckt er manchen doren; 60
die andern, die im schon entrinnen
der würt Antiphates doch innen
mit sim volk der Lästrygonum,
die gont erst mit den narren um,
dan sie sunst anders essen nůt, 65
dan narrenfleisch zů aller zit
und drinken blůt für iren win
do würt der narren herberg sin.
Homerus hat diß als erdacht,
domit man hett uf wißheit acht 70
und sich nit wogt licht uf das mer;
hie mit lobt er Ulyssem ser,

---

41 die fehlt A. — 44 zůlend, Anlanden. — 46 ougen, noch nach alter
Weise richtig flectiert. — krum, rund. Zwen neu krum hesen mit kromen
bedelu; Zimmern, 2, 73, 19. Krumm, rund ist das Auge genannt, weil es an
cyclus, cyclops, erinnerte. — 50 bröllen, brellen (Grimm, Wörterbuch, 2, 362),
aufschreien, brüllen. — lügen, lüejen, von der Stimme des Löwen, Ochsen,
Esels gebraucht, brüllen. — 53 grinen, greinen. — 58 antlit, Antlitz, Ge-
sicht. — 67 irn A. — 69 Homerus Odyss., 9 fg.

der wiß rāt gab und gūt anschlag,
die wil man streit und vor Troy lag,
und wie der zehen jor darnoch   75
mit grossem glück durch all mer zoch;
do Circe mit ir drankes gwalt
sin gsellen kert in tieres gstalt,
do was Ulysses also wiß,
das er nit nam drank oder spis,   80
biß er das falsch wib überböst
und sin gesellen all erlöst
mit eim krut, das man moly heißt.
also half im uß mancher not
sin wisheit und vernünftig rot.   85
die wil er aber ie wolt faren,
möcht er die leng sich nit bewaren
im kem zů letst ein widerwind,
der im sin schiff zerfürt geschwind,
das im sin gsellen all erdrinken,   90
all ruder, schiff, sägel versinken.
sin wisheit im zů hülf doch kam,
das er allein uß nacket schwamm
und wust von vil unglück zů sagen;
wart doch von sim sůn dot geschlagen 95
als er klöpft an sinr eignen tür;
do kund wisheit nit helfen für.
niemans was, der in kennen kund
im ganzen hof, allein die hund,
und starb darum, das man nit wolt   100
in kennen, als man billich solt.
domit kum ich uf unser fůr:
wir sůchen gwinn in dieffem můr,
des würt uns bald ein böse růr,
dan uns bricht mastboum, sägel, schnůr, 105
und künnen doch im mer nit schwimmen,
die wällen sint böß uf zů klimmen,

---

73 wise A. — 74 wile A. — 81 überböst, Böses mit Böserem vergelten. Der Reim: „böst : löst : heißt" zu beachten. — 86 wile A. — 88 widerwind, ungünstiger, Gegenwind. 109, 14. — 89 zerfürt, zerstörte. — 90. 91 drynken : synken A, was wohl ü vertritt, wie mynch 61, 21. — 93 nacket B. 116. Nackent 109, 34. — 96 klöpft, klopfte. — 97. 98 tünb A. — 102 fůr, Fahrt. 66, 11. — 103 můr, Morast, Schlamm. 108, 6. — 104 růr, Strandung. Und nimt gar oft ein bodenrůr; Narrenschiff (Augsburg 1495), B. 5 ͣ.

wan einer wänt, er fitz gar hoch,
so stossent's in zů boden doch,
der wind der tribt sie uf und nider, 110
das narrenschiff kumt nim harwider,
wan es recht unbergangen ist;
dan wir hant weder sinn noch list,
das wir ußschwimmen zů dem stad,
als det Ulysses noch sim schad, 115
der me brocht nacket mit im uß
dan er verlor und hatt zů huß.
wir faren uf unfalles schlif,
die wällen schlagent übers schiff
und nämen uns vil galeoten, 120
es würt and schifflüt ouch geroten
und ouch zůletst an die patron;
das schiff düt wüst in schwänken gon,
und möcht gar licht ein wirbel finden,
der schiff und schifflüt würd verschlinden. 125
all hülf und rot hat uns verlon,
wir werden in d'harr undergon,
der wind vetfürt uns mit gewalt.
ein wiß man sich do heim behalt
und näm bi uns ein wißlich ler, 130
wog sich nit lichtlich uf das mer,
er künn dan mit den winden striten,
als Ulisses det zů sin ziten,
und ob das schiff gang under joch,
das er zů land künn schwimmen doch. 135
darum erdrinken narren vil,
zům stab der wisheit ieber il
und näm den ruder in die hend,
domit er wiß, wo er hin lend.

---

109 stossen sie A. — 114 stab, Ufer. 75, 3. — 115 noch, nach. Vgl. 88 fg.
— 116 me, mehr (das Leben). — im, sich. — 118 uf, auf, nach, auf die Gefahr.
— schlif, des Ausgleitens des Unfalls, Unglück; auf die Gefahr, unglücklich zu
Falle zu kommen. Uf borg; 48, 79. Uf die il; 48, 28. Uf hofnung; 38, 24. In
disem wirbel sint vil schiff verdorben durch einfeltig schliff; Thesmoph., 580. —
120 galeoten, Leute der Bemannung. — 121 an die A. — 125 verschlin-
ben, verschlingen. — 127 die harr A., die Dauer. 14, 17. — 128 verfürt,
richtet zu Grunde. 46, 36. — 131 wog, wage. — 133 sinen A. — 134 joch,
auch. — 138 den ruder, 109, 18, Steuer; spätere ändern: die ruder (1509, v 6 b).

wer wiß ist, kumt zů land mit fůg,   140
es sint doch on das narren gnůg;
der ist der best, der selber wol
weiß, was man důn und lossen sol,
und den man nit darf underwisen,
sunder die wisheit selb důt prisen;   145
der ist ouch gůt, wer andre hört
und von in zůcht und wisheit lert;
wer aber der keins über al
kan, der ist in der narren zal.
ob der diß schiffs sich hat versumt,   150
so wart er biß ein anders kumt;
er würt gielschaft finden gering,
mit den er gaudeamus sing,
oder das lied im narrendon.
wir hant vil brůder dussen glon,   155
das schiff ouch würt zů boden gon.

109.

Der ist ein narr, der nit verstot,
so im unfall zů handen gat,
das er sich wislich schick darin;
unglück wil nit verachtet sin.

Verachtung ungfelles.

Manchem ist nit mit unglück wol
und ringt darnoch doch iemertol;
darum sol er nit wunder han,
ob im das schiff würt undergan;
ob unglück etwan joch ist klein   5
so kumt es selten doch allein;
dan noch der alten spruch und sag:
unglück und hor, das wechst all tag.

---

146 andere A. — 152 gering, leicht. — 154 narrendon vgl. 72, 10. —
155 dussen, draußen.
   e: ungesell, Unfall, Unheil. — 2 iemertol, immerdar. 60, 4; 95, 19.
Simrock an allen drei Stellen: wie toll. — 5 joch, auch. — 7 Vgl. 56, 55.

darum den anfang man abwend,
man weißt nit, wo der ußgang lend;　10
wer uf das mer sich wogen důt,
der darf wol glück und wetter gůt;
dan binderſich fert der geſchwind,
wer ſchiffen will mit widerwind;
der wiß mit nochwind ſäglen lert,　15
ein narr, hat bald ein ſchiff umkert.
der wiß, der halt in ſiner hand
den růder, und fart licht zů land;
ein narr verſtat ſich nit uf für,
darum er oft nimt ein gruntrůr.　20
ein wiß man ſich und ander fůrt,
ein narr verdirbt e dan ers ſpůrt;
hett nit ſich gſchickt noch wiſer ler
Alexander in hohem mer,
das im ſin ſchiff warf an ein ſit,　25
und het ſich grichtet noch der zit:
er wer im mer ertrunken gſin
und nit dot an vergiftem win;
Pompejus hatt groß rům und ere
das er gereiniget hett das mere　30
und d'merröuber vertriben all,
hatt in Egypten doch unfall.
welch wißheit, tugent an in hant
die ſchwimmen nackent wol zů lant,
als ſpricht Sebaſtianus Brant.　35

---

12 darf, bedarf. — 14 widerwind 108, 88. — 15 nochwind, günſtiger Wind. — 18 den růder 108, 138. — 19 fuor 66, 8. — 20 gruntrůr 99, 198. — 21 andern A. — 25 ſine A. — 31 und die A. — 33 an in, an ſich. — 34 nackent, ſonſt nacket. 108, 93. — 35 Der Name des Dichters weiſt auf einen Einzeldruck dieſes Abſchnittes hin, ebenſo der Eingang des folgenden, da auf Urtheile der Leute über das Gedicht Bezug genommen wird.

110.

Manch narr, der richt uß ieberman
und henkt der katzen d'schellen an
und wil sin doch kein wort nit han.

Hinderred des guten.

Vil mancher der hat freüd darab,
das ich vil narren gsamlet hab
und nimt darbi ein nützlich ler,
wie er sich von der narrheit ker;
dargegen ist es manchem leit, 5
der meint ich hab im war geseit
und gtar doch offlich reden nicht
dan das er schiltet das gedicht
und henkt der katzen d'schellen an
die im uf beiden oren stan. 10
ein rüdig roß, das lidt nit lang
das man mit strigelen um es gang;
wirft man under vil hund ein bein,
so schrigt, der troffen würt, allein.
dan wißlich ich mich des versich, 15
das narren werden schelten mich
und meinen, es stand mir nit zů,
das ich die narren strofen dü
und iedem zeig, was im gebrist.
jeber redt was im eben ist 20
und klagt sich, do in druckt der schůch.
wem nit gefält diß narrenbůch,
der mag wol lossen, das es louf.
ich bitt keinen, das er es louf,
er well dan witzig werden drab 25
und ziehen selb die kappe ab.

---

a: ausrichten, durchhecheln. — b: die schellen A. Ueber die Fabel vgl. Oesterley zu Pauli, 634, und zu Kirchhof, 7, 105. — c: sin, beffen. — wort haben, zugestehen. — 6 war, die Wahrheit. — 7 getar, wagt. — 9 die schellen A. — 11 rübig, räubig. — lidt, duldet es. — 13 bein, Knochen. — 15 wisslich, 33, 39, wissentlich, bin mir bewußt. — 20 eben, genehm. — 21 schůch 78, 19. — 23 lassen, geschehen lassen. — 15 bar ab A.

ich hab lang zit gezogen dran
und wil mir doch nit ganz abgan.
wer strofet das er nit verstot,
der kouf diß buch, es dut im not. 30
ein ieder, was er sich verstat,
zů dem er lieb und neigung hat;
wer worheit widersprechen gtar
und wis wil sin, der ist ein narr.

110 a.

Ob disch begat man grobheit vil,
die man beiß narrheit underwil,
von den zů letzst ich sagen wil.

Von disches unzucht.

So ich all narrheit ganz durchsůch,
setz ich billch zů end diß buch
etlich, die man für narren acht,
der ich doch vor nit hab gedacht;
dan ob sie schon ein mißbruch hant, 5
domit die hofzucht wůrt geschant,
ouch grob und ungezogen sint,
sint sie doch nit so gänzlich blint,
das erbarkeit von in werd gletzt,
als die dünt, die ich vor hab gsetzt, 10
ober sie gots darum vergessen,
sunder mit drinken und mit essen

---

27 bar an A. — 31 was vgl. 99, 192.

a: Ob, über, bei. — grobheit, Unhöflichkeiten, Unschicklliches. — b: heiß, würde bedeuten: hieß, oder: heiße; doch scheint heißt gemeint. — c: julett; nachdem schon 109, 35 der Schluß durch Nennung des Namens gemacht war, wird hier wieder geschlossen und ebenso 111, 86; 112, 57. Diese Stücke 110 a und b erschienen zuerst in der zweiten Auflage 1495. — d: unzucht, Ungezogenheit, Verstößen. Ueber die Literatur der Tischzuchten vgl. Grundriß, §. 142, 38. Hans Sachs, 1, 430: Ein Tischzucht (Grundriß, 155, 7) und 4, 3, 95: Die verkert Tisch zucht (Sprüche, herausg. von Littmann, Nr. 42); Grundr., §. 158. Ob fraßheit ober disches zucht; Thesmoph., 295. — 2 billich A. — 6 hofzucht, Höflichkeit; feine Sitte. Von dem mich alzit hofzucht zoch; Thesmoph., 300. — 10 gesetzet A.

sint sie vast grob und unerfaren,
das man sie heißt unhoflich narren.
als die nit weschen dunt ir hent, 15
wan sie zů disch sich setzen went;
oder die sich zů disch dunt setzen
und andre an dem sitzen letzen,
die vor in solten sin gesessen,
vernunft, bosjucht also vergessen 20
das man zů in můß sprechen: „ho!
woluf gůt frůnd, sitz abhar do!
loß den dar sitzen an din statt";
oder der vor nit gbetet hat,
den segen über win und brot, 25
e dan das er zům disch hingot;
der ouch zům erst grift in die schüssel
und stoßt das essen in den drüssel
vor erbern lüten, frouen, herren,
die er doch solt vernünstlich eren, 30
das sie zům ersten griffen an
und er nit wer zů vorderst dran;
dem ouch so not zů essen si
das er bloßt in das můß und bri
und dut sin backen als zerblosen, 35
als wolt er eim ein schůr anstossen;
mancher betreift dischlach und kleit,
ouch in die blatt er wider leit
was im so gröplich ist entfallen,
das unlust bringt den gesten allen; 40
ouch etlich die sint also ful,
wan sie den löffel zů dem mul
dunt, henken sie den offnen trüssel
über die blatten, můß und schüssel;
was in entfallet dan darnider, 45
das selb kumt in die schüssel wider;

---

15 weschen, waschen. — 18 letzen an, um etwas bringen. — 19 vor,
früher als sie. — gesessen, sich gesetzt haben. — 28 brüssel, Fresse, Maul.
V. 44. Mit hungrigem brüssel: Hans Sachs, 4, 3, 106ᶜ. Henk nun an Wasser-
krůg den trüssel; Gengenb., Gouchm., 513. — 32 er mit Zarncke suppliert. —
33 not, eilig. — 35 als fehlt A. — 36 schůr anstoßen, eine Scheuer in
Brand setzen. — 37 dislach A. Vgl. B.'53. Dischduch; Thesmoph., 95, 430. —
38 blatt, Platte, Schüssel. — leit, legt. — 39 gröplich, ungeschickt. —
40 das, daß es.

etlich die sint also naswis,
die vorhin schmecten an die spis
und machent mit in ander lüt
unluftig und schandbar zů zit; 50
etlich die küwen in dem mund
und werfen das von in zů stund
uf dischlach, schüssel oder erd,
das mancher darab nimt böß werd;
wer von eim mundfol gessen hat 55
und leit den wider in die blatt
oder sich leinet uf den disch
und lůgt, wo sig gut fleisch und fisch,
ob das schon vor eim andern lit,
grift er und nimt das doch zůr zit 60
und loßt das vor im bliben ein,
das es keim andren werd gemein;
den selben man ein schlindrapp nent,
der über disch allein sich lent
und daruf legt arbeit und fliß, 65
das er allein eß alle spis
und er allein mög füllen sich
und andern nit gönt ouch des glich;
die selben beiß ich: „Rumdenhag",
„Lärßlärli", „Schmirwanst", „Füllbenmag"; 70
das ist ein böser maßgenoß
und würt gebeißen wol ein froß.
der sich nit solcher unzücht moß,

---

47 naswis, vorwitzig. Halten ir witzig nas daran; Thesmoph., 343. —
48 schmecten, röchen. — 50 schandbar, lächerlich. — 51 küwen, kauen. —
54 daß mancher davon (Anlaß) nimmt, böse (zu) werden; werd ist der verstümmelte Infinitiv. — 55 von eim, von einem Gerichte. — mundfol. Der
mundvol würket mer in mir, dan; Murner, Schwindelsh., C b. Der mundsol;
ebendas., Cij b. — 57 leinet (legt A), lehnet. So leg dich auf mit beiden ellbogen, lein dich an und sei nit geschmogen; Hans Sachs, Sprüche (Tittmann),
1, 219, 84. Vgl. V. 137. — 61 ein allein. — 63 schlindrapp, schlinden,
schlingen; rapp, Rabe. — 69 rumdenhag, räume den Hagen (mach reine
Bahn), wie Rumelant, Rumensattel. — 70 lärß-lärli, leere das Trinkgeschirr.
lar, Glas, Becher; hölzene lar, was resonanz geben die; Fischart, Garg., 82.
Der alle lar mit dem ermel ausspilet; ebendas., 83. Ein volles lar; ebend., 182.
— schmirwanst, schmiere, thue gütlich; wanst, Bauch (wangst 85, 135). —
füllbenmag, fülle den Magen. Ueber diese Bildungen vgl. Fastnachtsp.,
1527; zu den dortigen Citaten kann nachgetragen werden: Strobel's Neue Beiträge, 1, 2, 89. — 71 maßgenoß, maß, Speise, V. 211; Tischgenoß. (Dischgenoß; Thesmoph., 131, 616.) — 72 froß, Fresser, Schlemmer. Das man dich
nicht halt fur ein froß; Thesmoph., 193, 337, 706. — 73 moß, maße, enthalte.

ſo im gût eſſen bſchört das heil,
das er es mit eim andern teil; 75
ouch der ſin backen fült alſo,
als ob ſie ſtackten im vol ſtro,
und mit dem eſſen um ſich gaff
in alle winkel wie ein aff
und ſicht eim ieden zů mit bger, 80
ob der villicht me eß, dan er,
und e diſer ein mundvol zuckt,
hat er vier oder fünf verſchluckt;
und das im nit villicht gebräſt
dreit er uf teller hin zů näſt, 85
das er ſich villicht nit verſum,
lůgt er, wie er die blatten rum.
c er die ſpis důt abhin ſchlucken
důt er ein ſtich in becher gucken
und macht ein ſuppen mit dem win, 90
darmit ſchwenkt er die backen ſin,
und iſt im oft darzů als not,
das es im halb zůr naß ußgot
oder ſpritzt es eim andern licht
ins drinkgeſchirr odr angeſicht. 95
nün bubenzůg und ein bapphart,
das iſt mit drinken ietz die art.
ſin ſchmutzing mund wůſcht keiner im,
do mit das veiſt im becher ſchwim;
ſchmatzen am drinken lob ich nit; 100
man töubet ander lůt darmit,
wan man ſo ſürflet durch die zen;
ſolch drinken gibt ein böß getön.

---

74 beſchört A. — 77 ſtackten, ſteckten. — 82 zuckt, hinnimmt. — 85 dreit, trägt mit ſich Teller voll zu Hauſe. — 87 blattern A, blatten 1509. — 89 ſtich, Zug? — guden 9, b; 91, 28. — 90 ſuppen: Wil in bim mund bin ſpis noch iſt, hůt dich zu brincken alle friſt; nit zimt ſich, das man ſuppen mach, im drinkgeſchirr oder vollen bach; ein grober eſel macht im mund ein ſupp; Facetus (Baſel 1496), 6ᵇ. Noch mach kein ſuppen uß dem brot, das dir noch in dem mund umbgot; ebenbaſ., 8. Der bapphart D. 96 iſt der Brei im Munde. — 91 ſchwenkt, ſpült. — 92 als, alſo A. — not, eilig. — 95 oder A. — 96 nün, neun. — bubenzůg, Taubenzůge; Taubenzug nannte man das Nippen, das hier und auch ſonſt mehrfach maßweiſe gedacht wird. Taubenſchluck; Fiſchart, Garg., 167; 426. — bapphart, bappe, Brei. Bappen gen (geben) den kinden; Murner, Gouchm., D. — 98 ſchmutzigen A. — 99 veiſt, Fett. — 101 töubt, A, betäubt. — 102 ſürflet, ſchlürft, der Ton des Schmatzens beim Trinken. Weiß des trunks: der ein ſurflet, der ander ſauft, der drit trinkt und zugt den

mancher drinkt mit solchem geschrei,
als ob ein kü kem von dem heu. 106
ein er was etwan drinken noch,
jetz ist den winschlüch also goch,
domit sie drinken mögen vor,
das drinkgeschirr heben's entbor
und bringent eim ein früntlich drunk, 110
do mit der becher macht glunk glunk,
und meinen do mit andere eren,
das sie den becher vor umkeren.
ich darf derselben hofzucht nit,
das man mir vor das glas umschütt, 115
oder man mich zů drinken bitt;
ich drink mir selbs, keim andern zů;
wer sich gern füllt, der ist ein kü;
der ouch schwätzt über disch allein
und nit lost reden sin gemein, 120
sunder můß hören ieberman
im zů, das er vil schwätzen kan,
kein andern er ußreden lost,
ein ieden er mit worten stoßt
und hinderredet alle frist 125
manchen, der nit zůgegen ist;
ouch der sich kratzet in dem grind
und lůg, ob er kein wiltpret find
mit sechs füß und ein Ulmer schilt,
das er dan uf dem täller knilt 130
und in die blatt die finger tüg,
domit er mach ein näglisbrüg;
ob er im selb sin nasen wisch
und stricht die finger an die disch;

---

wein durch die zen hinein, das im das trinken lang wol thů; Pauli, Schimpf
und Ernst, 247, S. 164 Oesterley. Einguß und einsurfelet; Fischart, Garg., 293. —
106 ere A. — drinken noch, nachtrinken. — 107 goch, gäh, sie sind so hitzig,
vorzutrinken. — 109 heben sie A. — entbor, empor. — 110 bringen, trinken
zu. — 112 andere A. — 114 darf, bedarf. — 120 gemein, Gesellschaft. —
125 hinderredet, verleumdet. — 127 grind, Kopf. — 129 Ulmer schilt,
mit einer Kreuzform darin, wie die Läuse. Daß nicht mit einem Ulmer schilt
sechsfüßig tier kriech an beim kleid; Thesmoph., 213. Meint es wären läuß dise
Ulmerschiltlein; Fischart, Garg., 461. — 130 knilt, knickt. — 131 tüg, thue,
stecke. — 132 näglisbrüg, Brühe mit Näglein, Nelkenpfeffer; hier Wortspiel
wegen der Nägel, welche die Laus geknickt und dann eingetunkt haben.

die ouch so höflich sint erzogen, 135
die uf ir arm und ellenbogen
sich länen und den disch bewegen,
daruf mit allen vieren legen
als die brut det von Geispitzbein,
die uf den teller legt ir bein; 140
do sie sich buckt ab nach dem sturz
entfůr ir ob dem disch ein furz
und ließ ein röubzen ir entwischen,
wo man nit kumen wer darzwischen
mit küblen und sie uf bett gtan 145
das mul, kein zan hett sie behan.
etlich die dünt also bofieren,
das sie das brot vast wol beschmieren,
mit schmutzgen henden, pfefferbri,
domit es wol gesalbet si; 150
es ist ein vorteil uf fürlegen,
das aller best düt man anregen
und was nit wol gefellet mir,
das leg ich gern eim andern für,
darduch würt dan ein weg gemacht, 155
domit ich nach dem besten tracht,
eim andern würt was ich nit wil,
das best würt mir, des schwig ich stil;
mancher hat mit mir oft hofiert,
ich wolt er hets nie angerürt, 160
domit so wer mir bliben das,
das vor mir lag und mir schmeckt baß.
mancher den schlenttrianum tribt,
die blat er uf dem disch umschibt,

---

136 ellenbogen. Der disch sol dir ufhalten nit Din ellnbog zu essens zit; Facetus, 8. — 139 Geispitzheim; der die Mutter gesagt hatte, sie müsse die Beine (Knöchelchen) neben den Teller legen und die nun ihre Beine auf den Tisch streckte, wie in den Schildbürgern berichtet wird. — 141 ab (fehlt A), nieder. — sturz, nach dem entfallenen Kopftuch. — 143 Die unsaubere Geschichte ist kurz: sie rülpst, bricht, man eilt mit Kübeln herbei; hätte sie den Mund nicht aufgethan, der Rülps und Gefolge würden ihr die Zähne aus dem Munde gestoßen haben. — 146 behan, behalten. — 149 pfefferbri, Sauce. — 151 vorteil, Gewinn beim Vorlegen, Speisen, namentlich Fleisch, geschnitten auf den Teller legen, um es einem Tischgenossen darreichen zu lassen. — 152 anregen, anrühren. V. 160. — 163 schlentrianum, von schlentern (vgl. 72, 1), umtreiben.

domit das best für in kum dar; 165
ich hab des vil genomen war,
das mancher treib sölch ofentür,
die zů fim anschlag im gab stůr,
domit im wart gefůlt fin buch.
des hat der disch manch selzen gbruch, 170
wan ich die all erzelen solt,
ein ganz legend ich schriben wolt:
wie man det in den becher pfifen
mit finger in das salzfaß grifen,
das mancher acht, es fi vast grob. 175
worlich dasselb ich vil mehr lob,
dan das man salz nem mit dem messer,
ein gweschne hant, die ist vil besser
und süfrer, dan ein messer licht,
das man erst uß der scheiden zůcht, 180
und man nit weißt zů manchen stunden,
ob man ein kåtz mit hab geschunden.
des glich für unvernunft man halt,
wan man die eiger schlecht und spalt,
und ander des glich goukelspil, 185
darvon ich ietz nit schriben wil;
dan es sin sol ein hoflicheit,
ich schrib allein hie von grobheit
und nit subtil höflichen sachen;
ich wolt sunst wol ein bibel machen, 190
solt ich all mißbruch hie beschriben,
die man dút ob dem essen triben.
des glichen so acht ich ouch nit,
wan etwas in dem drinkgschir lit,
ob man das mit dem mund abbloß 195
oder darin das messer stoß
oder ein schnitten von dem brot;
wiewol dasselb hoflicher stot,

---

167 ofentür, Abenteuer, Absonderlichkeit. Das ich auch säh solch obentür, bin ich her kan; Gengend., Gouchm., 576. — 168 ftůr, Hülfe. — 169 buch, Bauch. — 170 felzen, seltsamen. — 172 legend, Legende (noch jetzt: eine lange Legende, davon wäre ein langes Lied zu singen), Letzerbuch 38, 40; bibel 110 a, 190. — 175 vast grob, sehr unschicklich. — 178 geweschen A. — die fehlt A. — 179 süferer A, sauberer. — licht, leicht, vielleicht. — 184 eiger, Eier, 110b, 19. Vgl. Hans Sachs: das Ei mit seinen neun Schanden; Thesmoph., 301 fg. — 189 höflich A. — 190 bibel. Vgl. 38, 40; 110a, 172.

so halt ich doch das also nůn,
das man ein iedes wol mög tůn;   200
wo man's aber hat so vergůt,
das mans als uß dem drinkgschirr důt
und man ein frisches darin nimt,
als sich bi eren das wol zimt,
das mag man schelten nit mit glimpf 205
für arm lüt ist nit sölcher schimpf;
ein arm man sich benůgen lot,
was im got gibt und in berot,
der darf nit aller hofzucht pflegen.
zům letsten sprech man doch den segen; 210
so man genomen hat das maß,
so sag man deo gratias.
wer sich in disem übersicht,
den acht ich für kein wisen nicht,
sunder ich billich sprechen mag,   215
das er die narrenkapp ouch trag.

---

110 b.

Von fasnachtnarren.

Ich weiß noch etlich faßnachtnarren,
die in der dorenkappen bharren.
wan man heilg zit sol vohen an,
so hindern sie erst ieberman:
ein teil, die dünt sich vast berutzen,   5
antlit und lib sie ganz verbutzen

---

201 man es A. — vergůt, für gut (42, 18; 92, 79). Und wöllen han also verguot; Daniel, H 3ᵃ. Sehr oft bei Zimmern (4, 590), wo auch 4, 275: fie hetten einander nichts verübel. — 204 bi eren, bei feierlichen Gelegenheiten, bei Hochzeiten (grifen zu den eren-heiraten; Hans Sachs, 1, 481 ᵈ); bei Leuten in Ehren, im Rathe: (die Ungelehrten) werden oft verstoßen der eren; Brant, Laienspiegel (1509), Schluß. — 211 maß, die Mahlzeit. Mit großer zucht nimt er das maß; Thesmophagia, 39.

b: Zu diesem Abschnitte ist zu vergleichen Naogeorg-Walbis, Päbstisches Reich, 4, 10 fg. — 1 fasnacht, Faßnacht, niemals Fastnacht in den von Keller herausgegebenen Spielen. B. 30, 32, 108 ist ein bloßes Wortspiel. Walbis hat Fäßnacht. — 2 beharren A. — 3 heillg A. — 5 berutzen (vgl. 75, 3), berußen. Fischart, Garg. (1590), 91. 246. — 6 verbutzen, verkleiden, vermummen.

und loufen fo in böukenwiß.
ir anfchlag ftat uf bälem iß.
mancher wil nit, daß man in kent,
der fich doch felbft zů letften nent; 10
fo im der kopf fchon ift vermacht,
wil er doch, das man uf in acht,
das man fprech: „fchou, min herr von Runkel!
der kumt und bringt am arm ein kunkel;
eß můß jo etwaß groß bedüten, 15
daß er doch kumt zů armen lüten,
durch fin demůt uns dut befehen."
fin meinung ift, er wolt gern fchmehen
und eim zů faßnacht eiger legen;
die gudgud fingent in dem meigen; 20
küchein reicht man in manchem huß,
do wäger wer, man blib daruß;
urfach: zů zelen ift fo vil,
das ich vil lieber fchwigen wil.
aber die narrheit hat erdacht, 25
das man fůch freuden zů faßnacht;
fo man der felen heil folt pflegen,
fo gönt die narren erft den fegen
und fůchent dan ir fäft harfür,
das eß vaft nacht fi vor ir tür. 30
der narren kirchwich man wol kent,
jo wol vaftnacht würt eß genent!
man louft darafter uf den gaffen
im moß, als folt man imen faffen,

---

7 bö u kenwiß. Der bögl, personatus, der ein butenantlit tregt, der verbutt und verbögtet ift; Maaler, 73ᵇ. Die Verbutten wären demnach Verkleidete, die in bötenweiß liefen, Verlarvte. — 8 h ä l e m i ß, auf dünnem Eife. Faftnachtfp., 754, 14; Welfchgattung, A 5ᵃ; Röhrich, Mittheil., 3, 96 (uf hellem Eyß). Der hat nit baut auf häles eiß; Welfchg., H 3ᵃ. — 11 vermacht, verhüllt. — 13—14 nach Höniger's Außzuge bei Fifchart, Garg., 91. — 17 befehen, befuchen. 23, 10. — 18 fchmehen, fchänden, Eier in fremde Nefter legen. Reime: fchmehen : legen : meigen. — 20 meigen, Mai. In beß meigen blut; Thesmoph., 482. — 21 reicht, holt. 94, 24. — 23 urfach, der Grund, weil. Urfach: du kanft nit überkummen; Funklin, Pallas, 320. Urfach: niemant wil ghorfam fin; Welfchgattung, J 5ᵇ. Urfach: fie ift inwendig hol; ebendaf., G 5ᵇ. Urfach: er det fich underftan; ebendaf., D ᵃ. Urfach: die drei ir anfäng hant; ebendaf., H ᵇ. Urfach: in Italien muß der henker feinen henkermäßigen fon küffen; Fifchart, Garg., 85. — zelen, erzählen, weil davon fo viel zu erzählen ift, daß. — 28 gönt, geben. — 30 vaft nacht, recht dunkel. Vgl. B. 32. — 33 darafter, unruhig hin und her. 13, a. — 34 im moß, im Schlamm. Vgl. 21, b und 110b, 69. — imen, Bienen. Vorr. 21.

welcher dan mag sin schöllig ganz, 35
der meint, er hab billig den kranz.
von eim huß zů dem andern louft,
groß füllen er on bar gelt kouft.
dasselb dick wärt noch mitternacht;
der tüfel hat das spiel erdacht! 40
so man solt suchen selen heil,
das man erst danz am narrenseil.
mancher der füll důt so vergessen
als solt er in eim jor nit essen
und loßt sich nit benügen mit, 45
das er sich füll biß mettenzit,
verbotne spiß schadt eim dan nit,
man ißt die selb biß gegen tag.
worlich ich das sprich, red und sag,
das weder Juden, Heiden, Datten 50
irn glouben als schentlich bestatten
als wir, die kristen wellen sin
und dünt mit werken kleinen schin,
so wir im anfang unsr andacht
zůrüsten erst drig, vier vaßnacht 55
und werden erst on sinnen gar;
dasselb das wert dan durch das jar;
brechen das houbt der vasten ab
domit sie minder kreften hab.
wenig sich zů der äschen nahen, 60
das sie mit andacht die entpfahen,
förchten, die äsch die werd sie bissen,
lieber went sie ir antlit bschissen
und sich berömen wie ein tol;
des tüfels zeichen gfelt in wol, 65
das zeichen gots went sie nit han,
mit Christo went sie nit erstan.

---

35 schöllig, unsinnig, wild. (Auch vom Blid; Hans Sachs, 4, 3, 65ᶜ und 90ᵃ.) — 38 füllen, Fresserei. — 43 vergißt sich im Fressen. — 47 eim fehlt A. — 49 worlich, in der Wahrheit. — 50 Datten, Zigeuner. 14, 19. — 51 be= statten, bestätigen, darthun. Bestät min glouben; Funklin, Geburt, 1315. — 53 schin, Beweis. — 54 unsr A. — 60 äschen, die am Mittwoch, Ascher= mittwoch, ausgetheilt wurde. Walbis, 4, 11: Bald kumt der pfarherr selber dar, Straut jedem aschen auf sein haubt, Bdeut große heiligkeit — wers glaubt. — 62 bissen, beißen. — 63 antlit, Antlitz beschmutzen. — 64 berömen, an= schwärzen.

Sebastian Brant. 16

die frouen gont dan gern zů stroſſen,
das man ſie deſt baß kůnn bemoſſen;
der kirchen ſchonent etlich nit; 70
ſie loufen drin und durch die mitt
und dünt die frouen drin beſchmieren,
das halt man für ein groß hofieren.
die wůſt rot důt den eſel tragen,
der ſie die ganz ſtat macht umjagen. 75
ſo ladt man dan zů danz und ſtechen,
do můß man erſt die ſpere brechen
und bringen narren recht zůſamen;
buren, hantwerk dünt ſich nit ſchamen
und nemen ſich auch ſtechens an, 80
der mancher doch nit riten kan;
des wůrt mancher geſtochen dick,
das im der hals bricht oder růck.
das ſol ein hübſcher ſchimpf dan ſin.
darnoch füllet man ſich dan mit win; 85
von keiner vaſten weiß man ſagen;
das weſen wärt ob vierzehn tagen,
die faſt ganz uß an etlich enden,
die karwůch důt ſie kum abwenden;
ſo kumt man zů der bicht zů zit, 90
wan man die hülzen taflen lůt,
ſo pocht man dan den růen an,
das man well mornbes wider dran,
dem narrenſeil me hengen noch;
gen Emauß iſt unß allen goch. 95

---

69 bemoſſen, mit Koth beſpritzen, beſchmuzen. — 72 beſchmieren mit
Aſche. — 73 hofieren, Höflichkeit. Ueber dies Beſchmuzen gibt Walbis nichts
(viel Geller bei Zarncke, S. 466), dagegen ſchildert er das Narrenbaben und
Pflugziehen ſehr umſtändlich, 4, 11. — 74 eſel, Palmeſel. Walbis, Päbſt. Reich,
4, 15. — 77 Zwen wöllen mit einander ſtechen, Bieten im an, ein ſpeer zu
brechen Um eine gwiſſe anzal wein; Jeder hat freund, die bei im ſein, Das ſie
deſt ſchleuniger all beid Zu biſem ſtechſpiel ſein bereit; Walbis, 4, 10. — 88 faſt,
Faſten. — 91 hülzen taflen, hölzerne Tafeln. Des dritten tags fürm oſterfeſt
Erzeigen ſich aufs allerbeſt .. den gloden muß der meßner ſagen, Das ſie nit
leuten in drein tagen; die halten ghorſam, ſtille ſchweigen; dweil ſpielen ſie auf
hülzen geigen, Doch auf eim bret einr abher raſſelt Vom turn, das weit erſchalt
und praſſelt; Durch die gaſſen klappern die knaben, Wie die ſtörk lang ſchnäbel
haben, Damit die leut ermanen wollen, Das ſie zur kirchen kummen ſollen. Zur
mitternacht von iren betten Aufſtehn, hin gehn zur finſter metten. Jeder bringt
ein hemmerlin klein, Ein kurzen knüttel oder ſtein. Nach einander werden aus-
than Zwölf liecht u. ſ. w.; Walbis, 4, 16. — 92 den rüen, die Reue. —
93 mornbes, am nächſten Morgen.

die gwichten flaben uns nit schmecken,
das houbt das bůt man bald entdecken,
es mag gar licht ein wind harfegen,
er bůt den frouen d'sturz abwegen,
die hangen an den nächsten hecken, 100
die frouen went sich ungern decken,
reizen domit die mann und knaben;
die narrenkapp sie lieber haben,
das man die oren daruß streck,
dan das man sich mit stürzen deck. 105
domit so mag ich wol beschließen,
wie wol etlich hant drab verdrießen,
das, wo man sůcht allein faßnacht,
das niemer druß würt recht andacht.
und wie wir schicken uns zů got, 110
loßt er uns dick biß in den dot.
die narrenkapp hat angst und not
und mag nit so vil růen han,
das sie doch blib die fasten stan;
man streift sie in der karwoch an. 115

111.

Licht wer es, narren vohen an,
wan man ouch kůnd von narrheit lan,
welcher das schon wolt understan
der wurt doch vil gehindert dran.

Entschuldigung des dichters.

Der ist ein narr und grosser dor,
wer eim werkman den lon gibt vor,

---

99 sturz, Kopftuch, Schleier. — abwegen, abwehen. — 113 růwen, Ruhe. — 114 blib stan, sich still verhielte, an dem Nagel hinge.
a: Leicht wäre es zu narren anzufangen (närrisch zu sein). Vgl. ernarrt 38, 54. — c: understan, unternehmen, versuchen. — 1 Die Interpolation (Ausgb. 1494, f 2 b) gibt hier einen Zusatz über das Beschreiben der Wände mit geliebten Namen mit darüber gemalten Kränzen, brennende Herzen mit von Pfeilen durchbohrt u. s. w. — 2 vor, voraus.

16*

der macht nit werschaft uf dem merkt,
wer nit uf kunftig blonung werkt.
gar selten würt verdient der lon, 5
der vor verzert ist und verton;
das werk gar langsam naher got,
das man macht uf vorgessen brot.
darum hett man mir vor gelont,
das ich der narren hett geschont, 10
ich hett mich wenig daran kört,
darzů wer es doch ietz verzört,
und hett die leng mich nit gewert,
als alles das do ist uf ert,
das ist unnütz dorheit geacht. 15
wan ich ouch diß um gelt het gmacht,
sorg ich, mir würd nit glicher lon,
ich hetts worlich langs lossen ston;
aber die wil ichs hab gethon
durch gottes er und nutz der welt, 20
so hab ich weder gunst noch gelt,
noch anders zitlichs gsehen an,
des will ich got zů zügen han
und weiß doch, das ich nit mag bliben
ganz ungestroft in minem schriben. 25
den güten wil ichs lossen noch,
ir strof, inred ufnåmen ouch;
dan ich mich des gen got bezüg,
ist etwas hie, daran ich lüg
oder das sig wider gots lere, 30
der selen heil, vernunft und ere,
des strof nim ich uf mit gebult;
ich will am glouben nit han schult
und bitten hiemit ieberman,
das man von mir für gůt well han 35

---

3 werschaft machen, Garantie geben. Dem ist auf dem Markte nicht zu
trauen, der nicht. — 4 kunftig blonung, auf künftigen Lohn, in der Hoffnung,
daß die Käufer ihn später wieder aufsuchen. — werkt, arbeitet. — 7 naher
got, geht von statten. — 8 vorgessen brot, vorher verzehrtes Brot, Voraus-
bezahlung. — 11 kört, gekehrt. — 13 mich gewert, mich bezahlt, befriedigt.
— 14 alls alles A. Wenn dies richtig, so ist es die Steigerung des Begriffs
durch Doppelung des Worts. Weit weit über Christum setzen; Walbis. päbst.
Reich, 2, 9. — 19 wile A. — 20 ere A. — 27 strof, Tadel. — inred, Ein-
wände. — 35 das = daß es.

und nit zů argem messen uß,
noch ärgerniß, schand nemen druß;
dan ich habs darum nit gedicht.
aber ich weiß, das mir geschicht
glich wie der blůmen, die wol růcht, 40
daruß das bienlin hunig zůcht;
aber wan daruf kumt ein spinn,
so sůcht sie gift noch irem gwinn.
das wurt harin ouch nit gespart;
ein iedes bůt noch siner art. 45
wo nůt ist gůtes in eim huß,
do kan man nůt gůts tragen uß;
wer nit gern hört von wisheit sagen,
der würt dest dicker von mir klagen;
dem hört man an sin worten an, 50
was er si für ein goukelman.
ich hab gesehen manchen dor,
der uferhebt was hoch entbor
glich als der cäder Lybani;
der bduht sich siner narrheit fri. 55
ich wart ein wil und hort sin nim;
ich sůcht in, er gab mir kein stim;
man kundt ouch finden nit die stat,
do der selb narr gewonet hat.
wer oren hat, der mörk und hör! 60
ich schwig; der wolf ist mir nit verr.
ein narr stroft manchen vor der zit,
das er nit weißt was im anlit.
můst ieder sin des andern ruck,
er würt bald innen, was in druck. 65
wer well, der läß diß narrenbůch,
ich weiß wol, wo mich druckt der schůch;
darum, ob man wolt schelten mich
und sprechen: „arzt heil selber dich,
dan du ouch bist in unser rot", 70
ich kenn das und vergich es got,
das ich vil dorheit hab geton
und noch im narrenorden gon,

52—59 Pf. 37. 35 fg. — 55 bbuht, bedacht, bedünkte. — 56 wile A. —
65 druckt A. — 69 Luc. 4, 23. Vgl. 21, 18. — 71 vergich (verjehen), gestehe

wie vast ich an der kappen schütt,
wil sie mich doch ganz lossen nit, 75
doch han ich fliß und ernst ankört,
domit (als du sichst) han gelert,
das ich ietz kenn der narren vil,
hab müt ouch, fürter, ob got will,
mit witz mich bessern mit der zit, 80
ob mir so vil got gnaden git.
ein ieder lůg, das er nit fāl,
das im nit blib der narrensträl,
der kolb veralt in siner hant;
des si ein ieder narr gemant. 85
als bschlüßt Sebastianus Brant,
der iedem zů der wisheit rat,
er si was wäsens, oder stat.
kein gůt werkman, kam nie zů spat.

112.

Von narren hab ich ußgeseit,
domit man doch wiß recht bescheit,
wer witzig si ganz um und um,
der läß min fründ Virgilium.

Der wis man.

Ein gůt, vernunftig, witzig man,
des glich man nit möcht ienen han
in aller welt, als Socrates —
Apollo gab im kuntschaft des —

---

74 schütt, schüttle. — 76 ankört, angelehrt, aufgewandt. — 77 gelert, gelernt. — 79 fürter, forthin. — 82 fāl, Fehler mache. — 83 sträl, Kamm, Strang, auch Stange, Spieß. O wenn ir mich zu eurem Lieutenant setzten, ich fräß iren (der Armengecken) ein ganzen sträl voll um einen geringen solt; Fischart, Garg., 443.

c: um und um, von allen Seiten. 103, 57; 108, 45. Hör zů und swig glich als ein stum Bis er sin wort end umb und umb; Facet., B 2ᵇ. Umbabum; Hans Sachs, 3, 3, 42ᵇ; 51ᵇ. Umubum; ebendas., 2, 4, 106ª. Umerbum; Hans Sachs, Lieder, 143, 29. Uß und uß, Brant, 77, 7. — d: Birgilium, das dem Birgil beigelegte Gedicht vir bonus. — 2 ienen, irgendwo. Vgl. 24, 31; Gengenb., 556.

derselb sin eigen richter ist;
wo im abgang und wißheit gbrist,
versůcht er uf eim näglin sich;
er acht nit, was der adel spricht
oder des gmeinen volls geschrei;
er ist rotund, ganz wie ein ei,
domit kein frömder makel blib,
der sich uf glattem weg anrib,
wie lang der tag im krebs sich streckt
wie lang die naht den steinbock deckt,
so gdenkt er und wigt eben uß
das in kein winkel in sim huß
betrüb, oder er red ein wort,
das nit glich wäg uf alle ort,
domit nit fäl das winkelmäß,
so väst sig, wes er sich vermäß;
sunder all anlouf mit der hant
versetz, und bald hab abgewant.
so ist im nit so lieb dhein schlof,
das er nit gdenk ver und sich strof,
was er den langen tag hab gton,
wo übersehn er sich mag han,
was er bi zit solt han betracht
und das zů unzit hab volbracht,
warum vollendt er hab diß sach
on zimlicheit und all ursach,
und er vil zit unnütz vertrib,
warum er uf dem anschlag blib,
den er wol möcht verbessert han,
und nit den armen gsehen an,
warum er in sim gmüt hatt vil
entpfunden schmerz und widerwil,

---

6 abgang, wo es ihm abgehe, fehle. — 7 versůcht, untersucht, prüft. — näglin, ad unguem, bis aufs genaueste. — 9 gemeinen A. — 10 rotund, teres atque rotundus, später: rund: geschwind und rund; Hans Sachs, 4, 3, 85ᶜ; 4, 3, 68ᶜ. Rund und flink; 2, 4, 97ᶜ. Hurtig, fertig, behend und rund; 1, 420ᵈ. Listig, verschlagen, rund; 2, 4, 99ᵃ; 113ᶜ. Mit werk und worten rund und scharf; 2, 4, 11ᵇ. Lustig, munder und rund; 1, 472ᶜ. War auch ein runder fechter; 2, 4, 119ᶜ. — 18 ort, Enden. — 20 sig, sei. — 21 anlouf, Ausfall, Angriff, admotus ictus. — 22 versetz, pariere. — 23 dhein 55, 8. — 26 sich übersehn, vergessen; quo praeter gressus. — 30 zimlicheit, decus. —

und warum er diß hab geton
und hab jens underwegen glon,
warum er sig so oft geletzt
und hab den nutz für er gesetzt 40
und sich verschuldt mit wort und gsicht,
der erberkeit geachtet nicht,
warum er der natur nochheng,
sin hertz zu zücht nicht zich und zweng.
also bewärt er werk und wort 45
vom morgen biß zů tages ort,
gdenkend all sachen, die er důt,
verwürft das bös und lobt das gůt. —
das ist eins rechten wisen můt,
den in sein gdicht uns zeichet uß 50
der hochgelobt Virgilius.
wer also lebet hie uf ert,
der wer bi got on zwifel wert,
das er recht wisheit hett erkant,
die in fürt in das vaterlant, 55
das uns got geben well zů hant,
wünsch ich, Sebastianus Brant.

---

40 ere A. — 41 **gesicht**, vultu. — 47 gebendent A. — 50 u**ßzeichen**, zeich‑
nen. Sie (welche die Bände beschreiben) gent ir narrheit in geschrift; Sie ziehen
aus ein buchstab schon, Darüber malt man dan ein kron; Narrenschiff (Augsb.
1498), fij ª. — 52 **lebet**, lebte, leben würde. — 57 **Es** folgt dann in A nach
einem „Deo gratias". Die Schlußschrift des Verlegers: Hie endet sich das
narrenschiff, so zu nutz, heilsamer ler, ermanung und ervolgung der wißheit,
vernunft und guter sitten, ouch zu verachtung und strof der narrheit, blintheit,
irrsal und dorheit aller stät (Stände) und geschlecht der menschen mit besunderm
fliß, mülg (Mühe) und arbeit gesamlet ist durch Sebastianum Brant, in beiden
rechten doctorem. Gedruckt zu Basel uf die vasenacht, die man der narren kirch‑
weih nennet, im jor noch Christi geburt tusent vier hundert vier und nünzig.
1494. Nüt on ursach. Jo. B. von Olpe.

113. (Abwehr.)

Vor hab ichs narrenschiff gedicht,
mit großer arbeit ufgericht,
und das mit doren also glaben,
das man sie nit durft anders baben,
ein ieder hat sich selbs geriben.   5
aber es ist darbi nit bliben;
vil mancher hat nach sim gedunken
(nachdem villicht er hat getrunken)
nuw rimen wellen daran henken
(dieselben solten wol gedenken,   10
das sie vor säßen in dem schiff,
darin ich sie und ander triff)
hetten ir arbeit wol gespart.
diß schiff mit altem segel fart
und dut glich wie das erst ußfliegen,   15
loßt sich mit schlechtem wind benügen.
wor ist, ich wolt es han gemert,
aber min arbeit ist verkert
und ander rimen drin gemischt,
denen kunst, art und moß gebrist.   20

Diese Abwehr der Zusätze und Verstümmelungen, welche das „Narrenschiff" in der straßburger Ueberarbeitung vom Jahre 1494 erfahren hatte, stellte Brant der dritten echten Ausgabe (Basel 1499) voran. — 1 vor, früher. — 2 ufgericht, aufgerichtet; aufrichten wird sonst nur von feststehenden unbeweglichen Dingen gebraucht. — 3 boren, Thoren. — 4 durft, brauchte. — baben, ihnen den Kopf waschen. — 5 geriben, ein Ausdruck vom Baden, das Abreiben, wobei es mitunter scharf herging. — 7 vil mancher, gar mancher; doch ist das interpolierte Gedicht auch in den Nachdrucken wesentlich dasselbe, wenn nicht Brant auch die niederdeutsche Uebersetzung vom Jahre 1497 meint, die ihm sicher nicht unbekannt blieb. — 8 getrunken, als ob die Zusätze im Rausche geschrieben wären. — 9 nuw rimen, neue Reime, Verse, Versreihen, gereimte Abschnitte. — 10 dieselben, die vil manchen. — 11 vor, schon, vorher. — fässen, ist vielleicht Indicativ, da das e über dem a manchmal nur die Vocallänge anzeigt. — 12 triff, treffe (nicht antreffe, sondern abreiche): er findt das in dem narrenschiff, Da ich weise und toren triff; Freidank, 1508, D 5ᵛ. Es sind die Schriftfälscher auch im 102. Abschnitte unter den Vermänklern 79 und ihren Genossen mit betroffen. — 13 hätten sich die Mühe wol sparen können. — 14 mit altem segel, ist wie das frühere, unverändert. — 16 schlechtem, einfachem. — 17 Man sieht nicht ein, wie die Interpolationen ein Grund sein konnten, den Verfasser an Erweiterungen seiner Arbeit zu hindern. — 20 moß, Maß, Versmaß. Die Verse der Interpolatoren sind aber selten schlechter als die Brant's. Begründeter sind die folgenden Punkte, da die Verstümmelungen mitunter durch die form 25, die Holzschnitte, bedingt waren, und andererseits zur Füllung wieder Verse eingeschoben wurden.

min rimen sint vil abgeschnitten,
den sinn verlûrt man in der mitten;
ieder rim hat sich müssen schmucken,
nachdem man in hat wellen trucken
und sich die form geschicket hat; 25
darum manch rim so übel stat.
das es mir in mim herzen we
geton hat tusentmol und me,
das ich min groß mügsam arbeit
on schuld hab übel angeleit 30
und ich sol öfflich sehen an,
das ich nit hab gelon ußgon
und mir nie kam für mund noch kälen.
aber ich wil es got befälen,
dan diß schiff fört in sinen namen; 35
sins dichters darf es sich nit schamen,
glich wie das alt in allen sachen.
es kan nit ieder narren machen,
er heiß dan, wie ich bin genant,
der narr Sebastianus Brant. 40

---

30 **angeleit,** aufgewandt, angelegt. — 35 **in sinen,** auf seinen; man er=
wartete den Dativ; **sinen als** verlängertes **sin** 105, 14. — 36 **dichters;**
spätere Ausgaben lesen **die thers.**

Berichtigungen.

Nr. 57, b statt: vor, lies: ror
Seite 144, Zeile 3 v. u., zu 24, l.: 82, 47
Nr. 81, 11 st.: beschaft, l.: behaft
» 92, 15 st.: Hoche=, l.: Hohe

Wort- und Namenverzeichniß.

abbin 110a, 89.
abkluben 93, 2.
abkumen 102, 11.
ablaß 103, 96. 129. 143.
abnäm 87, 11.
abschnid 101, 13.
abschum 54, 19.
abschütten 105, 48.
absenz 30, 34.
abstrálen 12, 28.
Abwehr Nr. 113.
Ach 8, 24 (Och 103, 133).
aff von Heidelberg 60, 24.
Affenberg zu 28, 6.
affenschmalz 4, 5.
äglin 21, 12.
aides (stellio) 106, 19.
alabaster 55, 17.
Albinus 9, 33.
alchemi 102, a und 50.
Alchemisten Nr. 102.
Alchymus 7, 22.
alb 76, 67.
Alpen 66, 34.
Altenjoren, v. 76, a.
Alte Narren Nr. 5.
alter 73, 60.
an (ohne) Vorr. 88. 65, 85.
andacht 45, 2.
anden 19, 1.
Andre verurtheilen Nr. 29.
anfört 104, 2.
angäfflen 32, 28.
angewinnen 77, 64.
anhin 104, 7.
anregen 110a, 152.
anreigen Vorr. 77. 110a, 152.
anreizer 103, 39.
Anschläge, närrische Nr. 15.
anschlagen 15, 5.
anstoßen 79, 7. 86, 6. 110a, 36.
Antichrist Nr. 103.
antreffen Vorr. 2. zu 65, 80.
untlit 46, 38. 108, 58. 110b, 6.
apostützer flot 105, 21.
armût 83, d. 94, 16.
ars 13, 1.

arznei, närrische Nr. 55.
Arznei des Weins Nr. 102.
äsch 54, 15. 110b, 60.
äschsack 85, 122.
aß 84, 10.
Astrologie Nr. 65.
äßen 31, 18.
Auffchub suchen Nr. 31.
Ausländerei Nr. 98.

bachen 57, 16. 76, 90.
backe 110a, 35; 76.
bächten 66, 102.
ban 91, 7.
bank 92, 64.
bannen 82, 12.
bapiren 103, 8.
bapphart 110a, 96.
bärmig 14, 4.
bärmung 14, 21. 20, 26.
Basel 27, 27. 63, 37.
Bauernüppigkeit Nr. 82.
bebüren 96, 6.
began, sich 19, 43. 63, 85. 76, 9, 79, 3.
begangenschaft 63, 53.
begin 102, 17.
behalten Vorr. 46. 37, 12. 39, 25. 50, b.
   108, 129.
Beharren im Guten Nr. 84.
behusung 24, 16.
Beispiel, böses Nr. 49.
beiten 19, 52. 25, 12.
bekumen 80, 11. 107, 56.
beleiden 104, 12.
belli schier 72, 73.
bemaßen 110b, 69.
Bennfeld 76, 46.
benügen 24, 11. 69, 4.
berämen 34, 33. 110b, 64.
beren 9, 22.
berenbanz 70, d.
bergemsmär 72, 59.
berlin 34, 21.
berufen 110b, 5.
bescheid 101, 44.
beschid 64, 33.

beſchibikeit 8, 8, 22, 3.
beſchlemt 76, 25.
beſehen 23, 10. 110b, 17.
beſevelt 63, 17.
beſtatten 110b, 51.
beſtehen 81, 13.
beten 77, 49.
betreiſen 110a, 37.
Betriegolf 67, 64.
betrogenheit 51, 10. 102, 6.
betrügniß 32, 18. 102, 80.
Bettlehein 63, 17.
bettel 63, 1.
Bettler Nr. 63.
bettriſe 38, 85.
bevilen 80, 9.
bewaren 63, 71.
beweigen Vorr. 78.
bewerung 15, 24.
bezügniß 64, 2.
bibel 110a, 190.
bichtwiß 7, 11.
bienen 77, 19.
bier 66, 82.
bieren 77, 13. 94, 8.
bierſupper 16, 83.
biß 25, 25.
biſchlad 54, 18.
biſem 102, 73.
biwilen 66, 62.
blaſt 66, 21.
blatte 110a, 38.
bläter 63, 21.
bletſchlauf 48, 79. 93, 17.
bletſchmüle zu 49, 79.
bli 13, 33.
blibſich 6, 88. 43, 18.
blintlich 2, 4.
blinzen 107, 45.
blöcher 62, 16.
blöb 38, 51.
blödikeit 92, 83.
blören 62, 19.
bloßbruder 102, 47.
blümen 19, 63.
blutt 99, 124.
böllen 99, 180.
Boten Nr. 80.
Bononi 92, 11.
borg, zu 25, a.
bort 103, 10.
boß 48, 73.
Böſes thun Nr. 69.
boſſelieren 48, 63.
bötchen 48, 85.
boutenwiß 110b, 7.
bracht 19, 53.
bräm 83, 23.
braß 48, 59.
brechen 1, 20. 103, 56.
breithart 63, 49.
breiten 71, 17.
breitfuß 63, 50.
breſten 21, 6. 55, b.
bret 72, 19.
bri 55, 32.
brief 19, 11. 46, 62.

bringen 16, 55. 69, 103, 54.
briſen 40, 4. 89, 7.
bröllen 108, 50.
brüch 48, 56.
bruchen 36, 26. 99, 173.
Brunnbrut, Peter v. 76, 20.
bruſtbůch 4, 17.
brütſche 59, c.
bübeliren 27, 6.
buben 63, 89.
bübenrot 6, 63.
buch 16, 3. 110a, 169.
Bücher, unnütze Nr. 1.
buden 63, 73.
bulff 73, 55. 103, 7.
büſſen 4, 9.
bůg 16, 62.
Bulgarus 94, 19.
bügen 71, 10.
Bublſchaft Nr. 13.
büle 63, 31.
bülen 107, 89.
büler 13, 16.
bülſchaft 13, d; 20.
bumble bum 76, 7.
buntſchůch 63, 61.
bur 79, 8. 82, 8.
burb 47, 9.
burenſchritt 65, 52.
büriſch 79, b.
buß ſ. elter=, huber=, ſchu=, winterbuß.

Calphurnie 64, 12.
Capha 99, 44.
caraffer 65, 47.
carthuſer 105, 20.
chor 91, a.
Clara 63, 21.
colera Vorr. 17.
collect 30, 7.
compaß 108, 25.
Conniget 92, 18.
correctur 103, 82.
craß 31, a.
credenz 13, 79.
criminor 52, 34.
Cucule 55, 21.
Curs, zu 63, 87.
curtiſan 108, 18.

bännin 92, 7.
danzen 61, d.
dapen 70, 21. 76, 11.
dapfer 13, 17. 73, 26.
dapferlich 5, 21.
dar (tar) 29, 31. 91, 27.
darafter 110b, 33. 13, a.
darf 109, 12. 110a, 114.
darſchmeichen 99, 150.
dat 48, 87.
Datt 14, 19. 110b, 50.
decret 76, 67.
deheiner 55, 8. 112, 23.

beller 100, 28. bellerschleden 100, 11.
bemmen 16, 60.
des Vorr. 13.
des (besto) 85, 155.
best 103, 12.
bester 28, 19.
bid 40, 19.
bienst 95, 29.
Dienst zweier herren Nr. 18.
Dienstboten Nr. 81, vgl. 97, b.
bienstmägbe 97, b.
biget 38, 3.
binen glich 48, 24.
binktenfaß 79, 6.
bischlach 110 n, 37.
bispensiren 30, 16.
bitzend gan 63, 42.
boctor 107, 2.
bopen 70, 21. 76, 44.
boppel 75, 42.
borecht 10, L. hunb 97, 31. frauen 98, 25. man 40, 41.
bot 8, 26.
botenbein 102, 15.
Totenheim 55, 6.
botsvrung 85, 31.
böuben 44, 21.
bouber hunt 95, 51.
brafter 13, n. 110 b, 33.
brang 26, 14.
bred 67, 77.
brinken zu 16, 54. noch 110 a, 106.
brinkgeschirr 110 a, 95.
brispitz 82, 65.
brotter 85, 94.
bruder 27, 30. 48, 63. 103, 77.
brüßel 110 n, 28.
bubenzug 110 a, 96.
budelmuser 105, 19.
Dummenloch 63, 64.
bunken 2, 8. 34, n.
bür (Theuerung) 82, 27. 93, 2.
bür 4, 14. bürer 65, 82.
burch 3, 23.
burechten 27, 24.
burechter 105, b.
buren 81, 13.
bürennagel 59, 26.
bürfen 2, 14. 19, 44. Abwehr 4.
bürr 24, 32. 80, 28.
burst 52, 24.
bußen 108, 155.

e 11, 15.
eben 49, 29. 110, 20.
echt 48, 34. 67, 72. 102, 11.
echten 71, 8.
eglin 21, 12..
ehalten 81, n.
Ehebruch Nr. 33.
ei. eiger 110 a, 184. 110 b, 19.
eichenrinde 104, 53.
eierklar 4, 10.
eigen 46, 72.
eigennutz 10, 19.
eigenrichtikeit 36, d.

eigentlich 66, 121.
eilf 30, 18. 54, 33. 93, 21.
Eilsam 72, 25.
ein 22, 12. 86, 28. 99, 135. 110 n, 61.
einfalt 50, n. 82, L.
eins 61, 29.
einst 33, 48.
elterbutz, zu 97, 10.
elf 54, 33. 30, 18.
Ellertunz 72, 33.
Elsäßer 63, 87.
Eltern ehren Nr. 90.
Emaus 110 b, 95.
Ende der Macht Nr. 56.
enben 80, 10. 84, b.
enbfrist 102, 91. 103, n.
entbor 15, 8. 110 a, 109.
entberen 42, n.
entbür 41, 4.
entfremben 39, 9.
entpfinben 57, 53.
entschlagen 105, 31.
Entschuldigung des bichters Nr. 111.
entvor 103, 43.
entweren 57, 8.'
equinoctial 66, 43.
erbe 85, 132.
erben 94, b.
Erbhoffnung Nr. 94.
erblint 66, 128.
erbflotz 57, 35.
Erbkunde Nr. 66.
eren, bi 110 a, 204.
eren 32, 23. 70, 27. 102, 40.
erfarung 66, d.
Erfort 27, 26.
ergetzen 5, 27.
ergetzlicheit 83, 104.
erholen 101, 25.
erlab 38, 7.
erlich 57, 36.
ermel 67, 11. 73, 43; 62.
ermörbern 62, 20.
ernarrt 38, 54.
erneren 48, 31.
erscheinen 85, 65.
ersitzen 99, 206.
ersteden 30, 4. 101, 22.
ersuchen 34, 23.
erterich 24, 12. 61, 17. 64, 65. 83, 18.
ertoubt 11, 25. 65, 61.
ervolgen 36, 12. 19. 107, 51. 76.
erzelen 14, 12.
Erziehung, Mangel an Nr. 72, 110 a.
erzügen 48, 13.
esel 18, 33. 25, 33. 73, 22. 78, c. 110 b, 74.
eselsmilch 60, 18.
eselsor 26, 10.
eselsmalz 14, L.
etzen 63, 31.
eugen 64, 43.
exempel der eltern 49, d.

fabenrecht 96, 24.
fäberwat 26, 90.

älen 12, 27.
allen 63, 67.
alt 43, 30.
antifiren 23, 23.
fart 16, 22.
faßnacht 110b, 26.
faßnachtnarren 110b, 1.
faftnacht 110b, 32.
Fastnachtbräuche Nr. 110b.
fatuus Vorr. 11.
fahen 86, 4, 93, 33.
Faulheit Nr. 97.
febern kluben 100, 8.
feberspil 8, 4. 74, 7.
feberwat 26, 90.
fegtüfel 64, 81.
feierabend 67, 25.
Feiertagsunfug Nr. 95.
feift c. 110a, 99.
felt (Falten) 4, 16.
ferben 57, 2. 63, 42. 85, 22. 101, 15.
102, 69.
fetl gran schier 72, 73.
figen essen 61, 26. s. spitzen 48, 67.
finden 20, 29.
finstrer keller 3, 4. s. schin 107, 58.
finsternis 107, 61.
firn 102, 79.
firtag 95, b.
fisch 17, 15.
fischerschlag 48, 84.
fischer schlagen 62, 26.
flaben 110b, 96.
fliegenhirn 65, 55.
fließen, sich 105, 13.
flößlet 63, 61.
flüchen 103, 129. Nr. 67.
flüche zu 87, 8.
flüchten 13, 34.
fludfeder 93, 3.
flug 50, b.
flugbart 63, 50.
folgen 2, 8. 8, 25.
frag haben 102, 83.
Frankfurt Vorr. 136.
fraß 110a, 72.
Frauenhüten Nr. 32.
freib Vorr. 51. 43, d. 53, 13.
freibig 74, 19. 87, 16.
fretzen, sich 6, 61.
freubig 87, 16.
Freundschaft, wahre Nr. 10.
fri 57, 77. 75, 29.
fri (Freiherr) 82, 34.
frien 79, 33.
frilich 103, 146.
frisch 87, 13.
frist 110a, 125.
fritag 95, 13.
frülg essen 46, 23. frülg ufftan 41, 25.
frucht 52, 6.
frum 32, c.
frumkeit 29, a.
frünb 10, 37.
fuchs 40, 33.
fücht 55, 15.
füg 97, 11.

fügen 19, 6.
ful 38, 69. 92, 8. 102, 75. 110a, 41.
fulen 95, 64.
fulleit 97, 32.
Füllenmag 110a, 70.
Füllen und Prassen Nr. 16.
füllung 106, 23.
funt, nü 4, a. 82, 22.
Funddiebstahl Nr. 20.
für (Nahrung) 24, 31.
für Vorr. 20. 66, 11. 99, 197. 108,
102. 109, 19.
für (für, gegen?) 24, 31. Vgl. 108, 97.
für (Feuer) 28, 1.
für (anstatt) 26, 92. 106, 33.
für (vorüber) 98, 6.
fürbas 105, 45.
für gut 42, 18. 67, 41. 68, b. 92, 79.
fürheben 87, 8.
furch 32, 21. 102, 40.
fürchten 33, 85.
füren 92, 1.
fürheben 87, 8.
fürkouf 93, d.
fürkoufer 102, 77.
fürlegen 110a, 151.
fürloß 103, 1.
fürlouf 61, 14. 102, 91.
fürloufen 45, 25.
fürmunt 71, 14.
fürnem 41, 15.
füroben 67, 25.
fürwissenheit 57, d.
furz 110a, 142.
fust Vorr. 15.

gab 75, 29. 35.
gaben 45, 23. 46, 81. 77, 42. 104, 36.
gablen 70, a.
gach 2, 20. 110a, 107.
gäck 75, 37. 76, 1.
gäfflen 32, 28.
gagack 34, 14.
gähling 106, 25.
gall 102, 84.
gale Vorr. 15.
galeoten 108, 120.
gans 14, 9. 34, 13. 99, 121.
garn 39, b.
gassentreter 62, 4.
gaubeamus singen 108, 153.
gebannen tage 95, 3. 20.
geberb 9, b. 17. 32, 25. 67, 36. 105,
55. 106, 14.
gebern 9, 29. 49, 28.
gebient 77, 19.
geblüt 53, 33.
gebracht 44, c.
gebresten Vorr. 30. 32, 22.
gebruch 88, 11.
gebrust Vorr. 47. 34, 7.
gedänk 107, 21.
gebat 11, 5.
gedeckt 18, 20.
gedenken 76, c.
gebing 85, 19.

gefatter Vorr. 44.
gefert 20, 11. 95, 36.
geferte 48, 61, 107, 30.
gefüge 63, 40.
gefüll 26, 90.
Geheimnisse verschweigen Nr. 51.
geil 50, 11. 73, 91.
Geispitzheim 110a, 132.
Geistlich werden Nr. 73.
geistlicheit 73, 87.
gelangen 82, 56.
Gelbstolz Nr. 83.
geleit 79, 34.
geliben 38, 64.
gemach 35, 33.
gemächer 40, 22.
gemein 33, 43. 99, 52. 105, 65. 110a, 62.
geng 77, 43. 100, b.
genoß 82, 33. 85, 130.
genou 33, 61.
genßmerkt 91, 16.
Gentilis 21, 21.
Geräusch in der Kirche Nr. 44.
gerben 102, 70. 104, 53.
gering 6, 13. 108, 152.
gern 95, 13. 100, 20.
gernerbein 63, 75.
gernerhus 30, 14. 102, 22.
gerücht 38, 32.
geschirr 48, 4. 80, 27. 91, 21.
geschrift 28, 8. 103, 98.
geseig 75, 43.
Gesellenschiff Nr. 48.
gesell 16, 45. 30, 26. 35, 8. 57, 10. 96, 12.
gesicht 92, 63.
gesölen 38, 64.
gesüch 93, 22.
geslecht 10, 20, 97, a.
gesmack 6, 16.
gesmibt 18, 29.
gespan 108, 17.
gespreit 82, 16.
gestab 108, 9.
gestalt 46, 75.
gestellen 92, 76.
getar 5, 11. 23, 1. 46, 5. 59, 13. 64, 86, 87, 15. 105, 28. 109, 7.
getzlicheit 26, 21.
gewell 81, 44. 84, 34.
gewer 99, 119.
gewerb 18, 6.
gewonen 5, 34.
gezotter 85, 93.
giene 62, 33.
gicht 23, 9.
gift 32, 31.
gil 63, 2.
gippe 82, 14.
git 6, 42. gitig 83, 41.
gitikeit 95, 65.
glast 28, 4.
glatzeht 26, 24.
Gleichmut beim Tabel Nr. 41.
glimpf 8, 2. 72, b. 75, 27. 110a, 205.
Glimpfius 72, 7.
glock 41, a.

glosieren 62, 7.
glückes fall 6, 77. 37, d. 56, 40.
glücksrab 37, a.
Glückswechsel Nr. 37.
glücksal 23, 5.
glunk glunk 81, 34. 110a, 111.
göffel 62, 4.
gören 33, 91. 77, 25.
Gottvermessenheit Nr. 14.
Gotteslästerung Nr. 28. 87.
Gott läßt sich nicht spotten Nr. 86.
Gottes Plagen und Strafen Nr. 88.
göt 46, 14.
gouch 13, 4. 51, 18. 103, 141.
Gouchsberk zu 28, 6.
gouchsbild 82, 18.
goukel 26, 61.
goukelspil 110a, 185.
grantner 63, 62.
grasmück 33, 90.
grebnis 85, 98.
gremperwert 102, 78.
grif 1, 2.
Grif, doctor 76, 72.
grifen zur e 52, b.
grim 85, 32.
grim (gut) 63, 44.
grinen 108, 53.
grint 2, 30. 3, 16.
gris 5, 1.
Grobheit Nr. 72.
Grobian 72, 1. 49.
gröblich 99, 10. 110a, 39.
gröslich 92, 115.
grübe, gan uf der 5, a.
gründen 57, 81.
grünes zwig 83, 9.
gruntrür 99, 198. 109, 20.
guden 9, b. 91, 28.
gudgud 110b, 20. 41, 33.
gudus 1, 31.
gudus 102, 56.
gült 67, 72.
güttat 28, 16. 96, 34.

haben 51, 24.
Habgier (gitikeit) Nr. 3.
habich 44, 4.
bächlen 71, a.
hafen 30, 28. 81, 50.
häfen brechen 33, 7.
hafner 57, 35.
hagen 74, 16.
häher 92, 66.
halecht 13, 29.
hakenpfil 13, 27.
häl 110b, 8.
half ab 48, 87.
halsader 59, 15.
halten c. gen. 48, 86, 49, 15. Intr. 75, 6.
hangender wagen 7, 18.
Hansachtsinnit 85, 27.
Hans Eselsor 60, c.
Hans Mist 76, 83.
Hans von Menz 76, 15.

Hans Worst, ju 76, 83.
Hansen, die hübschen 26, 55.
hant 21, 7.
hantieren 48, 3.
hantschmierung 46, 57.
hantwerk 110b, 79.
har 102, 71. unglück und har 56, 56.
  109, 7. har uf har 7, 3. har under
  woll 100, 12.
harn 55, 2.
harr 25, 2. 86, 21. 108, 127.
harweigt 95, 45.
has. zwen hasen 18, a. has im pfef-
  fer 71, 12.
häslin 106, 16.
häße 19, 12. 44, 7. 64, 19.
heben 75, 8; 59.
hed 74, 13.
heib 48, 12.
Heidelberg 27, 27. 60, 24.
heiltumführer 63, 11.
heimlich 57, 79. 100, 4.
hein 3, 7. 33, 44. 36, 7. 80, 21. 105, 16.
Heiraten um Geld Nr. 52.
helfen 21, 23. 24, 25. 85, 127. 103, 53.
helle 35, 36. hellenglut 106, 34.
hemd 76, 26. hember 4, 17.
hengst, falben strichen 100, d.
henken 2, b. 6, 65.
Henn von Narrenberg 28, G.
Henselin 27, 32.
hering 102, 75.
Herkules 26, 88. 66, 69. 75, 54. 107,
  17. 35.
herold 63, 55.
heß 68, 7.
heu! 67, 16.
heu 110 a, 105.
heuschrec 32, a.
heustäff 106, 17.
hien 48, 19. 66, 97. 107, 48.
Hierusalem 25, 14. 34, 16. 42, 30.
  81, 64. 99, 68.
himel. munt in himel sehen 19, 79.
himelbrot 103, 135.
Hinderniß des Guten Nr. 105.
hinderred 7, 5.
hinderreden 104, 62. 110a, 125.
hindersich 9, 4. 40, 16. 93, 4. 109, 13.
hinfart 57, 86.
hinläß 70, 7.
hinziehen 103, 36.
ho 110a, 21.
hochfart 92, a.
hofer 26, 51.
Hoffärtige Ueberhebung Nr. 92.
hofieren 17, 16. 62, d. 110a, 159.
hofrecht 62, 23.
hofwort 32, 27.
hofzucht 110a, 6. 20. 114.
höhern 92, 124.
holz schlagen 95, 26.
holzmarkt 62, 16.
holzschuch 44, 10.
hön 23, 18.
horn Vorr. 119.
hornhüten 63, 41.

hort 1, 5.
hosen 4, 19.
hü 63, 6.
hube 93, 1.
hüben 44, 7.
hübsche Hansen 26, 55.
hubel Vorr. 119.
huberbuß, ju 97, 10.
huf 80, 8.
hufecht 56, 10.
hülen 68, 9.
hülsen tafeln 110 b, 90.
hümpeler 95, 42.
Humpertus 73, 31.
hundsmucken 27, 23.
Hungern 99, 49.
hunig 43, 29. 106, 21.
hür 34, b.
husung 106, 28. Vgl. behusung.
but 45, 4. hut und hor 67, b.
hüten 67, 37.
hütmacherknecht 79, 50.

Jbrunt 99, 44.
ie 14, 9.
ieben 5, 14. 50, 7.
iemans 51, 2.
iemer 14, 32.
iemerdol 60, 4. 95, 19. 109, 2.
ienen 112, 2.
iezend 62, 20.
iezt 102, 28.
ifer 89, 19.
il, zur 48, 19. 75, 11.
ilen 79, 31. 86, 59. 108, 137.
imme Vorr. 21. 110b, 3.
inbillt 68, 5.
inbinden 99, 125.
inblüten 22, 33.
iren glich 49, 21.
irren 44, b. 107, 12. 58.
irrsal 99, 17.
is 16, 64. 110b, 8.
Jsland 66, 51.
itel 66, 7. 85, 143.

ja und nein 8, a.
Jagen Nr. 74.
jehen 23, 9.
jeichen 13, a.
joch Vorr. 72. 13, 7. 23, 18. 104, 16.
  105, 53. 106, 26. 108, 134.
joch 13, 7.
joham 63, 44.
juchzen 62, 19.
juden 35, b.
Judenspieß 76, 11. 93, 25.
jüdisch 4, 20.
justint 66, 85.
juftäding 67, 8.
jugentsjier 85, a.
junen 63, 46.
jungster tag 43, 4. 103, 147.

lachel 57, 37.
talb
tälberhäute 85, 62, 94, 14.
talbsfüße Vorr. 96.
Kalenberk, pfaff vom 72, 24.
kallen 41, 30.
kammerloug 62, 10.
kappe 105, 33. 107, b. 110, 26. Vgl.
  wildkappe.'
kärli 110a, 69.
karre 91, 3. 103, 56.
karrhe Vorr. 17, 47, b. 9. 95, 22.
karrhen 40, 6.
karst 97, 13.
karten 95, 27.
kasten 63, 35.
kat 52, 26.
kate (und Mäuse) 33, c. (und Schel=
  len) 110a, b. kreigt 95, 44. läß
  110a, 182.
keigeln 68, 8.
keller, der finstre 3, 4.
keller 81, a. kellerin 73, 54.
Kellner und Köche Nr. 81.
keren 103, 78.
kern 93, 14.
Kernten 99, 48.
keter 36, 9.
keterbuch 38, 40. 110a, 167.
kib 19, 30.
kiel Vorr. 16.
kieren 59, 26.
kiflen 33, 57. 53, 23. 64, 27.
kilche 44, 30.
kilchwih 61, 20.
Kinderlehre Nr. 6.
kintheit 13, 16.
Kirchenunfug Nr. 45.
kiseling 33, 2.
kißen, sich 19, 30.
klaffen 41, 30.
klantweser 63, 52.
klapperbenkli 91, 15.
klappern 44, 8. 64, 25.
klapperer 101, c.
klein 34, 21.
klobe 92, d. 45.
klöpfen 108, 96.
klosterkol 73, 72.
Klosterleben Nr. 73.
kluben 100, 8.
kluft 15, 14.
klüpfel 23, d.
klusen 90, 11.
knaben 103, 3.
knecht 48, 7. 97, b.
knellt 6, 19.
knillt 110a, 130.
knöpflin 96, 6.
knütschen 67, 59. 108, 34.
knuwe 105, 26.
Köche und Kellner Nr. 81.
kol 18, 26, 73, 71.
kol 79, 10.
kolb 90, 12. 105, 16.
kolb und pfif 54, 10.
Kolenberg 63, 37.

Sebastian Brant.

kölsches bötchen 48, 86.
Konstantinopel 99, 35. 67.
köppelsknab 17, 30. 77, 53.
koppen 5, 20.
kosten 15, b.
köufler 82, 57.
koufmanschak 39, 17, 102, 81.
kräbkat 64, 31.
kracter 38, 35. Vgl. carakter.
kragt Vorr. 15.
kranke, unfolgsame Nr. 33.
kranz 110b, 36.
kratznor 52, 34.
krebs 40, 15. 57, c.
kreigen 95, 44.
kribe 100, 8.
kriechen 26, 48.
Kriechenland 56, 87, 99, 24.
krieg 19, 30. 78, 16.
Kriemhilt 44, 12.
kristenjuden 93, 24.
kronen 85, 26.
kropf 26, 51.
krug 33, 7, 49, c.
krum 19, 46. 103, 53. 103, 46.
kruse 81, 20.
krut 13, 12, 108, 83.
krüterbüchlin 55, 9.
krüzer 34, 20.
kü 16, 53. 110a, 105.
kübel 62, 26.
küchel 110b, 21.
küferwerk 76, 8.
kulter 25, 28.
kum 75, 35. 102, 72. 103, 36.
kumen wol 26, 73. 75, 22.
kunde 13, 5.
kunftig 65, b.
kunkel 77, 37. 110b, 14.
künnen 12, 7. mit 55, 8, 67, 33. zü
  73, 12.
kunst 1, 9. 27, a.
kuntschaft Vorr. 69, 16, 61, 81, 12.
Künz 61, 27.
kuppler 32, 30.
kuter 25, 28.
kutte 105, 32.
küwen 110a, 51.
kuzen strichen 100, 13.
küzlin 92, 45.

Landstreicher Nr. 63.
länen 110a, 137.
langzit 107, 87.
lantfar 66, 149.
Lärklärli 110a, 70.
laßen 75, 16.
lauß 4, 14.
leber 77, 10. 79, c.
lech 33, 18.
leden 39, 18. 77, 37.
legend 110a, 172.
legern 46, b.
leichen 13, c.
Leihen und borgen Nr. 25.
leithunt 74, 5.

17

leim 54, 15.
leinen 110 a, 57.
leitlich 13, 56.
leitttg 48, 58.
lenben 65, 7. 107, 44. 94. 108, 12.
lenge 14, 17. 19, 75. 25, 18. 108, 87.
ler 3. 32. 6, d. 92, 27. leren Vorr. 35.
lesen 110 a, 18.
libri 1, 4.
licht 13, 23. 34, 32. 105, 62.
lichtfertig 9, 7.
lichtlich 35, b.
liben Vorr. 135. 24, c. 100, 7.
leiblich 93, 22.
liebbat 104, 31.
lieben 18, 30.
ieglich 104, 25.
liecht 103, 143. 106, 3. 107, 59.
liegen Vorr. 100. 73, 48. 80, 28. 89, 6.
Lienhart 4, 8.
ligen 58, 32.
lind 64, 11.
lindenſaft 104, 54.
link 69, 30.
linke hand 107, b.
liplep 64, 21.
Lips 27, 26.
liſt 33, 78.
loch 66, 35.
löffel 110 a, 42.
löffel 62, 3.
Lohn der Weisheit Nr. 107.
Lombardi 99, 59.
lot 10, 32.
lüchten 107, 82.
lüder ziehen, zu 64, 31.
luft 95, 45.
lügen 18, 24. 33, 61. 38, 59. 44, 12. 89, 6. 103, 85.
Lügenberg, zu 28, 6.
lügen (ſchreien) 108, 50.
lündiſch 82, 15.
lüppen 64, 23.
luppen 81, 4.
lür. narrenlür 58, c.
luſen 90, 12.
lüßling 63, 51.
lute 62, 7.

machen 28, a. 43, 20.
Macht der Narrheit Nr. 46.
Mährenland 98, 14.
malen Vorr. 78.
maleji 55, 30.
Malfortun 108, 35.
malſloß 32, 7.
monen 71, 7. 99, 212.
maß (Roth) 21, b. 110 b, 34.
maß (Mahl) 110 a, 211.
maßgenoß 110 a, 71.
maßen, ſich 110a, 73.
mäſten 105, 40.
mät 95, 32. 66, 82.
Mäſe 61, 28.
Mauſoleum 85, 101.

Maximilian 99, 159.
mechelſch 82, 15.
mei. meigen 110 b, 20.
meinen 10, 33. 31, 34.
meinung 39, a. 105, 47. 110b, 18.
meiſſeln 23, 15.
meiſſlin 38, 16.
meiſter 6, 43. 27, 10. 49, 7. 107, 2.
mel im munt 41, 27; blaſen 100, 15.
melbig 34, 31.
mennlin 103, 86.
Menz 27, 27.
merteil, e. 102, 51.
meſſenkunſt 66, 27.
Meſue 21, 21.
meze Vorr. 114. 61, 28. 62, 8. 66, 85.
miete 46, 59.
Michel, St. 63, 19.
milchmerk Vorr. 118.
minder 108, 27. 52.
minders 107, 52.
minen glich 77, 15.
minſt 54, 18. 75, 7.
miſt (miſcht) 102, 68.
miſthuf 51, 16.
Moben, neue Nr. 4.
moly 108, 83.
monet 65, 31.
Montflascun 108, 7.
Mörenland 99, 20.
Moringer 72, 10.
morn Vorr. 100. 31, 10. 86, 42.
mornben 37, 8.
mornbes 16, 46.
mornig 31, 22.
moß 21, b. 110 b, 34.
müdtlin 83, 24.
mul (Mund) 41, 28. 108, 59. 110 a, 42.
mul 89, a.
mumlen 33, 42.
münchefch 105, 55.
munt in himel ſezen 19, 79.
muntfol 110a, 55. 82.
münz 93, 20. 102, 44.
mûr 108, c. 103.
murmlen 28, 30. 33, 42. 97, 20.
Murten 76, 22.
müsbred 102, 68.
muſter 48, 29.
muß (Mauſer) 76, 31.
müß, n. 110a, 34. 44.
müſſig gan 68, 34.
mutwill 33, 52.
Mutwilliges Unglück Nr. 45.
muzen 60, 22. 89, 7. 92, 41.

nach ſ. nah.
nachgültig 70, 1.
nachreb 19, 39.
Nachtmuſiken Nr. 62.
nacket 66, 55. 108, 116. nadent 109, 34.
näglisbrühe 110 a, 132.
n für m zu 25, 9.
nah 16, 40. 40, 12. 61, 12. 79, 3.
naher 27, 4. 31, 14. 47, c. Abwehr 1.

nar 73, 66, 79, 3.
Narbon 108, 6.
Narren, alte Nr. 5. unbesonnene Nr. 12.
 vor wie nach Nr. 34. Narrenfall
 Nr. 40. Narrengewalt Nr. 46. ge-
 brüdte Nr. 78. ausländische Nr. 98.
Narragun 108, 8. Narragonia 91, 1.
narrecht 6, 16.
narren 111, a.
Narrenberg 28, 6.
narrenbri 13, 10. 60, a. 105, 6.
narrenbůch 110, 22.
narrendon 108, 154.
narrenfars 13, 2.
narrenfleisch 108, 66.
narrenholz 13, 31.
narrenhut 45, 4.
narrenkappe Vorr. 113. 110a, 216.
narrenkirchwich 110b, 31.
narrenkleit 62, 32.
narrenlůr 58, c.
narrenpflůg 8, 6.
narrenorden 78, 1.
narrenrock Vorr. 114.
narrenrott 79, 2.
narrenschiessen 75, 2.
narrenschiff Vorr. 14. 108, 111.
narrensegen 110b, 28.
narrenseil 110b, 12.
narrenstrāl 111, 83.
narrenstrick 26, 58.
narrenstůl 98, 12.
narrenwagen 103, 90.
narrenweg 107, 12.
narrheit 46, a. 110b, 25.
narri 16, 76.
närrin Vorr. 111.
narrst (narrsch) 97, 14.
nas 71, 10.
naswis 110a, 17.
naue Vorr. 15.
nebenweg 107, 14.
Reib und Haß Nr. 53.
nest tragen, ju 110a, 85.
nesteln 89, 7.
netzen 103, 8.
Nichtbefolgung gutes Rathes Nr. 8.
Nidelshusen 11, 18.
niemans 51, 2. 97, 9. 108, 98.
niemerme 106, 26.
nienan 24, 31. 70, 3. 103, 108. nie-
 nant 63, 13.
nim 5, 17. 31, 21. 45, 26. 103, 62.
 nům 102, 13.
Nithart 33, c. 77, 59.
nochgültig 70, 1.
nochlouf 67, 17.
nachwind 109, 15.
Norwegen 66, 50. 76, 85. 89, 11.
not, jů 12, 32. 30, a. 76, 23.
nůn 6, 43.
nuß 19, 12. nůß abwerfen 94, c.
nuß (an der Armbrust) 75, 13.
nüerung 4, 24.
nüt Vorr. 11. 8, 20. nüts 103, 103.
 nůtz 23, a. 81, 47.
nützet 6, 94.

o = und 41, 30 Anmerk.
ob der hant 79, 15.
occident 66, 40. 107, 84.
Och 103, 133. (Achen 8, 24).
ofentůr 110a, 167.
Offenbarung des Vorhabens Nr. 39.
offlich 39, a. 63, 14. 98, 21. 110, 7.
 Abw. 31.
öfnen 39, 28.
Ohrenbläser Nr. 101.
ol 106, b. öl 106, 10.
omeiß 70, 31. 106, 15.
on 16, 32.
or, loß reb für oren gan 41, c.
orden 1, 28.
Ordensleute Nr. 73.
orbinieren 28, 27.
orient 66, 39. 107, 83.
Orliens 92, 16.
ort 104, b. 112, 46.
örtelin 72, 16.
otem 18, 18.
orimel 81, 43.

pantoffel 4, 17.
Paris 92, 14.
parf Vorr. 15.
parzifant 63, 55.
Pavi 34, 16. 92, 14.
Pera 99, 44.
Peter v. Altenjahren 76, a.
Peter v. Brunnbrut 76, 20.
Peter St. 103, 63.
petterle 71, 29.
pfaffen 73, 4.
pfaffentol 73, 71.
pfeffer 76, 87. 71, 12. 81, 41. 102, 68.
 pfefferbri 110a, 149.
pfenning 17, 9. 46, 61.
pfennigwert 44, 20.
pfif 41, 15. 54, 10. 67, 11. pfifen
 110a, 173.
pflůg, ziehen im 64, 82.
pfouentriber 98, 26.
pfrůn 30, 1.
pfrůnd 30, a fg. pfrůnblin 30, 20.
Pfrůndenhäufung Nr. 30.
pfuch 4, 27.
pfulwen 18, 21.
pfunt 3, 21.
pfütz 21, b.
pin 20, 24.
Pirr be Conniget 92, 18.
plag 11, 38. 40, 27. 87, c. 103, 66.
plagen 8, 15.
Planetenbeachtung Nr. 65.
plast 66, 23.
plaster 55, 18.
prattick 65, 63.
Prag 98, 12.
praß 16, 59.
predger 63, 41.
present 30, 33.
pris halten 104, 21.
Processucht Nr. 71.

17 *

pfalter 57, 5.
pulver 66, 20.
puncten 102, 17.
Pylappenland 66, 51. 69, 11.

Quadſalberei Nr. 55.
quintieren 73, 23.
quit 25, 17.

R 35, 3. 5.
rab (glückêrab) 37, a. 56, 12.
rapp 31, a. 101, 35.
raſſen 77, 5.
raſſeln 77, 35.
ratgeb 28, 31.
Räthe, gute Nr. 2.
rätſchen 39, 16.
rechen Vorr. 97, räch 66, 17, rächt 66, 58.
reblich 91, 6.
regenboge 92, 6.
regiment 5, 5.
reichen 84, 24. 110b, 21.
Reichtum, unnüßer Nr. 17.
Reime 66, 104. 106, 35.
rein 75, 61.
Reinfal 63, 87.
reißtnecht 79, 29.
Reiter und Schreiber Nr. 79.
rennen 66, 116. 76, 11.
rennſchiff Vorr. 16.
reſch 84, a.
riben 20, 22. 113, 4 fg.
rich, das röm. 56, 90, 99, 105.
richen 90, 34.
riecht (f. richt) 63, 2.
riemen 103, 11.
rif 16, 7, 93, 30.
rūlicheit 85, 104.
rim 113, 9.
ringer 35, 29.
rinlengießen 19, 68.
rittergenoß 82, 33.
rittersporn 76, d.
roch 40, 27, 87, 25.
rod 6, 66. 85, 59.
rollwagen Vorr. 17.
Rom 34, 16, 38, 76. 46, 52. 83, 87. 91.
  97, 24 fg. 99, 58. 95.
Römer 56, 88.
römiſch 56, 90, 99, 106.
roraff 91, 34. 92, 17.
röroub 33, 44.
roſe, under der 7, 13.
roß 110, 11. roßtauf 102, 27.
rot (Rath) 8, 25.
rot (Rotte) 6, 63.
rotund 112, 10.
rotwelſch 63, 39.
röubzen 110a, 143.
rouch 52, 23.
rübling 63, 46.
rüchen 16, 16, 103, 82.

rube 3, 16. rübig 110, 11.
rübe 74, 5.
rüber 108, 139, 109, 18.
rüfen 31, 32. 38, 43. 63, 94.
Ruhmredigkeit Nr. 76.
Rumbenhag 110a, 69.
rumen 110a, 87.
rumen 78, 4.
Runkel 110b, 13.
runèli 71, 20.
Rüprechtaue 76, 48.
rūr 108, 104. Vgl. gruntrūr.
rüren Vorr. 133. 36, 17, 78, 34.
rußen 33, 12.
rüterſpil 79, 27.
ruw 57, 47, 88, 14. 110b, 92.
rüwen 31, 29.
rüwenſtoß 67, 30.
rūwe 56, 36.

ſach 71, 19.
ſächle 71, 19.
ſad 6, 65. 63, 10, 69, 7. ſadpfife 53, a.
  67, c. ſadpfifer 11, 18.
ſalzfaß 110a, 174.
ſattel 73, 33.
Saturnuskind 65, 17.
ſchafft 75, 22.
Schaltsberg, zu 28, 6.
ſchamper 33, 50. 72, a.
ſchanbbar 110a, 50.
ſchanz 24, 22. 30, 18. 58, 13.
ſchatte 45, 30. 66, 116. 92, 95.
Schaßfinden Nr. 20.
ſchau um den 103, 118. 105, 33.
ſchelle 110, b. an den Ohren 17, 4.
ſchelm 66, 87. ſchelmenbein 63, 25.
  85, 122.
ſchenk 96, 20.
Schenken und Bereuen Nr. 90.
ſcherer 23, 15. 55, 18.
Scherz verſtehen Nr. 68.
ſchler 57, 5. 103, 44. 108.
ſchier (chlère) 72, 73.
ſchießen 19, 66.
ſchilt und helm 76, 27. Ulmer ſchilt
  110a, 127.
ſchimpf Vorr. 55.
ſchin 8, 2. 46, 4. 53, 19. 107, 53.
  110 b, 53.
ſchintmeſſer 5, 6.
ſchipf 75, 15.
ſchlägle 71, 16.
ſchlange 101, 31.
ſchleden 64, 77. 100, 3.
ſchlegel 19, 67, 23, 4.
ſchleifen 61, 15.
ſchlemmen 16, 60.
ſchlentrianum 110a, 163.
ſchlieſen 52, 1.
ſchlif 108, 118.
ſchlim ſchlem Vorr. 60.
ſchlinbrapp 110a, 63.
ſchlipf 75, 15.
ſchlipfen 56, 81.

schlitte Vorr. 17, 54, c.
schlucke 63, 75.
schluberaffe 103, 118.
Schluraffenlant 108 b, 6,
Schluraffenschiff 108, d,
schmehen 13, 65. 110 b, 162.
schmeichen 99, 150.
Schmeichler Nr. 100.
schmieren 4, 5, 14, 1, 18, 23. 75, 17.
Schmirwanst 110 a, 70.
schmirzler 33, 87. 95, 42,
schmitzen 100, 25,
schnapphan 89, 14.
schnatten 33, 30.
schnauen 35, 3.
schnitt 79, 15.
schnöb 38, 52.
schnür 66, 12. 108, 105.
schnützen Vorr. 75.
schoch 82, 59.
schoch und matt 46, 54.
schöckelboß 63, 45,
schöllig 110 b, 35.
schonen 9, 20, 106, 15.
Schreiber und Reiter Nr. 72.
schroten Vorr. 61.
schube 9, 1.
schubut, zu 97, 10.
schüch 78, 19. 110, 21. Vorr. 117.
Schulbenmachen Nr. 25.
schule 27, 16. 103, 109.
schür 58, 6. 79, 7. 110 a, 36.
schüßelkorb 4, 11.
schüs 75, 20.
Schützennarren Nr. 75.
schützrein 75, 3.
schwagern 17, 23.
schwank 80, 20. 103, 61. 108, 123.
schwänzen, sich 63, 48.
schwär 13, 58. 99, 73. schwäre 38, 46.
81, 60. schwärlich 31, 14.
schwarze kunst 48, 65.
Schwatzhaftigkeit Nr. 19.
Schwatzen im Chor Nr. 91.
schwechern 102, 44.
Schweden 76, 85.
schweiß Vorr. 70. 107, 32.
schweizen 81, 40.
schwert, beibe 46, 47.
schwigen 51, a. 104, 1.
schwingen 44, 1.
schwitzen 24, 2.
Scorbisci 99, 41.
scorpion 103, 38.
segen (sden) 58, 16.
segen 38, 34. 65, 47 (Simrock über-
setzt: Netzen!) 110 a, 25.
segen (segnen) 38, 34.
sehen 107, 29.
seigen 64, 49.
seigen (zielen) 75, 46.
seil 13, n. 83, 18.
selb 21, d.
selber 16, 44.
selbst 45, 13.
Selbstgefälligkeit Nr. 60.
Selbstvergessenheit Nr. 58.

Selbstzufriedenheit Nr. 36.
seligkeit 105, 38.
Seltensatt 72, 34.
selzen 67, 48. 85, 30. 110 a, 170.
senften 64, 9.
sibenschützig 24, 12.
siechtag 38, 56, 67, 70.
Simon 30, 30.
sinen glich 48, 21. 105, 11.
sippschaft 102, 88.
Sitten, böse Nr. 2.
sittlich 16, 20,
sitzen 30, 25.
Sorgen, zu viel Nr. 24.
sörglich Vorr. 52. 45, 33. 99, 211.
108, 23.
Sorglosigkeit bei böser That Nr. 69.
Sortes 27, 13.
Sotabes 19, 87,
sparn 39, 1.
sparen 5, 19. 86, 16, 105, 11.
spätlin 42, 14. Vgl. spett.
spazieren 108, 59.
specht 19, c.
spetwort 42, 25.
spett 21, 5. Vgl. spätlin.
Spieler Nr. 77.
spitz schüch Vorr. 117.
spitze 95, 9.
spitzen 48, 67.
spör 66, 8.
Spötter Nr. 42.
sprechen c. dat. 38, 91, 76, 21.
sprecher 63, 55.
spreiten 39, 2.
spülwen 77, 14. 106, 24.
stabil 63, 41.
ständlin 63, 59.
stabe 15, 25, 75, 4. 108, 12. 114. 137.
stäg 107, 10. 41.
stäge 81, 44.
stägenreif 79, 17.
stähelin 76, 10.
stand 56, 88. 98, 13. 103, 61.
Ständchen bringen Nr. 62.
stange 44, 18. 76, 10.
stark 19, 13.
stat (Stabt) 39, 21. 103, 107, 104, 42.
stet 99, 119.
stat (Stanb) Vorr. 52. 10, 29. 48, 27.
52, 30. (zu 56, 88.) 88, 9. 99, 203.
105, 21.
stät 13, 70, 45, 1. 66, 150.
stazionirer 63, 19,
stechen 26, 58. 75, 63. 110 b, 76.
steden. stadten 110 a, 77.
stedlin 102, 52.
stehen, nach etwas 107, 20.
stein 2, 30.
stein 3, 20.
Steinbod 112, 14.
stellen uf 63, 54.
stich 48, 50.
stich 110 a, 89.
stich 41, 10.
stiefvater 40, 19.
stif 41, 15. 95, 48.

stifel 4, 18.
Stir 99, 48.
stob und flug, zu 64, 26.
stoßbern Vorr. 17.
stoßen 10, c. 40, 32, 99, 90. 110ᵃ, 124.
straf 6, 5. 42, c. 111, 32.
strafen Nr. 21, 28, 5. 36, 10.
strafung 6, 23.
sträl 111, 83.
Straßpurg 63, 34.
streblaz, zu 64, 31.
strichen 44, e. 100, a.
strifecht 57, 3.
striglen 100, 25. 109, 12.
stro 39, 22. 110ᵃ, 77.
ströen 13, 1. 92, 1.
stüben 64, 26.
Stubieren, unnützes Nr. 27.
stůl 13, 90. 75, 15.
stümpfling 85, 96.
stund 29, 3. stundglas 108, 26.
stündlin 25, 9.
stůr 27, 2. 103, 77. 110ᵃ, 168.
sturm 85, 34.
stürnenstößer 63, 12.
sturz 38, 36.
sturz Vorr. 112. 110b, 99.
stůt 64, 17.
stůt 99, 145.
su in kessel stoßen 2, c. su heimtragen 75, 62. sü 14, c. suglock 72, c.
sucht 102, 65.
sublen 48, 19.
Suferinsdorf 72, 31.
süferlich 80, 7.
süfern 58, 18.
süfrer 110ᵃ, 179.
sul 92, 7.
sün 42, 33.
sünden 14, 7. 20, 21.
sunder 36, 25.
sunnenglast 28, 4.
suppe 110ᵃ, 90.
süpplin 64, 86.
sürsten 110ᵃ, 102.

tabelmarin 108, 25.
tabernieren 81, 17.
tach 64, 99.
Tabeln und selbst thun Nr. 21.
tafel 48, 42. 110 b, 90.
tag 84, 18. gebannen 95, 3. 20. verworfen 65, 36.
tagen 71, 2.
tägen 48, 52.
tagsolt 71, 26.
tannris 65, 39.
Tanzen Nr. 61.
tar 49, 4. Vgl. getar.
Tausch Nr. 89.
Terentius Vorr. 73.
terich 63, 39.
teschen 17, 8.
Tischzucht Nr. 110ᵃ.
Todes Gewalt Nr. 85.

tönen 102, 2.
tötlich 54, 14. 85, d.
toub (vgl. boub) 63, 1. touber hunt 95, 51.
touen 33, 16.
trabanten 108, 18.
tracht 81, 38.
tragen, im munt 80, 5. wol 4, 15. uf der zungen 7, 17.
Trägheit und Faulheit Nr. 97.
trakeit 97, 1.
trang 26, 14.
Trapezunt 99, 35.
Trauwol, zu 69, 24.
treffen 18, 12. 91, 30. 113, 12.
trib 108, 38.
Tribull 99, 41.
trimmen 108, 33.
trotboum 21, 2.
trouwort 104, a.
truderi 27, 30. 107, 77 fg.
truren 37, 27.
trüsensack 54, 19.
truen, wol 69, 24.
trüffel 110ᵃ, 43. Vgl. brüssel.
tube 44, 27. gebraten 57, 18.
tüfels schwanz 98, 4.
tulben 35, 31. 82, 7.
tume 102, 39.
tun 16, 84.
tůn 30, 31. 93, 19.
tunder 86, c.
Tünou 99, 52.
tür Vorr. 134.
Türke 98, 2. 99, 50. 117. Türki 99, 25.
turn 13, 74. 32, 11. 92, 116.
tütsch 1, 28. 83, 21.
tuz 92, 42.
z für ß, zu 75, 20.

übel zit 89, 13.
übelzit 57, 72. 67, 83.
üben 5, 14. 50, 7. Vgl. leben.
überbein 102, 84.
überbösen 108, 81.
überhaben 23, 27.
Ueberhebung des Glücks Nr. 23.
überhant 38, 12. 66, 106.
überlang 7, 7.
überlast 90, 7.
übernacht 94, 25. übernächtig 70, 6.
übernuz 93, 15.
überschlahen 69, 27.
übersehen, sich 110ᵃ, 213.
überträter 103, 41.
übertriben 59, 10.
überwiben 52, 15.
uf besserung 25, 6. uf borg 49, 53. 79. uf gewinn 108, 21. uf unfalles schlifnung 108, 118. uf die il 48, 28. uf hofnung 38, 24.
ufenthalten 66, 15.
uferbocht 63, 7.
ufgang 82, d.
ufheben 24, 2.

ufnemen 25, a. 19.
uffaʒ 77, 58.
ufſeʒen 68, 8. 77, 86.
ufſchlag 31, d.
ufſeʒen 68, 8. 77, 86.
ufſton 4, 20. 22, 14.
uftragen 27, 31. mit der ſwarzen kunſt 48, 65.
Ulmer ſchilt 110 a, 127.
umfaren 103, 61.
umgohn 76, 8. 103, 2. 105, 8.
umkeren 13, 54. 57, 4. 103, 31. 151.
umlouf 4, 19. 94, 18.
umringen 99, 171.
umſchiben 110 a, 164.
umſchlahen 84, 16.
umſuß 13, 71. umſunſt 17, 31.
umtraben 103, 4.
unbeſinnt 12, d.
Undankbarkeit Nr. 59.
underſcheid 23, 6.
underſchlagen 95, 21.
underſtan Vorr. 22, 6. 13. 15, 22.
underſtrouen 18, 21.
underweiſen 107, 81. 108, 144.
undötlich 6, 87.
unerfaren 110 a, 13.
unfrüntſchaft 7, 4.
unfur 44, 11.
Ungedult beim Tabel Nr. 54.
ungeſell 45, b.
ungent 55, 22.
unglück und har 56, 56. 109, 7.
unhoflich 110 a, 14.
unten 102, 55.
untuſche 16, 18.
unluſt 110 a, 40.
unluſtig 110 a, 50.
unmär 26, 25.
unmilt 46, 79.
unrat 61, 12.
unſünn 38, 54.
unſtantbar 6, 80.
unvernunft 59, 32.
unwille 103, 138.
unwillen 84, 21.
unzucht 110 a, b.
üppikeit 47, 27.
urſach 110 b, 23.
ürte 77, 87.
urteilen 29, b. über andre Nr. 29.
urtrüʒ 103, 136.
uʒbringen 108, 116.
uʒdragen 74, b.
uʒeden 66, 28.
uʒbereiten 48, 52.
uʒfaren 26, 16. 106, 12. Vgl. 29, 20.
uʒhin 33, 66.
uʒlumen 26, 78, 83, 5.
uʒlegen 103, 70. 104, 33.
uʒlouf 108, 26.
uʒreden 110 a, 123.
uʒrichten 44, 9. 64, 26. 110, a.
uʒſchwimmen 108, 93. 114.
uʒſillʒen 7, 21.
uʒſpreiten 20, 5.
üt 6, 92. 10, 5. 19, 51.

vâgtüfel 64, 81.
värnig 93, 10.
vaß 46, 87.
vaſt 92, b.
vaſnacht 110 b, 32.
vaterland 107, 77.
vechten 76, 10. 99, 101.
Venus 13, 1. 61, 15.
veracht 19, 39.
verachtung 36, 17.
Verachtung der Schrift Nr. 11.
Verachtung ewiger Freude Nr. 43.
Verachtung Gottes Nr. 86.
Verachtung des Unglücks Nr. 199.
veralchend 63, 19.
verbannen 71, 8.
verbuʒen 110 b, b.
verdeckt 100, 1.
verdienen Vorr. 74.
Verfall des Glaubens Nr. 99.
verflüchen 73, 81.
verfaren 103, 21. 144.
verfieren 30, 16.
verfüren 36, 19. 46, 36. 73, 23. 83, 89, 108, 127.
vergeßen 110 b, 43.
vergiften 99, 149.
vergünnen 53, 4. 85, 67.
vergunſt 53, a.
vergüt 110 a, 201. Vgl. 42, 13.
verhagen 74, 14.
verirren 107, 10.
verjehen 111, 71.
verkeren 8, 22. 104, 33. Abwehr 18.
verklügen 71, 23. 101, 15.
Verleumbung Nr. 110.
verligen 66, 83. 104, 46.
verloren 16, 6.
verloufen 103, 44.
verlüten 71, 8. 82, 12.
vermacht 110 b, 11.
vermeinſchaften 50, 17.
vermänteln 102, 79.
vernügern 34, 9.
vernunft 110 a, 20.
vernünftlich 110 a, 30.
verrücht 23, 7. 33, 50. 33, 47. 45, 19. 66, 93.
verſchießen 75, 23.
verſchlinden 108, 125.
verſchlagen 102, 53. 106, 4.
verſchluden 104, 20. 108, 60. 110 a, 84.
verſchwern 99, 30.
verſehen 110, 15.
verſeʒen 101, 11. 112, 22.
verſeʒen 78, 2.
verſtanden 73, 74.
verſtechen 75, 7.
verſteck 74, 14.
verſteinen 87, 31.
vertragen 25, 6. 86, 19. 87, 29.
vertragen 101, c.
vertreiben 93, 21. 109, 31.
vertün 98, 31.
verwerfen 107, 72. verworfen tag 65, 36.
verwigen 13, 52.
verwirren 7, 2.

verwißen 96, 29. 32.
verwißung 7, 12.
verzeihen 103, 71.
verziehen 71, 5.
verzwiflen 98, 23. 105, 22.
vigen fpißen 48, 67.
vile 30, d. 103, 98.
Vincenz 76, 16.
vinfter f. Finfter.
Virgilius 13, 74. 77, 69. 112, d. 51.
vifch 71, 16.
vifcher 62, 26.
vifcherschlag 48, 84.
vogelhund 44, a.
vöglin forgen 94, 31.
vogt 71, 11.
völl 81, 52.
Völlerei und Praffen Nr. 16.
voppen 63, 42.
Vor wie nach Nr. 34.
vorgeßen 111, 8.
vorhalten 59, 12.
Vorlauf Nr. 93.
vorlumen 86, 43.
vorman Vorr. 23.
vornan an 99, 205. Vgl. zu 17, 9.
Vorfehung Gottes Nr. 57.
Vorforgen Nr. 70.
vorziehen 78, 21.

wächsin nas 71, 11.
wafe 106, 21.
wag m. 91, e.
wag f. 103, 33.
wäger 15, 29, 28, 22.
wähe 52, 19.
Wahrheit verleugnen Nr. 104.
Walhen 92, 29.
walzt 37, 31.
wanblen 34, 19.
wangst 85, 135.
Wanolf 67, 64.
wapensgenoß 85, 130.
wapner 85, 136.
war werden 26, 3.
warlich Vorr. 30.
warten 16, 55. 30, 32. 37, 6. 61, 33.
was 66, 38. 99, 192. 110, 31, wes
weges 107, 18.
waßerglas 55, 24.
waßerflüft 15, 14.
Weg zur Seligkeit Nr. 47.
wegen 33, 1. 66, 119.
wegscheib 21, 7.
weidäsch 102, 16.
weibling Vorr. 16.
weibspruch 74, c.
Weiber, böse Nr. 64.
Weinfälscher Nr. 102.
weifenfasten 63, 35.
Weisheit lernen Nr. 22.
Weise, der Nr. 112.
weißt 20, 13.
well 10, 33. weller 92, 23. wellen 85, 28.

weltlich 33, 62.
wenbig 91, 94.
wer, zu 46, 62.
werben 80, 34.
werfen 48, 11. 63, 23. 67, 82. 95, 28.
werschaft 48, 26. 111, 2.
wert 82, 49.
werwort 2, 17. 75, 27. 97, 32.
weschen 110 a, 15.
wesen 26, 22. 104, 44.
Westerwälder 85, 94.
wettertrentsch 70, 2.
wiben 52 d.
widertäbing 60, 19.
widsbild 64, 46.
widerbillt 68, 3.
widerfall 69, 6.
widergelten 96, 28.
widerbillt 68, 6.
widerfagen 87, 7.
widerschießen 59, 21.
widerstich 76, 18.
widerstreben 29, 16.
widerstrit 19, 68.
widerwint 108, 88. 109, 14.
Wien 27, 26.
wihen 73, 43.
wil 3, 23.
wild 60, 26. 63, 53. 82, 17. 93, a. 94, 18.
wildkappe 4, 19.
wile Vorr. 112, 44. 17. 99, 64.
wiltpret 12, 25. 17, 15. 110 a, 128.
win und brot 19, 44.
winfüchte 48, 76.
wind (hund) 74, 5.
windfab 75, 17.
winhus 78, 20.
Windische mark 99, 49.
winkouf 85, 17.
winschluch 16, 4. 110 a, 107.
winterbuß 6, 62. 97, 10.
wirbel 108, 124.
wißlich 33, 39. 110, 15.
wisman 13, 73.
wißage 41, 17.
wißenheit Vorr. 67.
wißbrot 63, 85.
wite 24, 10.
wittern 28, 17.
wißig 16, 65.
wolf 25, b. 68, 2. 111, 61. wolf und ochsen 99, 75.
Wolluft Nr. 50.
wolluft 37, 18. 85, 154. 50, a. 107, 19.
wolluftleit 50, 31.
Wonolf 67, 64.
wort haben 110, c.
wücher 93, d.
Wucher und Vorlauf Nr. 93.
wunder Vorr. 5. 19, 31.
wunderlich 66, 126.
wunderliche Heilige, zu 72, 1. wunderliche Lieder zu 72, 10.
wundern 49, 17.
Wünsche, unnüße Nr. 26.
wurz 38, 35. 81, 42.
wüst 66, 58. 72, a. Wüstgenüg 72, 34.

Zambri 56, 63.
zanken 71, b.
zäde 93, 2.
zapf 81, 34.
zart 92, 20.
zeichen 81, 35.
zeigen 64, 43.
zelen 57, 44. 67, 57 (geschätt). 99, 192. 107, 8.
zellen buen 105, 27. 39.
zelten 102, 27.
zemen 38, 6.
zerfüren 108, 82.
zergenglicheit 23, 5.
zerhackt 82, 16.
zerrinnen 78, 23.
zertragen 7, 23.
zerstören 104, 1.
zerung 75, 41.
ziehen 38, 22.
zigelhuf 80, 8.
zihen 23, 31.
zil 2, 28. 25, b. 31, 6. 66, 20.
zimren 104, 51.
zimlich 6, 20. 30, 5. 59, 16. 67, 88.
zins und gült 67, 72. 93, 16.
zipfel 27, 4.
zismus 102, 72.

zitliches 106, 33.
zornwähe 52, 19.
zougen 38, 14. 87, 5.
zucht 6, 3. 57. zücht 109, 147.
zuden 110 a, 82.
zubrinken 110a, 117.
zubüttlen 100, 17.
zufügen 109, 19.
zugegen 110 a, 126.
zuhören 110a, 121.
zugienen 91, 34.
zumüten 59, 13.
zunge 7, 17.
zunsted 2, 2.
Zuohsta 55, 25.
züllenden 108, 14. 44.
Zürnen, leicht Nr. 35.
zustan 28, 4. 99, 153. 104, 15.
zwäck 75, 10.
zwang 108, 27.
zwar 56, 40.
zweck 75, 10.
zwig 83, 9.
zwilch (Zwillich) 82, 13.
zwilch (zweimal) 60, 17.
zwischen, hin zwischen Ach 80, 21.
Zwietracht machen Nr. 7.

Druck von F. A. Brockhaus in Leipzig.